浙江省古籍普查手册

浙江省古籍普查手冊

浙江省古籍保護中心　編

國家圖書館出版社

圖書在版編目（CIP）數據

浙江省古籍普查手册 / 浙江省古籍保護中心編. -- 北京：國家圖書館出版社，2013.7
ISBN 978-7-5013-5074-2

Ⅰ.①浙…　Ⅱ.①浙…　Ⅲ.①古籍整理—浙江省—手册　Ⅳ.①G256.1-62

中國版本圖書館CIP數據核字（2013）第121649號

書　　名	浙江省古籍普查手册
編　　者	浙江省古籍保護中心　編 陳誼　童聖江　執行主編
責任編輯	耿素麗
裝幀設計	九雅工作室

出　　版	國家圖書館出版社（100034 北京市西城區文津街7號） （原北京圖書館出版社）
發　　行	（010）66114536　66126153　66151313　66175620 66121706（傳真），66126156（門市部）
E-mail	cbs@nlc.gov.cn（郵購）
Website	www.nlcpress.com→投稿中心
經　　銷	新華書店
印　　刷	北京嘉彩印刷有限公司
開　　本	889×1194毫米　1/16
印　　張	17.5
印　　數	1-1500册
版　　次	2013年7月第1版　2013年7月第1次印刷

書　　號	ISBN 978-7-5013-5074-2
定　　價	196.00圓

前　言

　　古籍普查是中華古籍保護計劃中最重要的基礎性工作，登記項目多，要求高，時間跨度大，涉及面廣，是中國有史以來最重要的文獻調查工作。浙江是古籍大省，古籍分布面廣，幾乎縣縣有古籍，涉及公共圖書館、文物、教育、衛生、宗教、檔案等系統的單位有100多個，參與的普查員將達數百名，其中90%没有古籍知識和編目經驗。爲培訓普查員，規範普查登記行爲，確保普查數據質量，浙江省古籍保護中心組織編寫《浙江省古籍普查手册》，作爲全省古籍普查規範性工具。我們希望，一個受過高等教育的工作者，通過學習本手册，能够系統掌握古籍基礎知識和古籍信息規範登記方法，配合其他專業工具書，通過兩周時間的普查實踐培訓，成爲一個合格的古籍普查員。

　　《浙江省古籍普查手册》按照《浙江省古籍普查工作實施辦法》的要求，參考《中華古籍總目編目規則》等文獻，將《全國古籍普查登記手册》（2012）、《古籍普查培訓講義（試用本）》（國家古籍保護中心編）、《"全國古籍普查平臺"基本項目與擴展項目説明》、《古籍定級標準》（WH/T 20-2006）、《古籍特藏破損定級標準》（WH/T 22 2006）等規定的如客觀著録、文字規範等普查原則，進行了細化、規範化，增加實踐的案例。對現實存在的多種古籍信息著録方法，如《中國地方志聯合目録》與《中國古籍善本書目》對方志著録、《中國叢書綜録》與《中國古籍善本書目》對叢書著録等均存在差别，作了明確統一的規定，避免矛盾。《浙江省古籍普查手册》盡可能在每個知識點配圖説明，力求成爲通俗易懂、操作性强、内容全面的古籍普查參考工具。

　　《浙江省古籍普查手册》的編纂工作始於2009年，至今爲第三稿，由省古籍保護中心年輕的博士、碩士負責編纂完成。試用版由童聖江負責，謝凱、周會會參與編纂完成，作爲第一期浙江省古籍普查培訓班教材使用。第二稿由童聖江修訂，在第二期浙江省古籍普查培訓班上使用。第三稿由陳誼負責，童聖江參與修訂完成。第三稿吸收4000多部古籍普查實踐經驗，聽取了三次會議和許多專家學者的意見。2011年9月2日在紹興舉辦的《浙江省古籍普查手册》研討會，國家古籍保護中心唱春蓮先生、上海圖書館陳先行先生、復旦大學圖書館吴格先生及全省公共圖書館、博物館、高校等古籍收藏單位40多位代表，對《手册》進行廣泛而深入的討論。2012年1月12日在杭州舉辦小型座談會，美國國會圖書館特邀研究員范邦瑾先生、遼寧省圖書館王清原先生、山東省圖書館賈秀麗先生和杭州圖書館、紹興圖書館、嘉興市圖書館、寧波市天一閣博物館普查員逐條研讀和審議了《手册》的著録部分。2012年1月18日，國家古籍保護中心與浙江省古籍保護中心聯合在北京召開《浙江省古籍普查手册》研討會，國家圖書館副館長、國家古籍保護中心副主任張志清先生，全國古籍保護工作專家委員會主任李致忠先生，以及王紅蕾、唱春蓮等先生，提出許多具體且富有指導性的修改意見。《手册》的編纂，始終受到國家古籍保護中心的重視、關心和指導；全省各單位普查員都貢獻了寶貴的實踐經驗，提供許多建設性意見。對於以上諸位先生及曾經爲《手册》編纂提供幫助的古籍界諸位專家同仁，在此統致謝忱。

鑒於編纂者水平、經驗有限，《手册》中各種脱漏訛誤、文例不一之處，在所難免，懇請大家批評指正。若有例證，敬請見示，吸納補充，俾臻完善。

浙江省古籍保護中心
2012年11月

目　錄

前言 …………………………………………………………………………… 1

第一章　浙江省古籍普查概述 ………………………………………………… 1
　　第一節　普查範圍 ………………………………………………………… 1
　　第二節　古籍常識 ………………………………………………………… 2
　　第三節　普查員要求 ……………………………………………………… 24
　　第四節　必備工具書舉隅 ………………………………………………… 28
　　第五節　普查流程 ………………………………………………………… 31
第二章　全國古籍普查平臺功能及使用簡介 ………………………………… 33
　　第一節　應用環境 ………………………………………………………… 33
　　第二節　使用指南 ………………………………………………………… 34
　　第三節　平臺主要功能 …………………………………………………… 38
第三章　古籍普查著錄細則 …………………………………………………… 52
　　第一節　著錄原則 ………………………………………………………… 52
　　第二節　著錄要求 ………………………………………………………… 53
　　第三節　索書號·分類 …………………………………………………… 56
　　第四節　題名卷數 ………………………………………………………… 57
　　第五節　著者 ……………………………………………………………… 99
　　第六節　卷數統計 ………………………………………………………… 125
　　第七節　版本 ……………………………………………………………… 129
　　第八節　版式 ……………………………………………………………… 144
　　第九節　裝幀·裝具 ……………………………………………………… 156
　　第十節　序跋 ……………………………………………………………… 157
　　第十一節　刻工 …………………………………………………………… 159
　　第十二節　批校題跋 ……………………………………………………… 161
　　第十三節　鈐印 …………………………………………………………… 163
　　第十四節　附件·文獻來源 ……………………………………………… 166
　　第十五節　修復歷史 ……………………………………………………… 167
　　第十六節　叢書及彙編書子目 …………………………………………… 168
第四章　古籍定級 ……………………………………………………………… 177
　　第一節　古籍定級概說 …………………………………………………… 177
　　第二節　普查平臺定級著錄 ……………………………………………… 180

第五章　古籍定損……………………………………182
　第一節　古籍定損概說………………………………182
　第二節　普查平臺定損著錄…………………………184
第六章　古籍普查書影著錄…………………………194
　第一節　書影拍攝工具………………………………194
　第二節　利用軟件和計算機拍攝書影………………202
　第三節　古籍普查書影拍攝要求……………………211
　第四節　書影選取……………………………………212
　第五節　書影加工與保存……………………………213
第七章　古籍普查數據審核（本單位審核）………222

附錄1　古籍普查平臺操作流程圖……………………227
附錄2　古籍定級標準……………………………………229
附錄3　古籍特藏破損定級標準…………………………241
附錄4　［嘉慶］《大清一統志》縣級以上行政地區名稱表……251
附錄5　普查登記流程全例………………………………265

第一章　浙江省古籍普查概述

第一節　普查範圍

一、普查範圍

根據《浙江省古籍普查工作實施辦法》的要求，浙江省古籍普查範圍爲浙江省轄區內所藏漢文古籍，非漢民族文字古籍不在本手冊範圍內。

1. 傳統古籍

1912年以前形成的具有傳統裝幀形式的漢文書籍。

2. 民國線裝書

1912年至1949年間形成的有關傳統學術并具有傳統裝幀形式的漢文書籍。

二、特殊處理

1. 簡帛

以竹木簡牘、縑帛絲絹等材料爲載體的古籍，在普查平臺上的"簡帛"窗口著錄。

2. 碑帖拓本

碑帖拓片不論是未經改裝者，還是經前人割裱改裝成卷軸、冊葉、經折、線裝等其他形式者，均在"碑帖拓本"窗口著錄。

3. 少數民族文字古籍

少數民族使用自己文字抄寫、印製的書籍，暫不列入此次普查範圍；但若與漢文合璧者（如滿漢合璧、滿蒙漢合璧等）則在"漢文古籍"窗口著錄。如該民族沒有自己的文字，借用漢字記錄本民族歷史傳說、創作本民族文學藝術等內容的書籍，則在"漢文古籍"窗口著錄。

4. 檔案散葉

書畫、詔諭、誥命、奏摺、文告、簿籍、契約、信札、票據、證書、照片、各類檔案等散葉原件不在此次普查範圍之內。若已裝訂成書籍形式者，如書法、繪畫、信札作品以長卷、冊葉、線裝等形式裝裱，或附載大量題跋、題辭、觀款、題記等內容者，則在"漢文古籍"窗口著錄。

5. 期刊報紙

19世紀以來的連續性期刊、報紙不在此次普查範圍之內。如以剪報形式形成的線裝著述、以書代刊者或僅出版一次者，則在"漢文古籍"窗口著錄。

第二節　古籍常識

一、古籍版式

古籍版式指古籍版面的樣式。包括版框、界行、天頭、地腳、版心、行款、字數、書口、魚尾、書耳、象鼻等，如圖1-1。

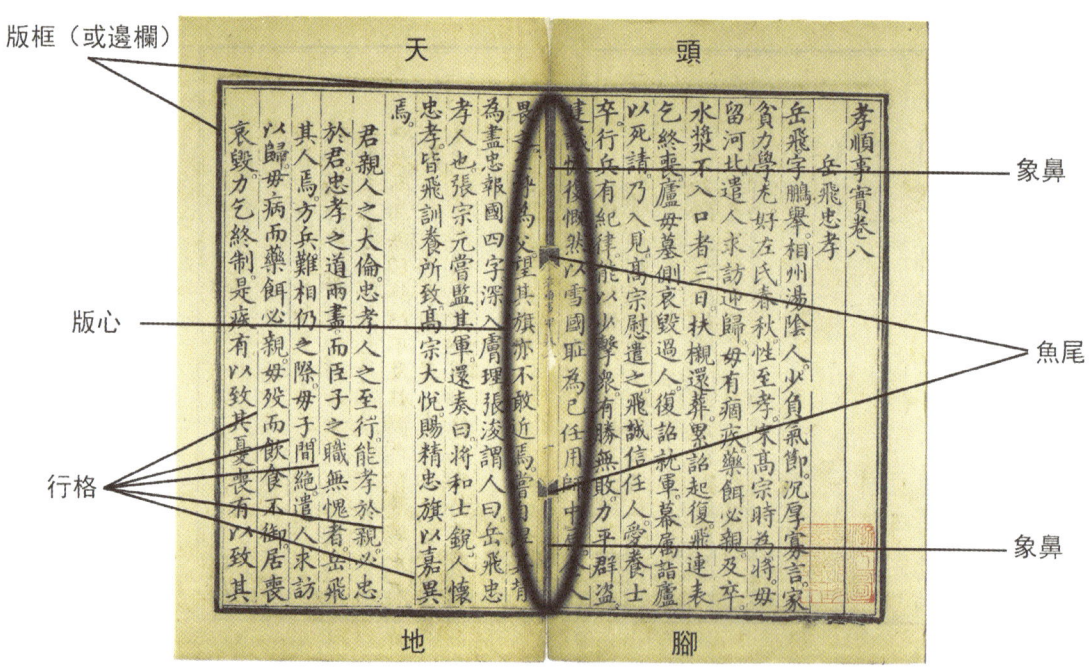

圖1-1　古籍版式

1. 版框

古籍版面內圍框文字四周的邊線，也稱"邊欄"。

1.1　上下、左右欄

上方稱"上欄"，下方稱"下欄"，左右兩旁稱"左右欄"。單線的稱"單邊"或"單欄"，雙線的稱"雙邊"或"雙欄"。

1.2　四周單邊

四周只印有一條粗黑邊線的，稱"四周單邊"。

1.3　四周雙邊

四周粗黑線內再加一條細黑線的，稱"四周雙邊"。

1.4 左右雙邊

版框上下欄爲單線，兩旁爲雙線，則稱"左右雙邊"或"左右雙欄"。在冊葉裝和卷軸裝中也有上下雙邊、左右單邊的情況。

1.5 無版框

古籍版面內文字無邊線的稱無版框。

2. 行格

書籍版面內行數、字數的總稱。

2.1 界行

版面之內用來分隔文字的直綫，稱"界行"。兩條綫之間形成的格稱"界格"。有欄無界行稱無格，有欄無界行或無欄無界行者，在著錄時需說明。

2.2 行款

每半葉版面的行稱行數，每行文字的個數稱字數，行數字數合稱行款。

2.3 半葉行字

整個版面由行格分成若干行，每行有若干字，一般以半葉計算行數字數，稱爲"半葉×行×字"，或稱"×行×字"。

2.4 雙行小字

若每一行中有兩行小字，稱"小字雙行×字"（雙行小字字數仍按單行計數），若雙行字數與單行正文相同，稱"小字雙行同"。如字數不一或無法統計者，稱"小字雙行行字不等"。可以確定在某兩字數之間者，稱"×至×字"。如"18至20字"。

另有介於大字和小字之間者，可稱"中字×行×字"。

2.5 各色欄格

邊欄界行以紅色印的稱爲"朱絲欄"，以黑色印的稱爲"烏絲欄"。明清時期，專有印刷各種顔色箋格的作坊，用不同顔色界欄箋紙抄寫的古籍，通常直接稱爲朱格（紅格）、墨格、藍格、緑格、鉛格等。

2.6 特殊邊欄

特殊者有卐字欄、竹節欄、博古欄、花欄等，多見於小品、詞集、書函、印譜、佛經等。

3. 版心

每葉版面正中，即書葉兩個半葉之間沒有正文的一行，又稱節口。常刻有書名、卷次、葉碼、字數、刻工姓名等內容。版心通常有用作對摺準繩的口綫和魚尾形圖案。

3.1 書口

又稱版口，簡稱口，版心對摺形成的中心綫。

3.1.1 黑口

書口上下兩端印有墨綫的稱"黑口"，墨綫如爲粗綫，稱爲"大黑口"或"闊黑口"，細綫稱爲"小黑口"、"細黑口"或"綫黑口"。

3.1.1.1 象鼻

黑口本版心上下的墨綫，好似象的鼻子垂在胸前，故稱"象鼻"。

3.1.2 白口

書口無墨綫的稱爲"白口"。

3.2 魚尾

宋代以後，書籍裝訂均將書葉沿版心處對摺，然後粘連或訂綫，用來對摺的準繩主要是魚

圖1-2　魚尾類型

尾，因其酷似魚尾而得名。一般刻於距版心上邊約四分之一處。

3.2.1　魚尾類型

按其是否挖空，可分爲白魚尾、黑魚尾、花魚尾等。

3.2.2　單雙魚尾

按其數量可分爲"單魚尾"、"雙魚尾"、"三魚尾"等。雙魚尾按其相對位置又可稱爲"雙順魚尾"、"雙對魚尾"等。

4. 書耳

有的書籍版框左欄外上方刻有一個小長方格，似是書長了耳朵，故稱書耳。書耳中往往題寫篇名或本版字數，稱爲"耳記"、"耳題"。在版框其他位置的刻字，均不稱書耳，說明版式時可描述爲"版框右上/右下/左下欄外鎸××××"。

5. 天頭、地腳

版框上端的空白處稱天頭，下端的稱地腳。

6. 分欄

有些古籍版面用橫線分成上下兩截，下截較長，刻正文，上截較短，刻評語、注釋、故事、插圖等。也有上下欄平分的，并列題名。有的分成上下兩截，稱爲"上下兩欄"，也稱"兩層樓"；有的分成上中下三截，則稱"三節版"或"三層樓"。這種版式多用於經史體注、文章選本、戲曲小說等較爲通俗的書籍。

二、外部形態

古籍形態是指一部具體古籍外在的形式。

線裝古籍的主要外形結構名稱有：

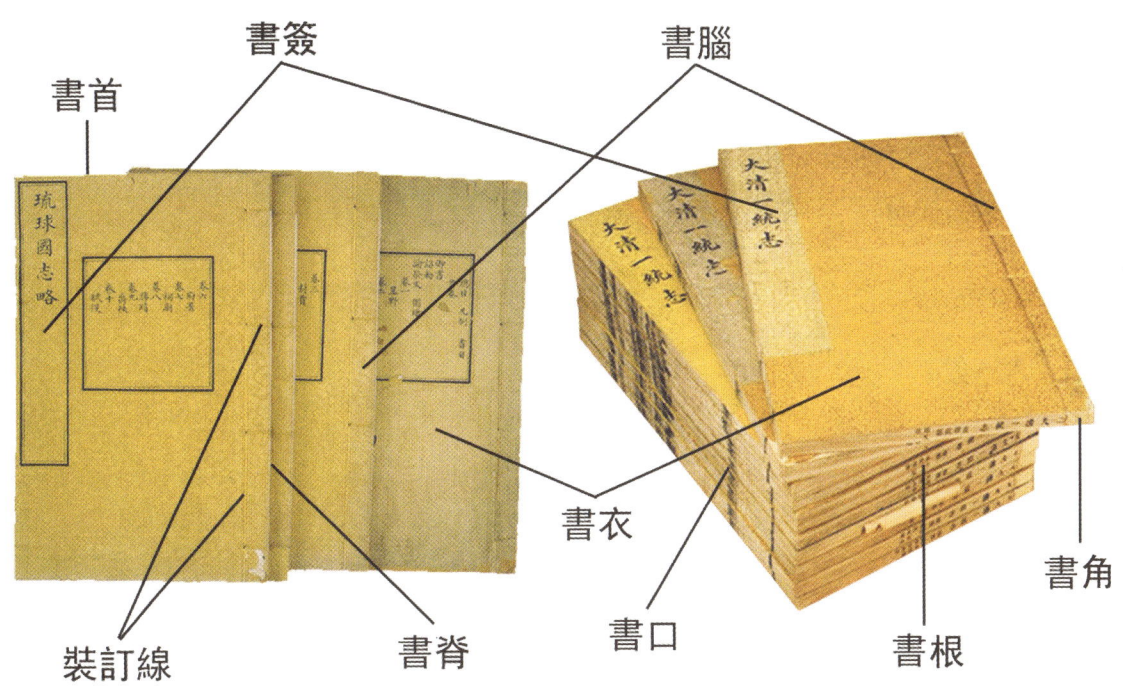

圖1-3　線裝古籍外形結構

1. **書衣**

書的前後封皮，又稱書皮、封面。書衣有布、紙兩種，以紙質居多。

2. **書簽**

書衣上一般題有書名，或直接寫在封皮上，或寫於一長條形的簽條上，貼在書衣左上方處。題有書名的簽條即稱爲"書簽"。書簽有紙質的，也有絲織品的。

3. **書腦**

指線裝書有裝訂線的一邊。

4. **書脊**

指線裝書有裝訂線一邊的側面。

5. **書首**

也稱書頭，指古籍的上端。

6. **書根**

與"書首"相對應，指古籍的下端。由於古籍一般都是平放於書架或書箱中，爲了便於查找書，書根處往往用來題寫書名、卷數等信息。書根靠近書脊的一端，多用於標注冊數和冊次，常有首冊作"凡×"、末冊作"×止"等標識。

7. **包角**

一冊書右側上下兩隅，通稱書角。古人在裝訂書時常把自己認爲比較珍貴的書用絹或綾子將書角包起，稱"包角"。

8. **函套**

爲了保護書籍，刻印者或藏家往往會給書配製一副函套。函套的種類因其質地和款式的不同，可分爲紙質書套和木質書匣、木質夾板等。"書套"以紙板爲胎，內粘紙，外貼錦、緞、絹等布料，一般多爲四面包嚴的"四合套"，若四周上下六面包嚴，稱"六合套"。在開函處製成月牙狀的，稱"月牙套"；在開函處製成雲狀或環狀的，稱"雲頭套"。"木匣"以楠木等硬木爲材料，製成五面或六面封閉匣套，盛書時另用兩塊木板夾墊在書的上下。"夾板"從木匣簡化而來，用布帶通過上下兩塊鑿有扁孔的夾板，將書繫牢。

三、裝幀類型

常見古籍裝幀形式主要有：卷軸裝、梵夾裝、經摺裝、旋風裝、蝴蝶裝、包背裝、線裝、毛裝等。

1. 卷軸裝

又稱卷子裝，是我國出現較早的紙本書籍裝幀形式，始於帛書，隋唐時紙書盛行後開始應

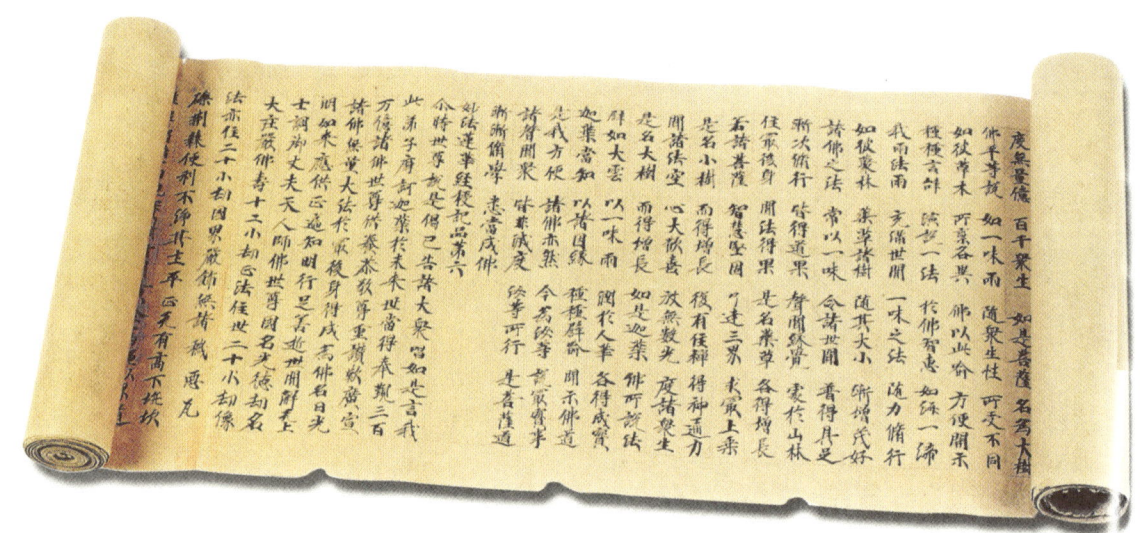

圖1-4　卷軸裝

用於紙書，并爲後代所沿用。唐、五代的寫本經卷多採用此法裝裱。明清以來大量的書畫作品也用這種裝幀形式。

2. 旋風裝

也稱"旋風葉"、"龍鱗裝"。唐代中葉已有此形式。其形制，一般認爲是取原來的卷軸

圖1-5　旋風裝

裝摺疊成冊，加一書面，粘於冊的首尾，使兩端連綴起來。這樣摺疊時已呈書冊式形態，翻閱時拉開來像一個囊子，逐頁翻閱，宛轉如旋風，故名。

3. 經摺裝

又稱"摺子裝"、"摺裝"。由卷軸裝演化發展而成。將長幅反復摺疊，成爲摺子，首尾

圖1-6　經摺裝

粘以厚硬紙頁護持。

4. 梵夾裝

中國古代紙質梵夾裝書籍傳世極少，後世使用這一裝幀形式的書籍，一般多爲少數民族文

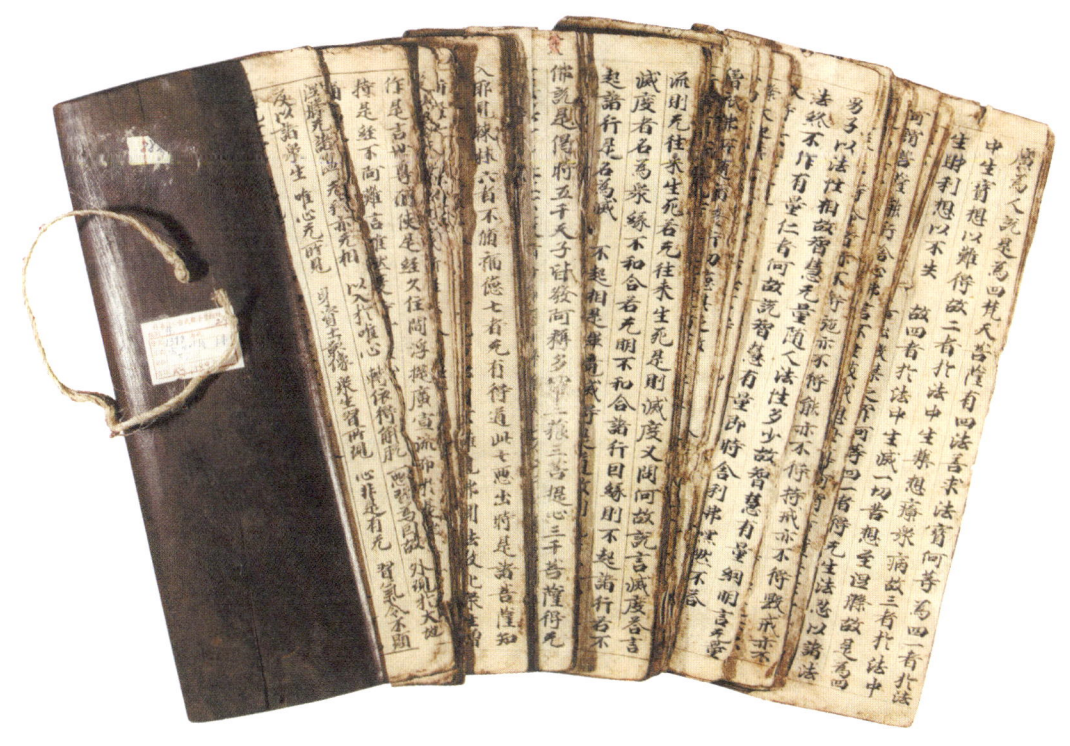

圖1-7　梵夾裝（書影圖片據《第一批國家珍貴古籍名錄圖錄》）

字書籍，例如藏文、蒙文藏經，但是這些梵夾裝的書籍與貝葉經已相去甚遠，這種經書書葉疊擦後，上、下用木板相夾，然後僅用繩索、布帶捆紮。

5. 蝴蝶裝

蝴蝶裝是印本書進入冊葉階段的最初裝訂形式。就是把一張張印紙字對字反摺起來，版心

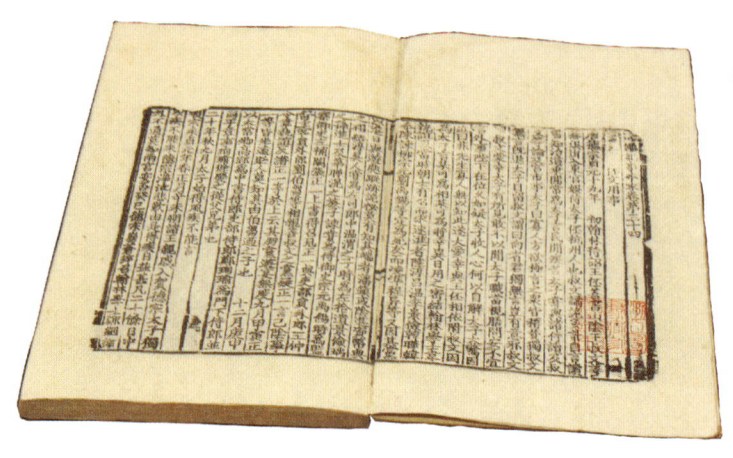

圖1-8　蝴蝶裝

向右，單口向外積累下去，然後逐葉相粘，最後用一張整紙，順著摺縫的一邊，從封面包到封底，并將每葉摺縫逐一粘在包紙上，再將封面封底粘上硬紙板，就成了一冊書。因爲它在攤開時中間粘著兩邊各半葉，翻動時如蝴蝶般展翅而得名。

6. 包背裝

將印葉對摺起來，字面向外，背面相對，并使版心向外，然後用紙捻在書腦部分裝訂成

圖1-9　包背裝

册，用硬書皮包裹，不另穿孔訂線。包背裝是從蝴蝶裝演變而來的，因爲蝴蝶裝容易脱落散失，包背裝正是改正了這個缺點。此法始於宋元之際，明初亦多用之。清初包背裝已少見，乾隆間修《四庫全書》使用包背裝。

7. 線裝

即在空白的書腦上打孔，穿線裝訂成册。線裝一般只打四孔，稱爲"四眼裝"。開本較大

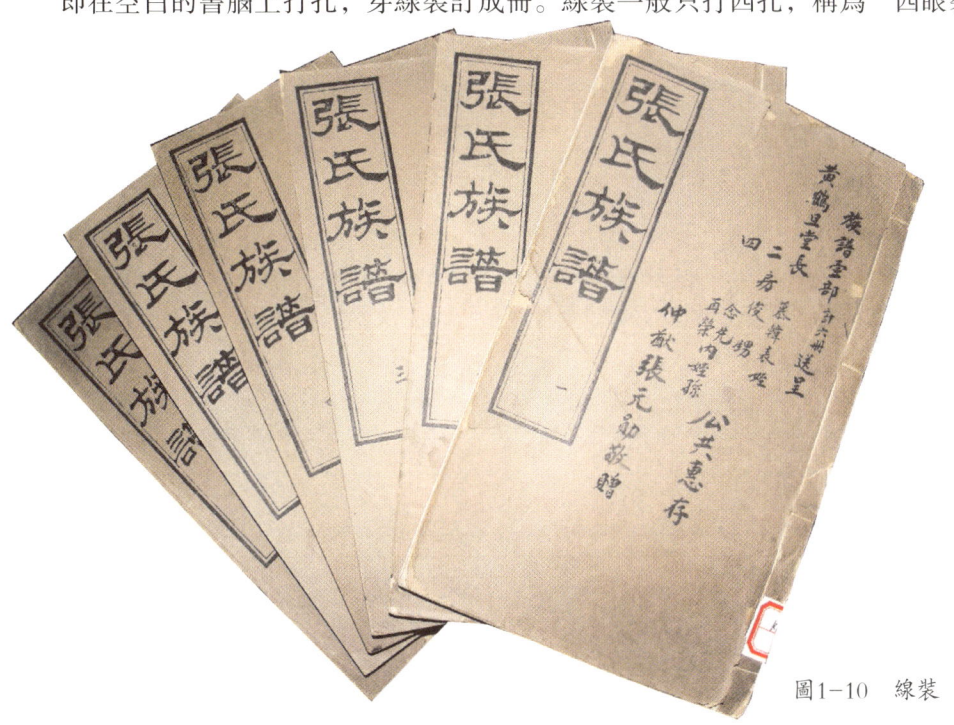

圖1-10　線裝

的書，在上下兩角各多打一眼，便成爲"六眼裝"。也有五眼或七眼的，多是日本和朝鮮刻本。

8. 毛裝

新成的書籍，把書葉疊齊，穿下紙捻以後，不加切裁，有的連封面也不加。因爲書紙的纖維毛茬都還存在，又没有最後裝好，故稱"毛裝"。

四、内容結構

古籍内容結構一般由内封、序跋、目次、凡例、正文、首卷、末卷、附録、牌記等内容組成。

1. 内封

古籍的封面，用於題寫書名，由於一般置於書衣及扉葉（書皮後面的一葉白紙）之後，所以又稱"書名葉"。多以半葉的規格刻寫書名及作者，有些也鎸有刻印時間；也有的以半葉題寫書名，半葉題刻版時

圖1-11　毛裝

間、刻版機構或藏版處。特別注重書名的書寫及題寫人的署名，常常再用薄紙覆罩其上。

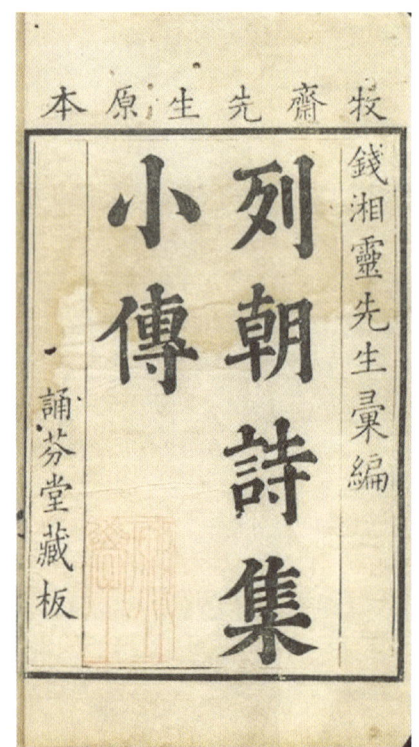

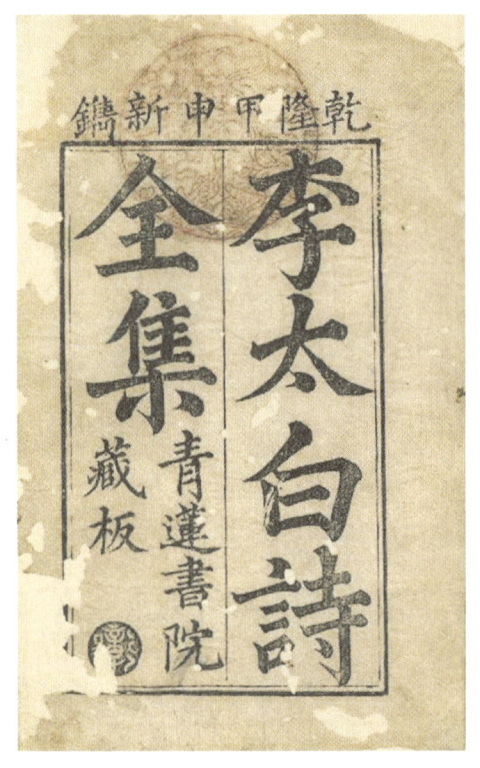

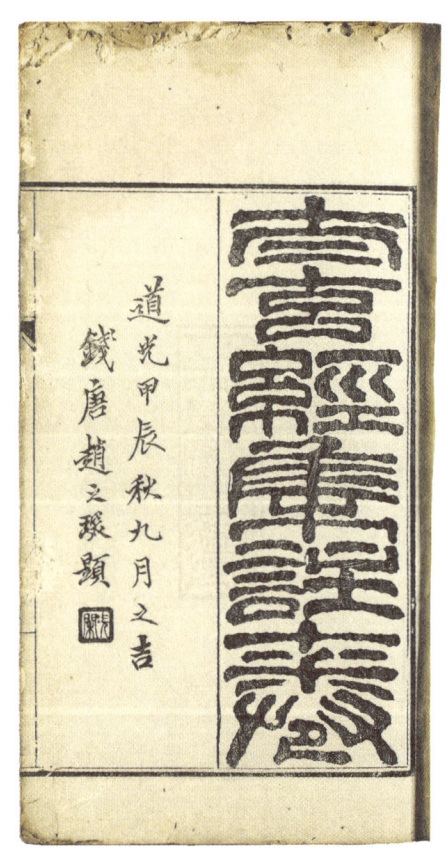

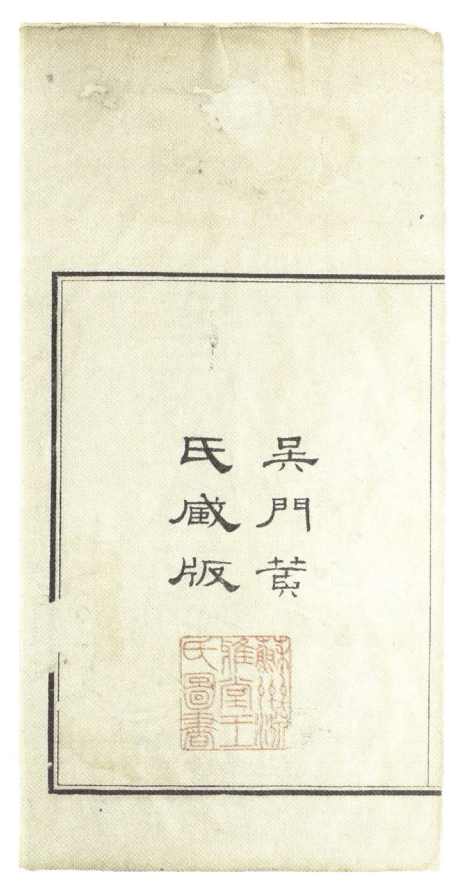

圖1-12　內封

2. 序跋

2.1　序

即序言。作者自己寫的稱"自序"，自序一般是敘述自己的身世、行事及創作目的、著述體例等；他人所寫的序多涉及該書的內容和價值。

2.2　跋

跋則是評介正文內容或敘述版刻經過及版刻源流，多是校刻人或讀書人所撰。常置於正文之後，故又稱"書後"、"後序"。

3. 目次

又稱目錄。即全書篇目次第，多置於序文之後、卷首，或分置每卷正文之前。也有前有總目，每種每卷前仍有詳細的目錄者。

4. 凡例

多置於序跋之後目次之前，分條敘述著述宗旨及編纂體例。

5. 正文

一部書籍的主體部分，有分卷和不分卷兩種。

6. 首卷、末卷、附錄

正文前獨立成卷的內容稱爲"首卷"，正文後的稱爲"末卷"。有些書籍在正文之外，還刻有其他篇章的內容，或本書內容的附加材料，稱爲"附錄"。此類內容版心需刻有"首卷"、"末卷"、"附錄"等字樣，可視作一卷。

7. 牌記

古書中刻有刊刻者堂名、人名或刊刻時間等內容、通常以線框圍繞的文字，稱爲牌記（也稱"書牌"或"木記"）。牌記多在封面葉的後半葉，也有刻在書的卷末或序文、目錄後的。牌記的形式不盡相同，有的還進行藝術加工，刻成鐘式、鼎式、荷葉蓮花座式、古琴式、亞字式等等，多數是四周邊框長方形的。元、明刻書多仿效宋本，刻有牌記，清代牌記多簡化成時間加姓氏加堂號。甚或衍變爲內封，與書名葉構成一體。

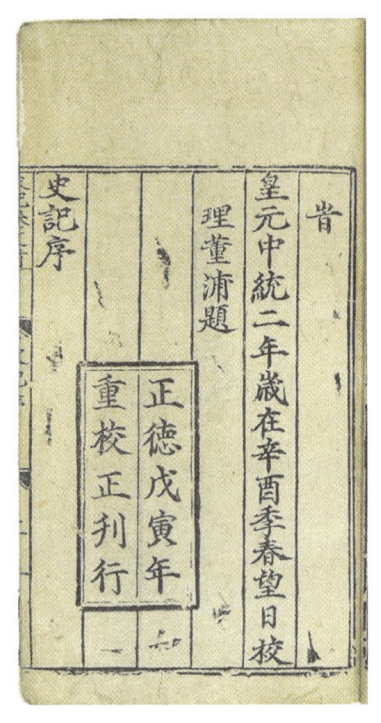
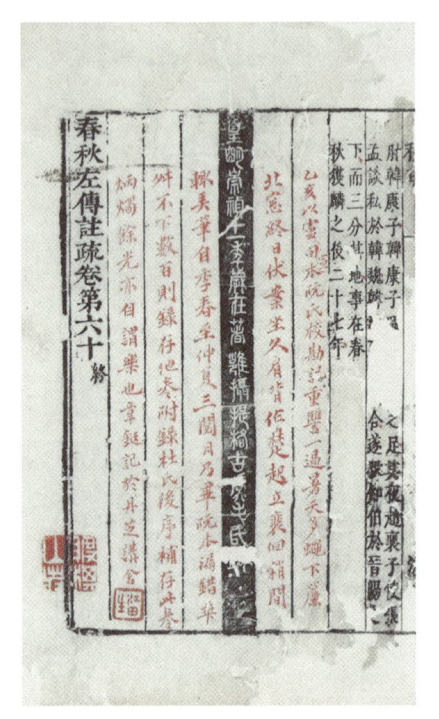
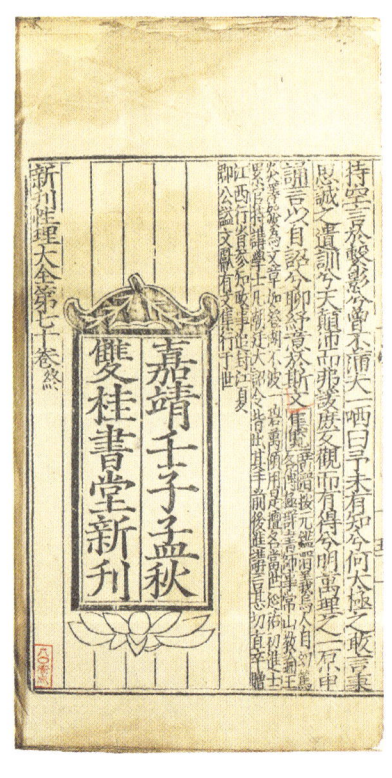
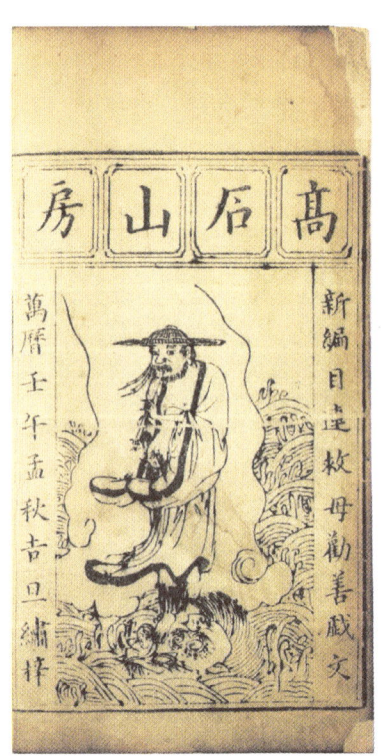

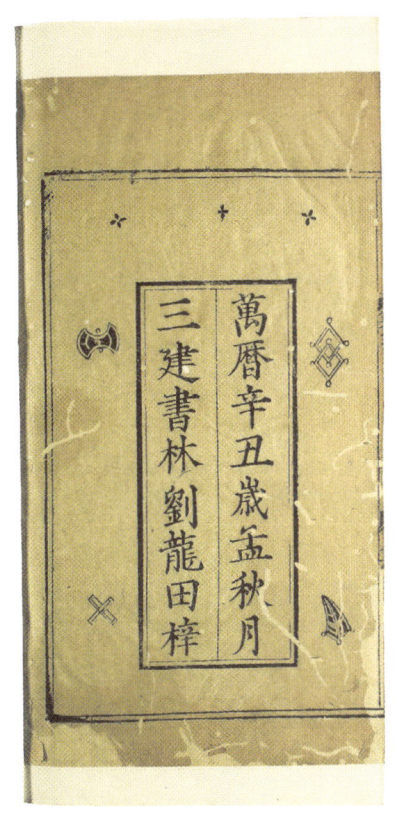 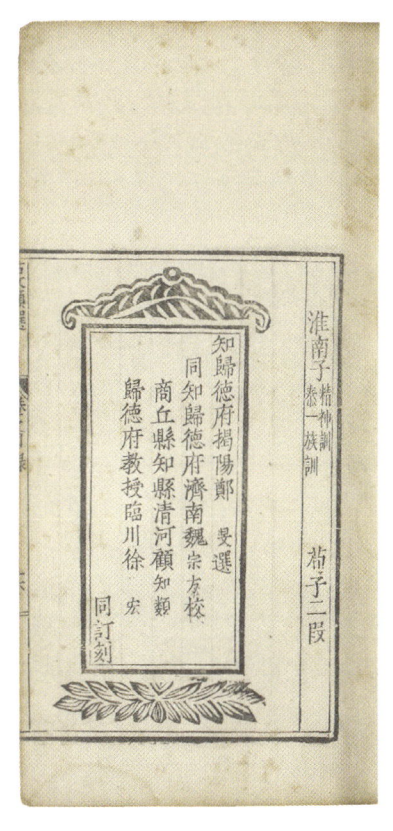

圖1-13 牌記

8. 插圖

又稱繡像。書中刻有圖畫者，稱"插圖"，有卷首扉插、書內連插、上圖下文、左圖右文等等形式。題名前一般冠以"繡像"、"繪圖"、"出相"等字樣。

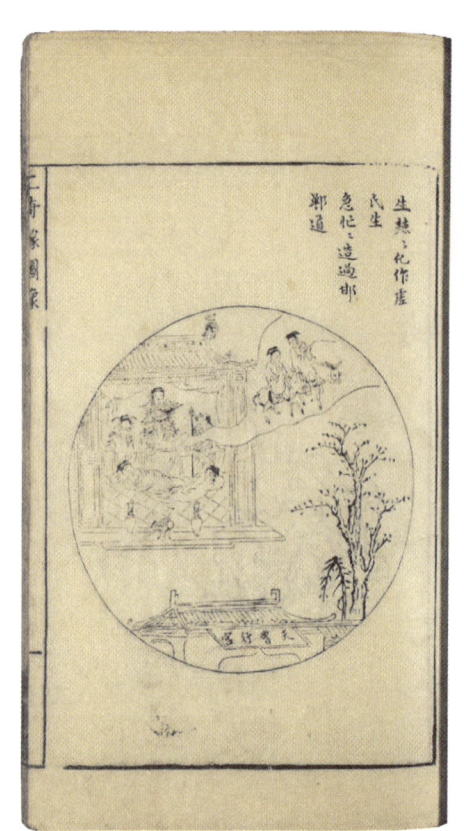
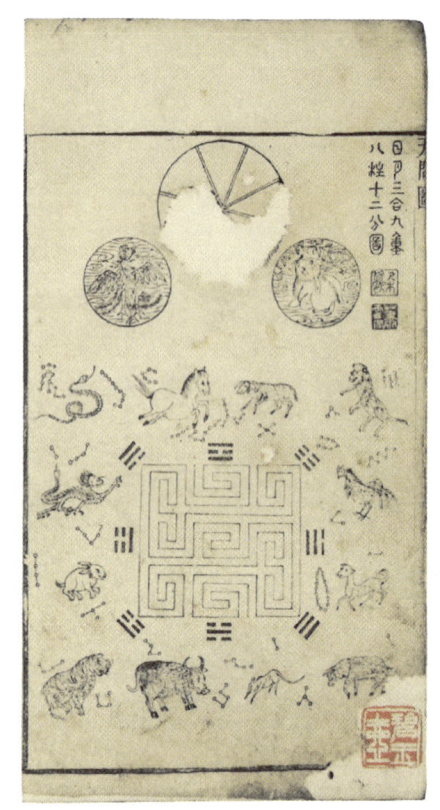
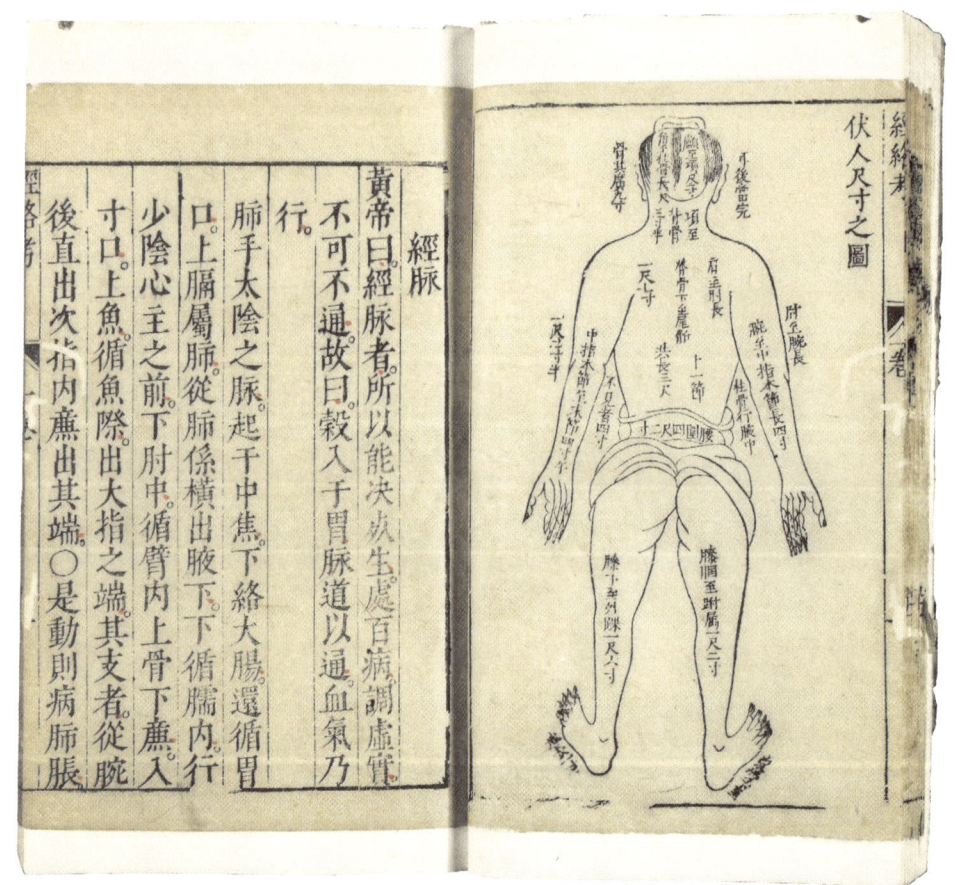

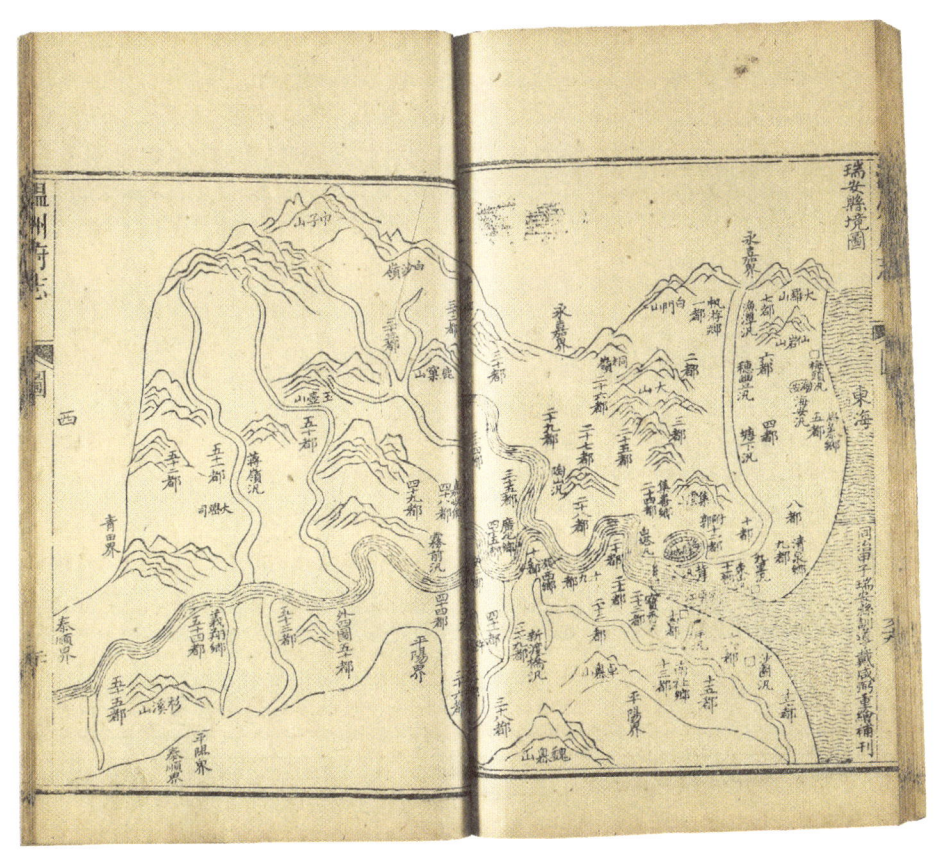

圖1-14 插圖

9. 句讀（dòu）

書中表示文詞休止或停頓的符號。元黃公紹《韻會舉要》云："凡經書成文語絕處，謂之句；語未絕而點分之，以便誦詠，謂之讀。今秘書省校書式，凡句絕則點於字之旁，讀分則點於字之中間。"

10. 圈點

某些古籍中在一些字句的旁邊加上圈點，以示其精彩或重要。

11. 評、注

一些除正文外尚有評、注文字的書籍，多將評、注文字刻於版框外天頭處，以示區別，便於閱讀。

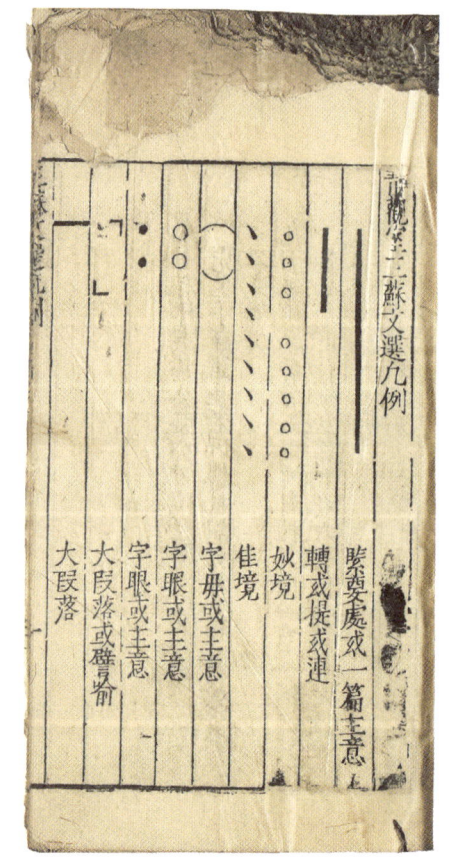

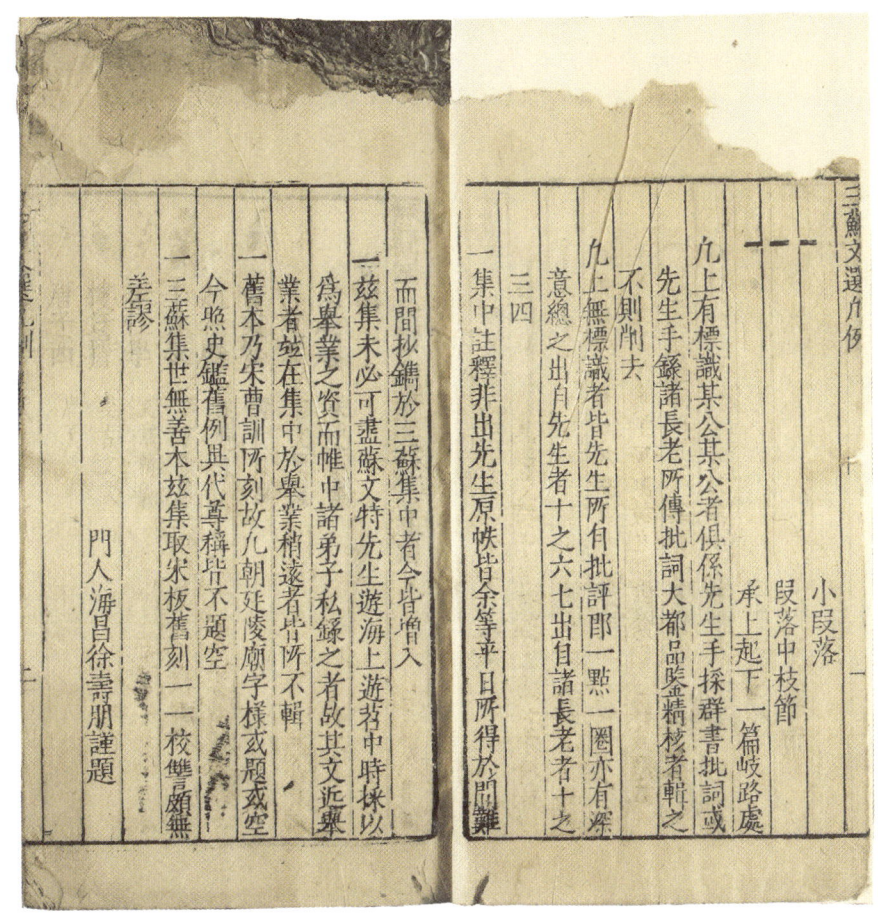

圖1-15　句讀、評語、圈點及評、注符號

五、版本類型

紙質文獻的版本類型可分爲兩大系統：寫本系統和印本系統。

1. 寫本系統
寫本系統包括寫本、抄本、稿本、繪本等。
1.1 寫本
寫本通常特指四種情況：
1.1.1 唐及其以前傳寫的書本

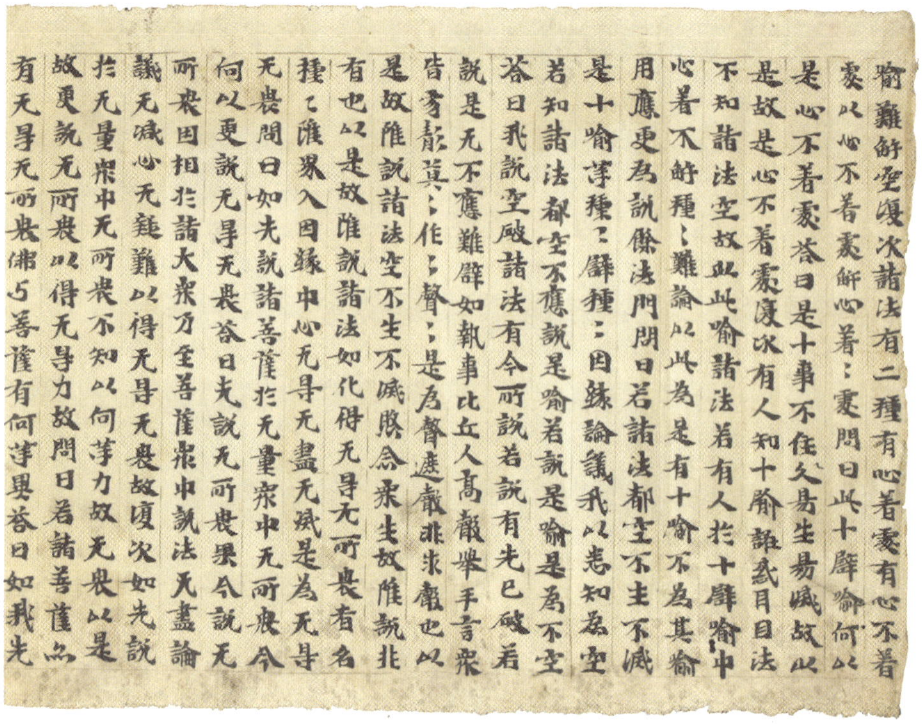

圖1-16 唐寫本

如敦煌發現的北魏、唐代寫經等。唐代以前，書籍的產生、流傳皆賴抄寫，故統稱寫本。抄寫的材料種類很多，有帛、縑、絹等絲織品，也有紙、竹片、木牘等。我國最早的寫本目前尚存世者，為西晉元康六年抄寫的佛經卷子殘葉，清末日本人在我國新疆吐魯番地區發掘所得，現藏於日本；其次為後涼麟嘉五年寫經，現藏上海博物館。

1.1.2 唐宋以後名人的手書作品

如元趙孟頫手書的《老子道德經》、明文徵明手書的《離騷》等。

1.1.3 唐宋以後佛、道教徒或信眾為還願或做功德用特殊材料書寫的佛經、道經等

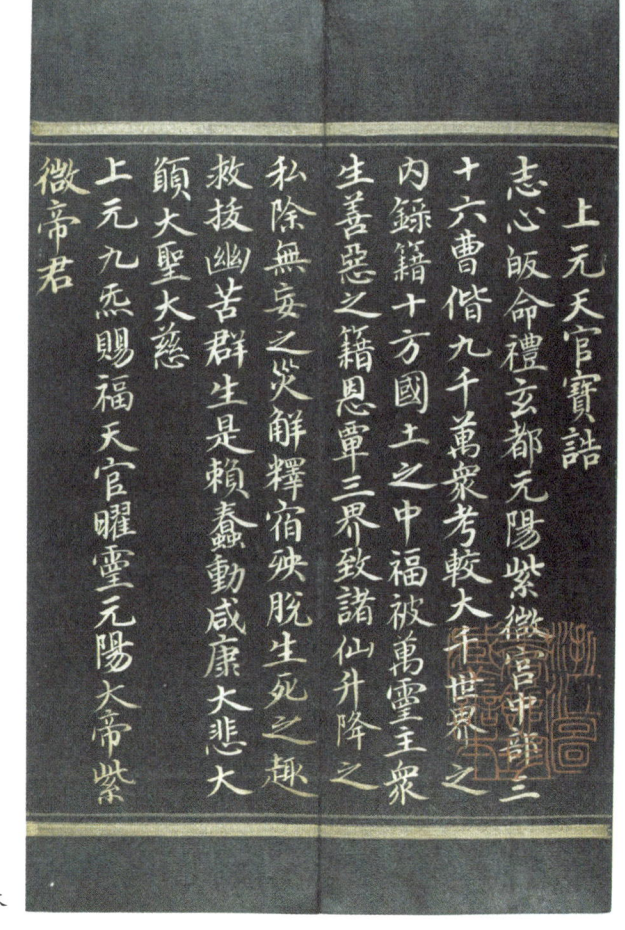

圖1-17 明泥金寫本

1.1.4　歷代內府抄寫的書本

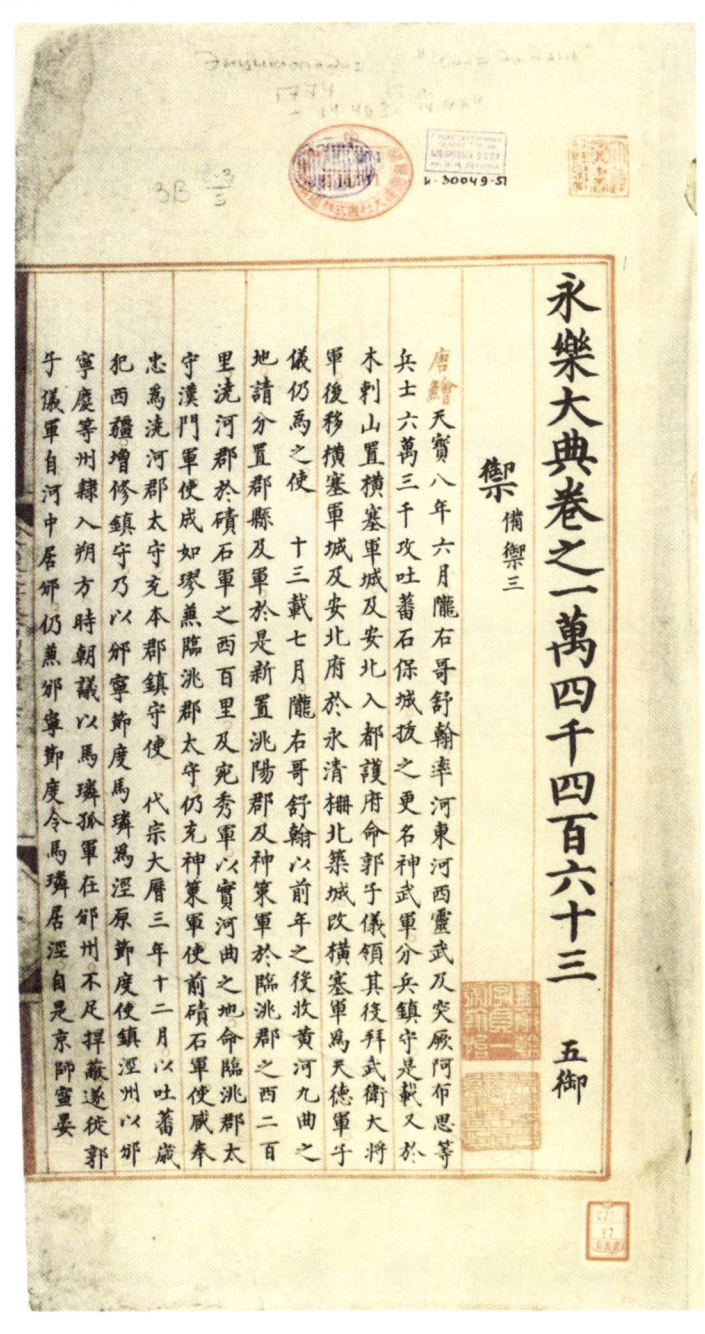

圖1-18　明嘉靖內府寫本
（書影圖片據《第一批國家珍貴古籍名錄圖錄》）

1.2　抄本

即一般的手寫本。自從雕版印刷術發明、興盛以來，手抄書本便漸漸衰落。然而，抄本并未由此而消亡，一部分比較專門，或不甚著名、需求不廣的著作，還是靠傳抄來流通的。明清以來著名的抄本都有各自的特點，詳見陳先行、石菲著《明清稿抄校本鑒定》（上海古籍出版社2009年版）。

1.2.1　影抄本

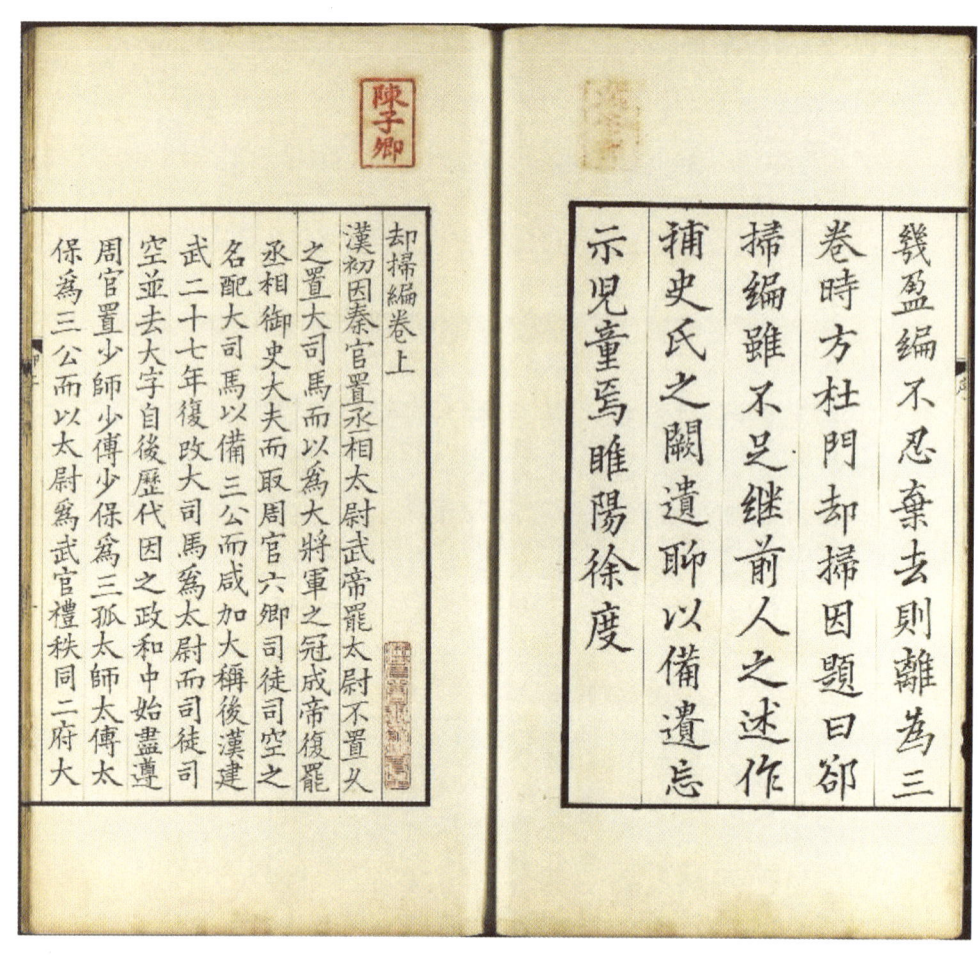

圖1-19　影宋抄本

依照底本影摹的抄本。最著名的有毛氏汲古閣影宋抄本、影元抄本。近人往往只是照其行款版式過錄，字體與底本頗有差異，也稱爲影抄本。

1.3　稿本

指作者的原稿。作者親筆所寫，往往有勾乙改塗痕跡，或鈐有作者印記，或爲作者專用稿紙。

1.3.1　清稿本

有作者自己親筆謄寫的，也有請別人謄清的，往往經作者校過，大多有作者印鑒、室名等標識。

1.3.2　修改稿本

作者修改的稿本。

1.3.3　寫樣稿本

按照刻版要求寫樣準備付刊的稿本，一旦刻出來刷印，此稿即告消失。這是書籍從稿本走向出版的過渡階段（參見《明清稿抄校本鑒定》）。

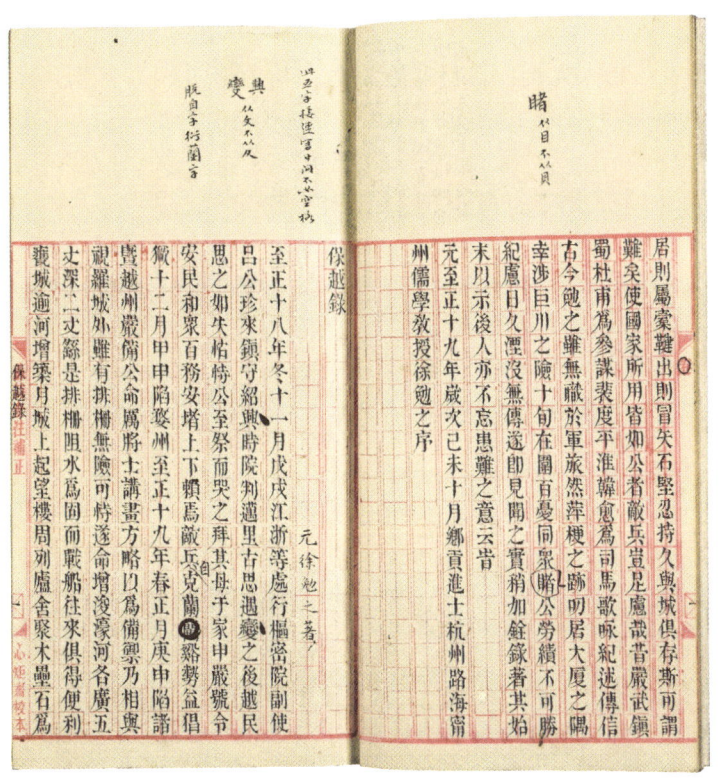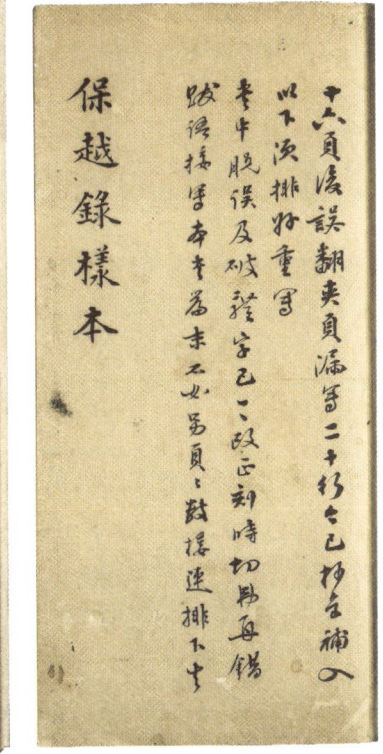

圖1-20 寫樣本例一

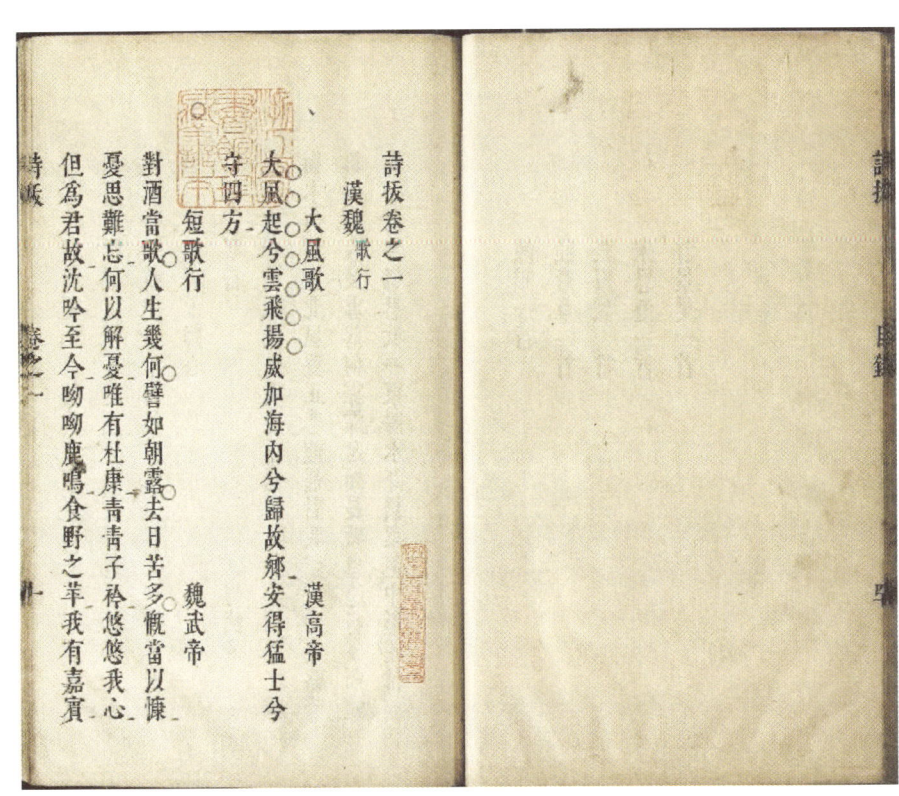

圖1-21 寫樣本例二

1.4 繪本

若一書以圖畫（如輿圖、山水、花鳥、人物、紋樣、經絡等）爲主體內容，全書手繪而形成的書籍，版本表述爲"繪本"。若有敷彩設色，則稱"彩繪本"。

2. 印本系統

印本系統包括刻本、活字本、鈐印本、拓本、石印本、鉛印本、影印本。

2.1 刻本

刻本也稱刊本、槧本、鐫本，均指在木板上按照一定格式安排版樣、雕刻文字，然後敷墨覆紙印刷而成的書本。此類版本因爲分類角度不同而名目繁多。

2.1.1 據刊刻時代

有唐五代刻本、宋刻本、遼刻本、金刻本、蒙古刻本、元刻本、明刻本、清刻本、民國刻本等。

2.1.2 據刻書地域

有浙刻本、蜀刻本、建本（福建地區），有金元時期的平水本（山西臨汾地區），還有域外的日本/和刻本、朝鮮/高麗刻本、越南刻本、琉球刻本等。

2.1.3 據刻書出資/組織者

有官刻本、家刻本、坊刻本。

2.1.4 據刊刻先後順序

有初刻本、重刻本、翻刻本、覆刻本、影刻本等。

2.1.5 據書版刷印早晚

有初印本、後印本、重修本、增修本、遞修本等。

2.1.6 據刷印墨色

有藍印本、朱印本、套印本（朱墨/三色/四色/五色/六色）等。

2.1.7 據開本大小

開本小的又稱巾箱本（或袖珍本）。

2.1.8 據書口

有黑口本、白口本、花口本。

2.1.9 據行款

有十行本、八行本等。

2.1.10 據字體大小

有大字本、小字本。

2.1.11 據版刻特殊技術

有拱花、餖版等。"餖版"是將彩色畫稿按不同顏色分別勾摹下來，每色刻成一小塊木板，然後逐色依次套印或疊印，最後形成一幅完整的彩色圖畫，猶如餖飣，故稱餖版。以這種技法印出的作品，顏色有深淺濃淡、陰陽向背的變化，幾與原作無異。"拱花"是用凹凸兩版嵌合壓印，令紙面拱起花紋，使翎毛、山水凸現在紙面上，看去更富立體感和真實性。如胡正言《十竹齋箋譜》、吳發祥《蘿軒變古箋譜》等。

2.2 活字本

雕版印刷屬於整版刻印，活字則不同，每字一個字模。製版時，在一塊底盤中把活字一一檢出排上，然後壓平固定，即可刷印，印完拆版，再排他版，經濟方便。

根據字模使用的材料不同，活字本又可以分爲泥活字本、木活字本、銅活字本、錫活字本、鉛活字本等等。清雍正間內府用銅活字排印《古今圖書集成》一萬卷。乾隆間《武英殿聚珍版書》用内府木活字印成，又稱"聚珍本"。後來浙江等省翻刻武英殿本，則是雕版刷印，爲示區別，前者稱"内聚珍"，後者稱"外聚珍"。

雕版印本與活字印本的鑒定，除了序跋、牌記等說明外，可以從以下五個方面着手：

一是看邊框是否拼接，活字本邊框大多拼接，有接口即是活字本。上文提及的清雍正内府銅活字印本《古今圖書集成》和清乾隆武英殿木活字印本《武英殿聚珍版書》例外，其版框都是預先印在紙上，所以不存在接口。

二是看行格是否整齊，包括行字與界行，不管排版仔細與否，活字本都會有些不整齊的地方。

三是看墨色是否一致，木活字用膠粘固定每個字，不如雕版平整，着墨有深淺。

四是看筆劃是否交叉，因活字本每個字一個字模，上下字之間筆劃不會交叉。

五是看版面是否斷裂，木活字版不存在整體版面，所以不會出現斷版。

2.3　鈐印本

將印章直接鈐蓋在紙上，然後裝訂成冊而成的書籍。若印章釋文及邊欄爲預先雕版而成，在預留空白處鈐蓋印章，則稱"鈐印刻本"；若印章邊款爲拓本，則稱"鈐印拓本"。

2.4　拓本

2.5　石印本

用石材製版印刷的書籍。其製版及印刷過程如下：

先將文稿平鋪在石版上，塗以脂肪性的藥墨，使原稿在石版上顯印出來，然後塗上含酸性的膠液，使字畫以外的石質略爲酸化，便可刷印。因酸化的石材受水拒墨而無色，未酸化的部分拒水着墨而顯色，文稿即按原樣印在空白紙面上。石印與鉛印本均是油墨印刷，與中國雕版使用水墨印刷有根本區別，且石印本多爲手寫軟體字，易於辨識。

2.6　鉛印本

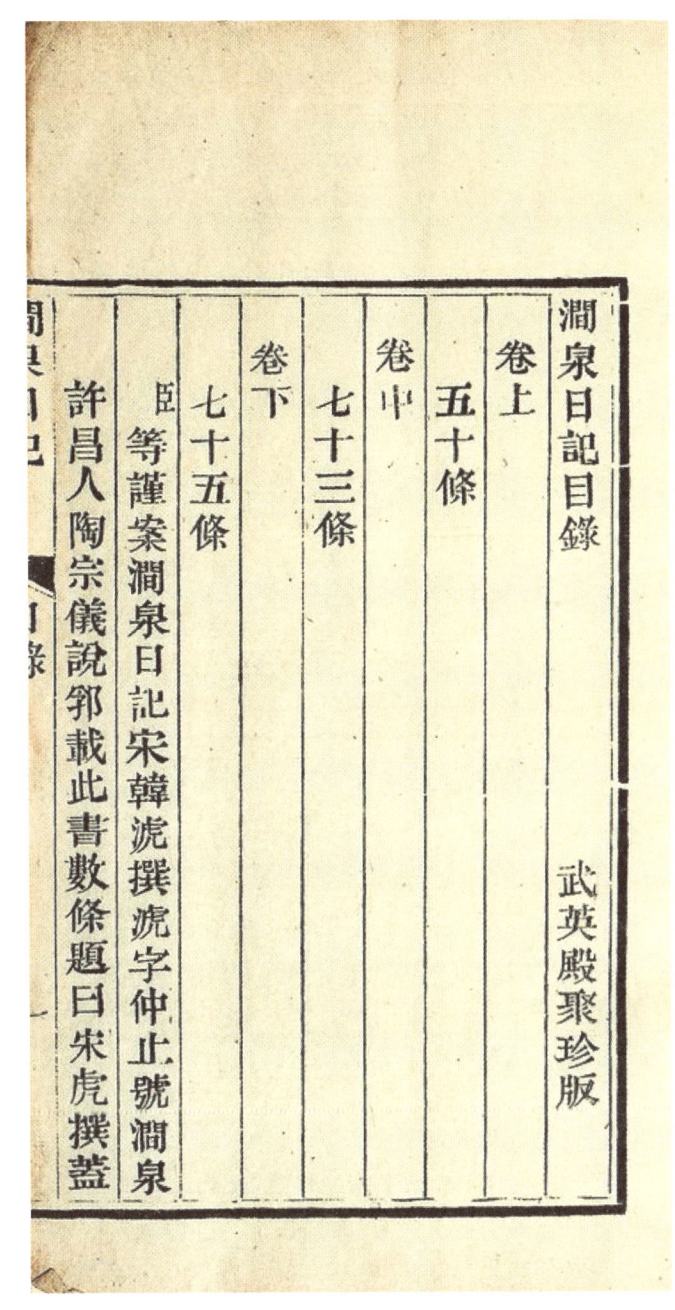

圖1-22　《武英殿聚珍版書》

用鉛字字模排版、油墨刷印的書籍。鉛印是一種活字印法，其鑄模及印刷過程如下：

每個字母與符號製作一個鋼模，壓在軟銅塊上形成銅模，鑄造大量的鉛字。使用脂肪性的印刷油墨。而中文鉛活字則是用手工在鉛坯上一個個刻製，或採用雕刻木版翻鑄鉛版，再鋸成單個活字的方法，後來發展到先製作漢字字模再鑄造活字。

2.7 影印本

採用照相技術複製的書，包括珂瓓版、銅版、鋅版、膠印等。石印法也可用來影印，如《四部叢刊》《續古逸叢書》等都是影印本。《中國版刻圖錄》即用珂瓓版印成，民國時期一些法書、畫譜也用珂瓓版印製。

第三節　普查員要求

一、熱愛古籍事業

古籍普查是個長期的基礎性工作，工作過程中接觸到的對象有一定的特殊性。由於保護的條件優劣不同，書籍本身語言文字距離生活較遠，並且需要一定的體力付出，故而要想成為真正合格的古籍普查人員，首先就要熱愛古籍事業，樹立為古籍事業奉獻的職業理想和人生目標。

1. 職業道德

1.1 愛書者必惜書

"開卷有益，書不負人"與"書比人壽，人不負書"。

我們自從識字以來，所有進步和提升，很大程度上都是依賴書籍。古今中外論及書籍之於人類之貢獻多矣，開卷有益，書未嘗有負於人類。而聚集了古人思想的書籍，歷經劫難，留存至今，且將繼續傳承下去，每個時代的愛書人都護之如頭目，書比人壽，而人亦不能有負於書籍。

1.2 文化傳承使命

"守先待後"、"文明的守望"。

書籍是文明最重要的物質載體，愛護書籍也是中華文化一個悠久傳統。古籍工作者要自覺擔負起繼往開來、守先待後的責任，做好古籍的守護者，保護好古籍，留予後人繼續汲取民族文化的精神財富。"為古人行役，不為自己張本"，這是著名圖書館學家顧廷龍先生的名言，圖書館古籍工作的主要職責就是正確揭示館藏古籍信息，進行一定的初步整理，為各類專業研究人員提供目錄和檢索之便，以達到普及與傳播的目的。

1.3 終身學習之業

"勤以補拙"、"功不唐捐"、"左手不信右手"。

古籍普查就是按照普查的要求進行古籍編目，作為一個合格的編目員需要各種各樣的知識。現在的從業者基本上都沒有前輩們那樣的學術基礎，僅僅靠現行教育培養而成的知識體系，對於做好古籍編目來說，尚遠遠不能勝任。惟有更加勤勉，來積累編目中的各種經驗，尤其是向來館閱讀的學者虛心請教，他們多為學有專攻的專家，記筆記，查資料，充實完善自己，勤以補拙，功到自成。古籍編目員最好能有自己的研究領域，這樣對於讀者服務來說，就更加深入。

有經驗的編目員也不能盲目自信，歷史文化浩若煙海，古籍版本情況複雜，雖操千曲觀千劍，有時候經驗反而成為我們正確判斷的障礙。著名文獻學家沈燮元先生曾多次說過"左手不信右手"，就是一種嚴格和謹慎的態度。

2. 職業要求

古籍普查人員從工作環境和業務對象的角度看，其職業要求有一定的特殊性，而保護古籍是其一貫的核心要求。

2.1 健康清潔

任何工作，從業者身體健康都是第一位的，古籍工作也不例外，這是工作得以順利開展的前提和保障。尤其是要講求個人衛生，不能對古籍裝具及書葉造成污損。

2.2 輕拿輕放

由於古籍存世時間較一般書籍長遠，能夠存下來的書大多都有老化和破損現象，普查員在工作過程中一定要輕拿輕放，書車使用要規範，行動要小心謹慎，確保書籍不會因為操作不當而導致新的損壞。

2.3 遠離害源

古籍普查需要一個專門的工作區域，盡可能做到不要遠距離轉移古籍，古籍工作區域內要遠離害源。對古籍造成傷害的主要原因有蟲、水、火、油等，普查員在工作區域內要做到嚴禁吸煙，杜絕飲食，不准使用大功率電器，飲用水要遠離工作臺，以免造成各種不可逆性損壞。

2.4 嚴禁堆壓

普查員在工作過程中要規範使用古籍，每次取用古籍不要太多，並嚴禁堆疊，每一摞古籍不要過高，過高容易傾斜倒塌，傷害裝具，摺損書葉。

2.5 嚴禁勾劃

普查員在工作過程中嚴禁在書籍上進行標記勾劃。如若確需注記，則使用紙簽，用鉛筆在紙簽上寫明注記內容，以備用。填寫出入庫登記單及其他用途的水筆、鋼筆、毛筆等用具，要遠離古籍放置區。

2.6 嚴禁摺卷

普查員在工作過程中嚴禁摺葉卷角。若需要拍攝書影，則其頁碼用紙簽夾好，拍攝完畢，及時取出紙簽。對於原先已有的摺葉卷角，要小心展平，不要來回揉弄，以免摺斷脆化的紙葉。

2.7 嚴禁私借

公共圖書館所藏古籍是屬於全人類的共有財產，普查員在工作過程中有大量時間接觸古籍，一定要嚴格履行各種出入庫登記手續，嚴禁私人使用，杜絕私相授受。未經館藏單位同意，不得使用書影等普查資源，不得將普查數據用於非普查用途。

二、古籍基本知識

普查員是專門從事古籍普查的工作人員，具有完善的知識儲備和扎實的專業知識是有效完成古籍普查工作任務的有力保障。

1. 知識結構

古籍普查員的知識結構越寬廣越好，圖書館所藏古籍種類繁多，內容各異，一個合格的古籍普查員需要廣泛而完備的知識結構。

1.1 識字斷文

1.1.1 認識繁體字

古籍普查登記數據信息使用規範繁體漢字，所以識讀繁體字是首要掌握的基本技能。部分簡化字與繁體字的對應關係以《簡化字總表》（中華人民共和國國家語言文字工作委員會發佈，1986年新版）為依據。

1.1.2　熟悉古文句讀

要讀懂古籍，尤其是關於著者、版本等信息的序跋，就需要對古書的斷句有所瞭解，古文中的句讀一般都有虛詞標誌，王力《古代漢語》（校訂重排本。中華書局1999年版）是最實用的學習教材。

1.1.3　熟悉文字書寫規律

古籍中的稿抄校本手書上版的序跋，以及藏書印章的辨識，需要普查員瞭解漢字的書寫習慣及各種書體的演進歷程，能夠根據《說文解字》等工具書查考簡單的篆字。

1.1.4　熟悉古人著述習慣

古人著書立說，因體裁的不同，造成所署著作方式各異。"述而不作"的儒家傳統又使得眾多著述沒有明確的著述方式，因此熟悉古人著述的習慣，對於準確斷定著者，有至關重要的作用。

1.2　文史知識

1.2.1　熟悉中國歷史變遷

普查員對於新中國成立以前歷代政權要有所瞭解，簡單的朝代帝王、各朝最重要的歷史事件、各領域較為著名的學者時代等，要有基本的掌握。

1.2.2　熟悉中國地理沿革

普查員對於中國歷代政權疆域範圍，以及各朝代主要行政區劃的一些重大變革，要基本瞭解。通過查考工具書，能準確斷定方志等書籍的時代及所屬轄區。

1.2.3　熟悉中國干支紀年

普查員對於中國已有的傳統干支紀年、太歲紀年等方法要有所瞭解，通過查考工具書能確定著者署款時間的具體年月，並掌握換算成現行公元紀年的方法。

1.2.4　熟悉中國姓名字號

普查員要瞭解傳統文化中的中國人姓名、表字、齋（堂、室）號，瞭解重要姓氏的郡望分布，能使用工具書查考確定著者的室名別號等信息。

2. 專業基礎

2.1　古籍知識

2.1.1　中國書史

普查員要瞭解中國書籍的一般發展進程，瞭解書籍的內部結構與外在裝幀類型等，能夠判定一般古籍裝幀的特徵以及古籍寫本與印本的區別。

2.1.2　印刷史

普查員要瞭解雕版印刷技術發明後，古籍的一般製作流程，並能據以簡單斷定古籍版本年代，能初步判斷古籍的初刻翻刻、初印後印等基本情況。

2.1.3　藏書史

普查員要瞭解明清以來重要的藏書家的基本情況，尤其是本省區域內的藏書家藏書的遞藏流傳關係，把握館藏古籍來源的基本脈絡。對館藏古籍中所鈐的收藏印，通過利用工具書，可以進行識讀，並且能夠大致斷定該書遞藏源流。

2.2　四部分類

經、史、子、集四部分類，是古籍分類的基本方式。古籍分類經歷了長期的演變過程，最終在《隋書經・籍志》中確立四部分類—是有着非常成熟的學術和文化背景的。隨著書籍種類的發展，近現代以來，將原本屬於子部的叢書獨立出來，與新學（或稱西學）類，形成六部。但此種分類法主體，仍從屬於四部分類法，且非目錄學分類法主流。故一般古籍分類仍從四部分類法。

2.2.1 文獻

普查員要有很強的文獻意識，珍惜字紙，一切含帶墨蹟紙質物，都可以作為歷史文獻，進行科學研究。眼下的順手所為，未來就有可能是一個新的學科研究領域。敦煌文獻和契約檔案研究的興起就是明證。

2.2.2 排序

普查員對於館藏文獻的排序輕易不要改變，如確需改變，必須與庫房管理員進行有效溝通，達成共識，做好記錄，然後再有調整。這樣可以做到有案可查，不至於後來的工作人員難以索解。

2.3 工具使用

普查員在工作過程中遇到問題，最好能夠自行利用工具書獨立解決。如此可以加深印象，找到規律，積累經驗。

2.3.1 古籍書目

古籍書目是查考古籍著錄的最直接工具書。一部古籍在哪些書目有過著錄，可以連綴出該書的遞藏過程，簡言之就是藏書史。古籍普查要求查考的必備古籍書目，主要有《四庫全書總目》《中國古籍善本書目》《中國叢書綜錄》《中國古籍總目》及相關的專科古籍目錄。

2.3.2 人名字號

人名字號、室名別號的查考，普查員可以使用的工具書很多。尤其是藝術等各領域著名的人物的此類信息，都有相應的辭典類工具書。在使用工具書時要注意鑒別信息的準確性，注意區別同姓名者的各種信息。

2.3.3 年代、地名

年代、地名的查考也要使用專門的工具書。尤其是對於地名的確定，古地名中同名的很多，注意區別其具體的行政管轄範圍。

三、古籍普查技能

古籍普查技能是可以通過一定時間的鍛煉得到迅速提高的，主要是熟悉古籍普查著錄規範、掌握古籍普查平臺的操作技能和古籍書影的拍攝技術。

1. 熟悉普查著錄規範

1.1 熟悉著錄規則

古籍普查是一個多單位、多人員、多區域、多空間、多時間、多程序合作的工作流程，因此遵循統一的著錄規範是推進工作、取得成效的客觀需求。每一位參與古籍普查的普查員、審核員必須熟悉掌握統一的古籍普查規範。在新的更好的處理方法出臺之前，先遵守已定的規則。新的規則在發佈之時開始實施，對此後的數據具有約束力，而此前的著錄則無需追改。

1.2 熟悉定級標準

古籍普查要為"中華古籍保護工程"的分級保護、優先保護提供調研基礎，所以古籍普查每一部古籍都要求定級，普查員要熟悉古籍普查中古籍的定級標準。對於需要提級和降級的古籍，要充分說明所據理由。

1.3 熟悉定損標準

古籍普查要為古籍保護的古籍修復提供調研基礎，所以古籍普查中對每一冊有殘損情況的古籍要求定損，普查員要熟練掌握古籍破損的各種類型及定損方法。

2. 掌握平臺操作技能

2.1 瞭解平臺組織結構

古籍普查工作程序是普查員在"全國古籍普查平臺"網絡中對古籍的各種信息進行登記，普查員要瞭解普查平臺的組織結構，每個結構的位置和形式，尤其要熟練掌握各組織的著錄範圍和信息功能。

2.2 掌握平臺操作技術

普查員要熟練掌握古籍普查平臺操作技術，積累各種平臺技術經驗，提高單位時間內的數據增加量。熟練掌握檢索、套錄、複製、比對、轉換等各種技能。

2.3 利用平臺各種工具

古籍普查平臺中附載四種主要普查工具：年代查詢、平臺分類、定級標準、定損標準。其中年代查詢可以有多種檢索形式，極其方便使用。

3. 掌握書影拍攝技術

古籍普查對於任何一部古籍的著錄，其中最重要的要求就是提供完備的、與數據登記信息一一對應的書影。所以掌握書影著錄技術至關重要。

3.1 掌握書影要求

普查員要理解古籍普查要求提供書影的學術意義，瞭解古籍普查對於書影的要求，選取和製作合格的書影上傳。

3.2 準確選取書影

普查員要根據古籍普查著錄規則的要求選取古籍書影。

3.3 掌握拍攝技巧

普查員熟練掌握書影拍攝技巧，獨立完成書影拍攝、編輯、上傳、命名等書影著錄過程。

3.4 圖片編輯規範

普查員要根據古籍普查書影要求，使用各種計算機技術，調整、剪裁已經拍攝的書影，使其信息完整、視圖美觀。

3.5 圖片命名規範

普查員要做到準確描述古籍書影的位置，注意與書影備注側重點保持一致。

3.6 書影備注完整

普查員要對每幅上傳書影的主要功能有準確揭示，符合備注規範。

第四節　必備工具書舉隅

1.《四庫全書總目》

《四庫全書總目》二百卷，清乾隆間紀昀等奉敕撰。全目分經、史、子、集四部，每部又分若干類，共四十四類，每類又析若干子目。每部前有總敘，各類前有小序，各子目後有案語，總論各部類的源流正變及分類原則。《總目》著錄了10254種書，每書都撰寫了提要，其中入《四庫全書》的有3461種，另有6793種入《四庫存目》。《總目》有清乾隆五十四年武英殿刻本，有乾隆六十年浙江刻本，有同治七年廣東書局刻本（翻刻浙本），1964年中華書局以浙刻本為底本影印出版，並附阮元《四庫未收書提要》，有書名、人名索引，使用方便。

由於《總目》卷帙浩繁，在其刊行之前，紀昀編寫了《四庫簡明目錄》二十卷。道光年間，仁和邵懿辰對《四庫簡明目錄》進行標注，對四庫所收書的版本作了增補與修訂，宣統三年其孫邵章刻成行世，後來多爲版本目錄學家批注，成爲四庫學中的一個重要分支。目前通行的版本有上海古籍出版社1979年版的《增訂四庫簡明目錄標注》。

《四庫存目標注》由今人杜澤遜編纂，此書以浙本《總目》後附存目爲基礎，在每一書目下逐一注明進呈本版本，詳列經眼版本版式、藏所，並錄有關序跋題識、鈐印、寫刻工，間加按語，時有新見。附有書名、人名、寫刻工和藏書家藏書印鑒四種索引，極便檢索。

使用《四庫全書總目提要》《簡明目錄標注》《四庫存目標注》等主要解決古籍分類及基本古籍存藏情況，尤其是各類小序及子目後案，對於古籍分類的原則以及調整的依據都有較爲詳盡的說明。

2.《中國古籍善本書目》

《中國古籍善本書目》共九冊：經部一（上海古籍出版社1985年版）、史部二（1991年版）、子部二（1994年版）、集部三（1996年版）、叢部一（1989年版），著錄了各省（臺灣暫缺）、市、自治區圖書館、博物館、文物保管委員會、高等院校、科學院系統圖書館、文化館、寺廟等781個單位的現存藏書約13萬部，是我國現存公藏善本書目的總彙。

其編排體例是：同部類各書，以著者時代先後爲序；同一書的不同版本，則按刊刻、抄寫年代先後爲序，先刻本、次抄本，有稿本存世者，則以稿本置前。每一部書依次著錄書名卷數（包括存卷），著者注釋者、版本、批校題跋及統一編號。每部末附《藏書單位代號表》及《藏書單位檢索表》，以供使用者核查藏地。

另有《中國古籍善本書目索引》二冊（上海古籍出版社2009年版），南京圖書館編，上冊書名索引，下冊著者人名索引。

使用《中國古籍善本書目》主要解決古籍分類、善本古籍的版本及主要館藏單位，尤其是宋元本和名家批校題跋本的鑒定，核對此書是必要手段。

3.《中國叢書綜錄》

《中國叢書綜錄》三冊（1959—1962年中華書局原版，1982—1983年上海古籍出版社重印修訂本），上海圖書館編，著錄全國41個圖書館所藏叢書2797部，子目38891種。

第一冊《總目分類目錄》，分"彙編"和"類編"兩大部分。"彙編叢書"係指彙輯兩個部類以上的書在一起而成的叢書，又細分爲"雜纂"、"輯佚"、"郡邑"、"氏族"、"獨撰"五類。"類編叢書"是指彙輯同部類之書而成的叢書，也分經、史、子、集四類。後附《全國主要圖書館收藏情況表》及《叢書書名著者索引》。

第二冊是《子目分類目錄》，以子目進行編排，採用四部分類法，部下又分類、屬乃至第四、五級類目，每書著錄書名著者及所屬叢書名稱。附《別錄》，主要著錄原本爲叢書，又被收入其他叢書的一些著述。第三冊是《索引》，有《子目書名索引》及《子目著者索引》，配合第二冊《子目》使用，有四角號碼、字頭筆劃、字頭拼音三種檢字方法。

《中國叢書綜錄》第一冊主要幫助解決叢書版本及所含子目情況，第二、三冊主要解決古籍的分類，尤其是普通古籍的準確分類，所收錄古籍的種類遠多於《中國古籍善本書目》。更多的涉及民國以來的叢書可以查找《中國叢書廣錄》（陽海清等編，湖北人民出版社1999年版）。

4.《中國古籍版刻辭典》

《中國古籍版刻辭典》（增訂本），瞿冕良編，蘇州大學出版社2009年版。此書主要收錄了版刻名詞（包括各種版本名稱、印紙、款式、裝幀以及常見書業術語）、刻字工人（清乾隆前後的刻工，著名的寫工）、刻書抄書家（刻書家包括官刻、私刻、坊刻，主要範圍是宋元明嘉靖前後及少數清代前期中後期稀見且有學術價值的書籍刻印者和抄寫者）、參考書（部分文獻學的專著、書目、題跋等）。尤其是對刻工的著錄，條目近萬，是目前所見最爲宏富而且體例精善的版刻工具書。使用《中國古籍版刻辭典》主要查考刻工、刻書者、抄書者以及刻書堂號等來進行版本鑒定。因一人之力有限，有些刻工輾轉輯錄，並非一一來自原書，偶有傳寫訛誤。

5.《中國古籍總目》

《中國古籍總目》（經、史、子、集、叢），中華書局、上海古籍出版社陸續出版。這是目前收書最多的一部大型古籍品種目錄，以中國國家圖書館、北京大學圖書館、上海圖書館、南京圖書館、天津圖書館、湖北省圖書館、復旦大學圖書館、中國科學院圖書館、遼寧省圖書館、山東省圖書館、浙江圖書館等十一家館藏爲主體，著錄中國內地及港澳臺地區公共、學校、科研機構圖書館及博物館等所藏歷代漢文古籍之基本品種、主要版本及主要收藏信息。此書主要用於查找分類及普通古籍之種類，尤其是各部編纂說明，對於部類子目分析以及調整歸併等敘述最爲詳細透闢，可作爲部類分析指南。

6.《中國地方志聯合目錄》

《中國地方志聯合目錄》，中國科學院北京天文臺主編，中華書局1985年版。1975年中國科學院北京天文臺"中國天文史料普查整編組"在編纂《中國古代天象記錄總集》、《中國天文史料彙編》的基礎上，以朱士嘉《中國地方志綜錄》爲藍本，經過數十位專家學者和全國各有關單位合作，費時七年完成的第一部專類古籍聯合目錄。該書著錄全國三十個省、市、自治區的190家公共、科研、大專院校圖書館、博物館、文史館、檔案館等所收藏的我國歷代地方志8200餘種，包括通志、府志、州志、廳志、縣志、鄉土志、里鎮志、衛志、所志、關志、島嶼志等，凡具有方志初稿性質的志料、採訪冊、調查記等均予收錄，山、水、寺廟、名勝志等不收錄。所收錄方志的編修時間截至1949年。著錄項目包括題名卷數、纂修者（分別著錄）、版本、藏書單位、存缺卷、備注等。本書以省、府、州、縣、鄉爲序，府志置首縣之前，鄉土志、里鎮志附所屬縣後。書後附書名四角號碼索引及筆劃索引對照表，方便使用。

7.《中國家譜總目》

《中國家譜總目》（全十冊），王鶴鳴主編，上海古籍出版社2009年版。該書是迄今爲止收錄中國姓氏最全的家譜總目，共收錄608個姓氏4萬餘部家譜。其著錄內容除一般古籍的題名、著者、版本等信息，還包括了該家族的始祖、始遷祖及歷代名人等內容。其收錄時間下限爲2003年。爲方便讀者使用，該書後附六種索引：書名、纂修者、人名（包括始祖、始遷祖、歷代名人）、堂號、地區、新舊地名。

另有關浙江家譜的書目還可參考《浙江家譜總目提要》（浙江人民出版社2005年版），編輯委員會編著。全書著錄浙江譜籍的家譜12000餘種，涉及姓氏299個，還有畬族的藍、雷、鍾等少數民族的姓氏家譜。其中"提要"部分著錄現存本省公藏和私藏浙江家譜6097種，"存目"部分收錄現存省外、港臺以及國外的浙江家譜6681種，還著錄了現存浙江的外省籍家譜512種。前有姓氏目錄，後有堂號、譜籍索引。

8.《中國中醫古籍總目》

《中國中醫古籍總目》（上海辭書出版社2007年版），薛清錄主編。本書收錄1911年以前出版的中文中醫藥古籍和民族醫藥古籍，1912年至1949年間出版的中文中醫藥圖書存世較少的也有收錄。涉及150個圖書館（博物館）中醫圖書13455種。中醫古籍分類在此書中體現的非常有體系而且合理。此書附有書名、著者索引（筆劃和音序兩種），極便檢索。

9. 《國家珍貴古籍名錄圖錄》

國家圖書館、國家古籍保護中心編，目前已經由國家圖書館出版社出版三種共26冊（第一種全八冊，2008年版；第二種全十冊，2010年版；第三種全八冊，2012年版）。收錄自2008年以來國務院批准頒佈的三批"國家珍貴古籍名錄"書影，全書使用全彩印刷，可用於版本比對。

第五節　普查流程

一、準備工作

1. 制訂計劃

分析本單位藏書情況，根據藏書特點和人力資源、技術力量制訂好普查計劃。

2. 注冊帳號

各單位古籍普查人員、審核人員預先在普查平臺上注冊个人帳號（詳見第二章第三節）。

3. 學習規則、熟悉普查平臺

認真閱讀《浙江省古籍普查手冊》，學習各項著錄規則；登錄普查平臺，了解平臺的基本功能和使用方法。

二、普查著錄

1. 出庫登記

每一部古籍出庫時，首先要清點、登記，做好古籍出入庫安全工作。

2. 取書翻閱

普查人員拿到一部古籍後，先要仔細翻閱，對該書有基本的認識：了解該書的內容，以確定其所屬分類；閱讀序、跋，尤其是有關刻書的序、跋，掌握其刊刻情況，初步判斷其版本；翻看目錄，了解原書卷數；翻看各卷卷端、卷尾題名，了解著者情況；檢查全書殘存情況；檢查書前書後是否有牌記，查看書前書後、天頭地腳、字裏行間有無批校、題跋、鈐印等。

3. 查詢著錄情況

查閱主要的工具書（詳見本章第四節），了解該書的歷代著錄情況。

4. 信息著錄

登錄古籍普查平臺，按照平臺各个字段及規則依次著錄完整（詳見第三至五章各相關部分）。

5. 拍攝、上傳書影

按照文字著錄與書影一一對應的原則，逐一拍攝書影，稍作剪裁後上傳平臺（詳見第六章）。

6. 完成著錄

著錄完成并檢查無誤，提交審核。

三、審核

1. 審核分配

普查完成後，該書普查數據存於本單位管理員帳號下，須先由管理員分配至某一審核員帳號下纔能進行審核（詳見第七章）。

2. 審核

審核員登錄平臺後，對已分配至自己帳號下的數據進行審核。本單位審核員要求帶書審核，逐一核對各个字段著錄正確與否。審核未通過者則退回至古籍普查員（數據制作人）帳號下進行修改，審核通過者進入二審（省中心審核）階段。二審（省中心審核）通過的數據纔是最終完成的數據，二審未通過的數據則會退回本單位該數據的審核員帳號下進行修改。

第二章　全國古籍普查平臺功能及使用簡介

2007年年初，國務院辦公廳下發《關於進一步加強古籍保護工作的意見》（國辦發［2007］6號），要求從2007年開始，在全國範圍內組織開展古籍普查登記工作。通過古籍普查，使國家全面瞭解和掌握各級圖書館、博物館等公藏單位和民間所藏古籍情況，以便有重點、有針對性地開展古籍保護工作，加強古籍管理，促進古籍資源利用。

當前，全國古籍保護及古籍普查工作存在着一個突出的問題，即對古籍狀況、普查進度等缺乏全面系統的掌握，難以實現高效的全面管理。

國家古籍保護中心開發的"全國古籍普查平臺"應用軟件系統（以下簡稱"平臺"），主要作用在於加強古籍普查工作的統籌管理，提高古籍保護水準，使全國古籍普查任務得以方便、快捷、高效、可靠地實施，并爲公衆提供優質服務，及時發佈普查成果。

"平臺"最終將實現古籍普查數據及操作、管理過程的自動化、數字化、集成化，提高古籍保護水準，及時公布普查成果，強化公衆的古籍保護意識。

第一節　應用環境

"平臺"是一個基於網絡基礎設施的系統，即只要具備計算機及網絡條件，便可使用。"平臺"將主要應用於全國範圍內涉及古籍收藏、研究的單位與個人。

各地古籍收藏單位、個人的古籍普查數據首先提交、存儲於各省古籍保護中心或省級圖書館的服務器上；經過省中心的審核，再將數據提交、存儲於國家古籍保護中心的服務器上，經審核合格後，予以公布。各單位及個人可以通過"平臺"查詢全國各地各單位及個人的古籍收藏情況。

浙江省古籍保護中心設有全省古籍普查數據存儲專用服務器，全省各古籍收藏單位及個人皆可通過網絡登錄"平臺"，著錄古籍普查數據，經提交，上傳至省古籍保護中心服務器。經省中心的審核，合格的普查數據將會上傳至國家古籍保護中心的服務器。

在沒有網絡的情況下，可以採用"平臺"單機版，或填寫紙本"古籍普查表"。然後傳遞至有計算機、網絡條件的單位，錄入"平臺"。

第二節　使用指南

一、用户身份概念

打個比方，平臺系統就像一個大的機構，這個機構由許多大小不一的部門組成，這些大大小小的部門就是各个古籍藏書單位。在平臺系統中，一個藏書單位就是一個獨立的普查業務管理單位，每個單位有一個單位代碼，每個單位的代碼都是唯一的。

每個藏書單位的用户都有兩個基本的身份：一個是管理員，即該單位的普查業務管理負責人；一個是普通用户。普通用户又分爲兩類：一類是普查數據著錄人員，一類是普查數據審核人員。

在條件較好的單位，人員配備齊全，每一位工作人員各司其職。但在大多數單位中，人員缺少，一個工作人員可能既是管理員，又是普通用户；既是普查數據著錄人員，又是普查數據審核人員。

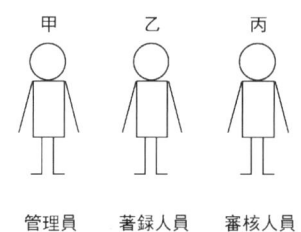

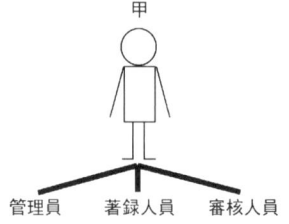　　　　　　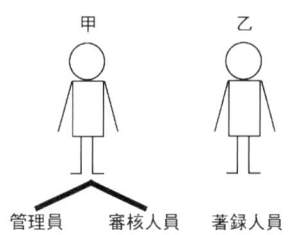

圖2-1　用户身份

二、注冊新用户

國家古籍保護中心在普查平臺系統中預先爲每個藏書單位分配了管理員帳號，因此，每個藏書單位的管理員即可用此帳號登錄。除了管理員外，無論什麼層次的用户，在平臺中都需要

圖2-2 注册新用戶

注册一個登錄帳號，獲得使用平臺的通行證。

這裏要强調一點：**各單位普查管理人員用國家中心預設的管理員帳號登錄後，務必在第一時間修改密碼**；同時，該管理員帳號僅用於工作管理，如激活、分配新注册帳號、數據審核分配、普查編號管理等，不得用於任何業務工作，普查著錄、審核等工作須另外申請帳號。

使用者初次進入平臺，點擊平臺登錄界面中的"注册新帳號"，進入注册頁面，如上圖：

在注册頁面中，凡帶紅色"＊"欄爲必填項。"用戶名"、"密碼"由使用者自行設計、填寫，"真實姓名"、"郵箱"及"單位"幾項填寫的信息務求真實，以便在以後普查的各個階段使普查信息與著錄者對號入座。確定無誤後，點擊"注册"即可。**普查、審核人員注册帳號時要求必須實名。**

三、用户激活及權限分配

新注册的用户還不能馬上登錄系統，須等用户所在單位管理員激活并分配角色後纔可以登錄、使用系統。

各單位普查員注册新帳號後，管理員登錄平臺，點擊左側功能區塊"工作管理"，再點擊進入"用户管理"列表。在"用户列表"中勾選剛剛注册的新用户，點擊列表下方的"激活"。

通過用户列表上方的檢索條，找到已激活的新用户并勾選，點擊下方的"分配角色"，爲

個人空間
數據轉換
古籍登記編輯
收藏單位登記
數據檢索
古籍審核
在線申報
參考工具
統計分析
工作管理
本單位用戶管理
下级單位用戶管理
錄入分配
審核分配
通知公告
配置MARC與平臺對應關
數據同步
用戶列表
用戶名
真實姓名
用戶角色
--请選擇--
帳號狀態
未激活
檢索
序號
用戶名
真實姓名
用戶角色
帳號狀態
最近登錄時間
操作
1
test2
用户01
未激活
修改
分配角色
激活
刪除
共1条1页 1 跳转至 1

圖2-3 激活新注冊用户

個人空間
數據轉換
古籍登記編輯
收藏單位登記
數據檢索
古籍審核
在線申報
參考工具
統計分析
工作管理
本單位用戶管理
下级單位用戶管理
錄入分配
審核分配
通知公告
配置MARC與平臺對應關
數據同步
用戶列表
用戶名
真實姓名
用戶角色
--请選擇--
帳號狀態
--请選擇--
已刪除
已激活
未激活
檢索
序號
用戶名
真實姓名
用戶角色
操作
1 interpret 姚惠波 古籍登記人員 已激活 13:33:06 修改
2 xiangrongwa 董湘蓉 本單位審核人員 已激活 修改
3 bestyilove 陈筱蓓 未激活 修改
4 chenwangqir 陈王勤 古籍登記人員 已激活 2012-06-05 09:24:39 修改
5 zxmelody201 孙巧云 未激活 修改
6 maoxu 毛旭 古籍登記人員 已激活 2012-05-24 16:18:43 修改
7 panpan8210 潘柿荣 古籍登記人員 本單位審核人員 已激活 2012-06-04 14:33:38 修改
8 test2 用户01 已激活 修改
分配角色
激活
刪除
共368条37页 上一页 1... 33 34 35 36 37 跳转至 37

個人空間
數據轉換
古籍登記編輯
收藏單位登記
數據檢索
古籍審核
在線申報
參考工具
統計分析
工作管理
本單位用戶管理
下级單位用戶管理
錄入分配
審核分配
通知公告
配置MARC與平臺對應關
數據同步
分配角色
角色名稱
省中心業務負責人
古籍登记人員
收藏單位登记人员
本單位審核人員
省中心審核人員
國家珍貴古籍名錄申報人員
全國古籍重點保護單位申報人員
本單位申報管理人員
省中心申報管理人員
系統管理員
確定
返回

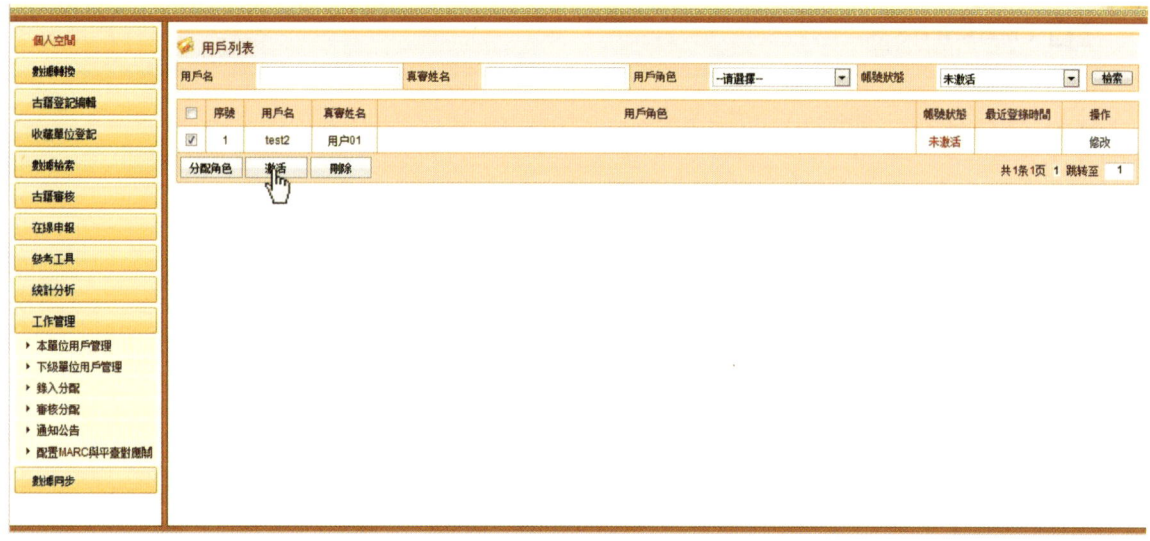

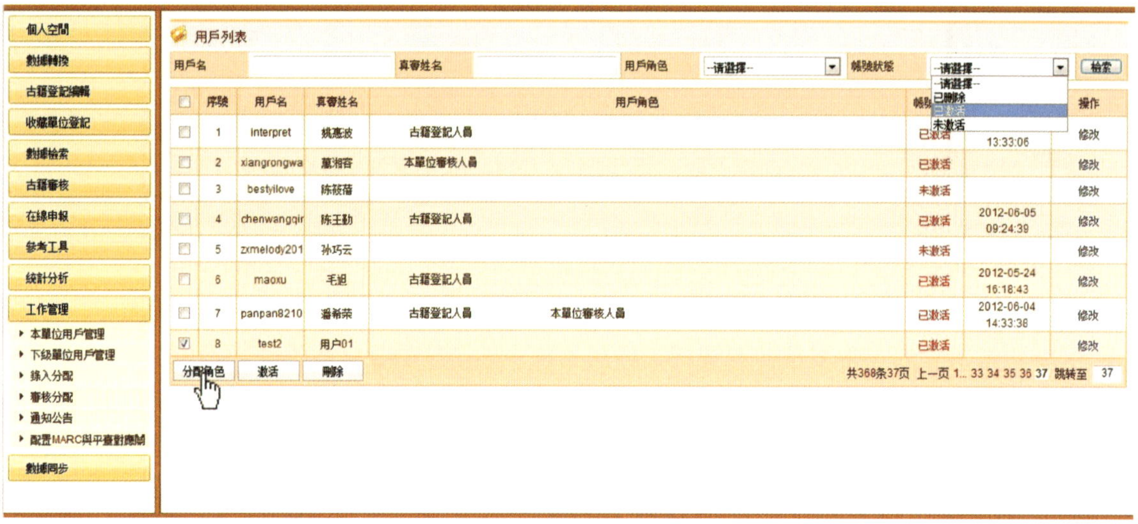

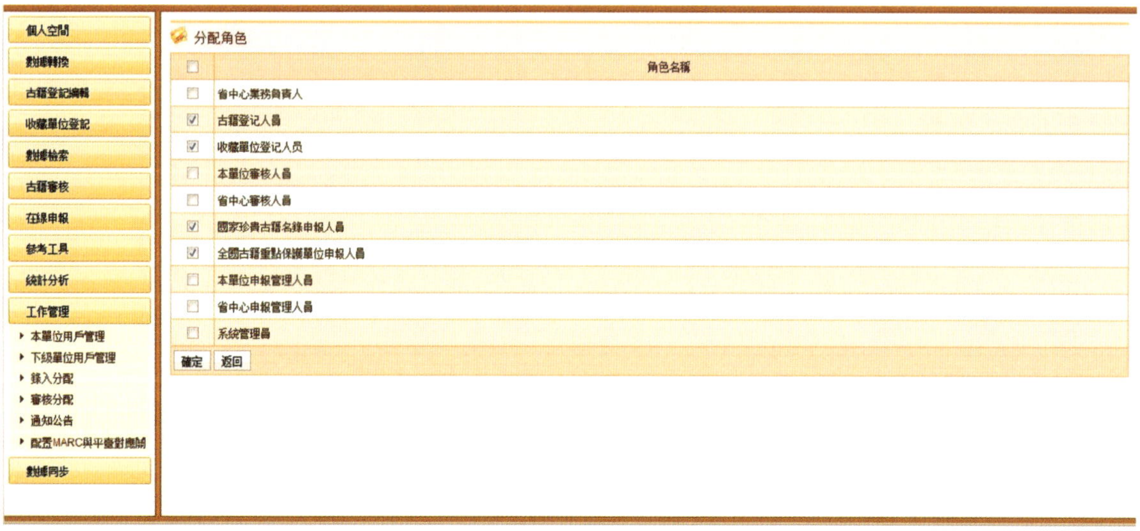

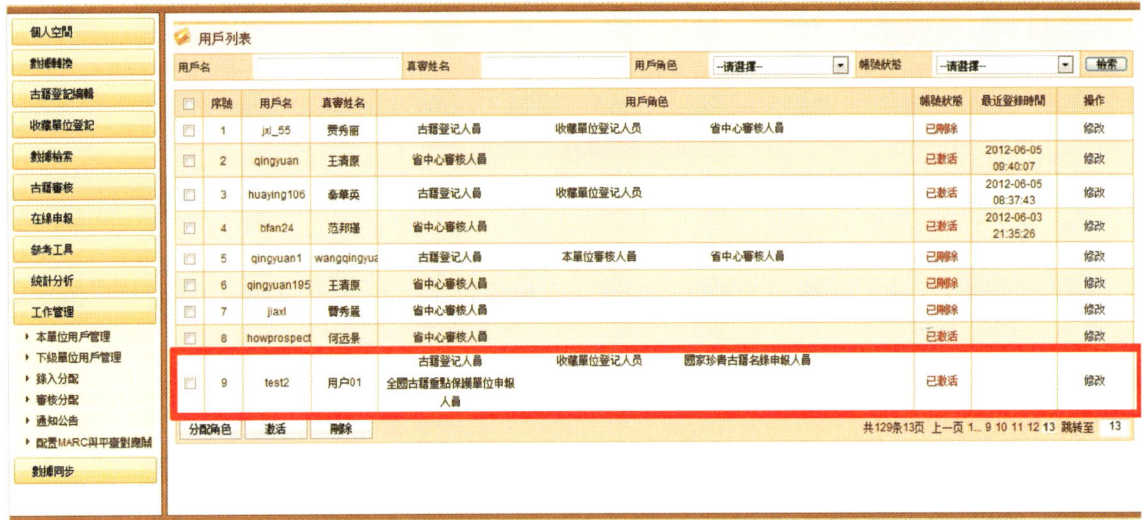

圖2-4　爲新用戶分配角色

新用戶分配權限。

用戶的角色大致可分爲三大類：

1. 管理人員。"系統管理員"擁有平臺中最大的許可權。"省單位申報管理人員"及"省申報管理者"負責珍貴名錄和古籍重點保護單位的申報工作。各單位的系統管理員不應多設，除了國家古籍保護中心預分配的管理員以外，一般不宜另分配系統管理員，除非確爲工作需要。

2. 普查人員。即在平臺中進行古籍客觀信息著錄、定級、定損、上傳書影，以及登記古籍收藏單位信息、申報珍貴古籍名錄等工作。這一類角色是所有用戶中比例最大的。

3. 審核人員。對已著錄完成的普查信息進行審核。

在市縣級單位中，一般的普查、審核人員角色包括："古籍登記人員"、"收藏單位登記人員"、"本單位審核人員"、"國家珍貴古籍名錄申報人員"及"全國古籍重點保護單位申報人員"。

四、找回密碼

如用戶忘記其所用平臺帳號的密碼，可通過用戶名和注冊郵箱找回密碼。在登錄界面，點擊"忘記密碼"，進入找回密碼頁面，如下圖：

用戶輸入用戶名和注冊郵箱，點擊"找回密碼"，然後就可以在注冊時填寫的郵箱中收到系統發送的密碼信，使用者通過此密碼即可登錄系統。由於系統發送的密碼是隨機密碼，所以使用者進入系統後應修改爲自己經常使用的密碼，以免忘記。

圖2-5　用戶找回遺忘密碼

第三節　平臺主要功能

在IE瀏覽器地址欄輸入全國古籍普查平臺地址，登錄"平臺"，進入使用者登錄系統，如

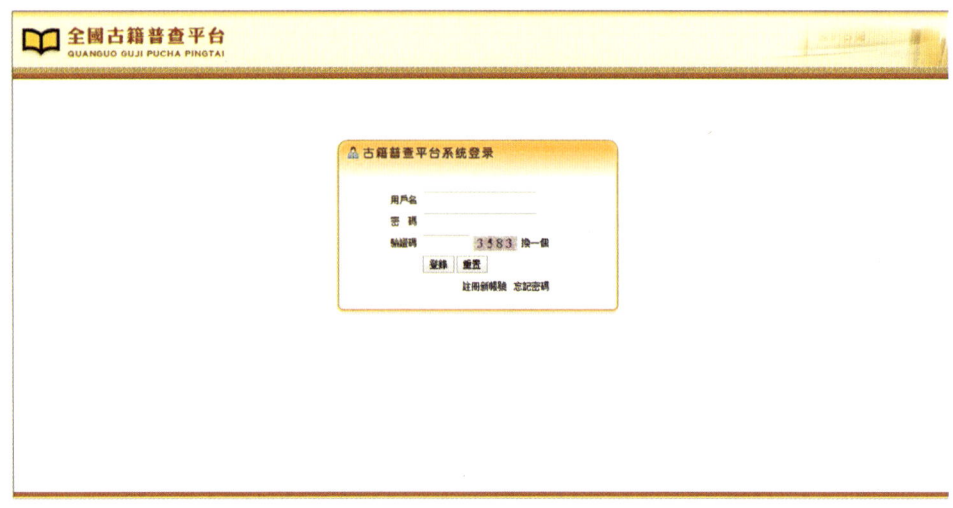

圖2-6　"平臺"使用者登錄界面

圖2-6。

在上圖的文本框中分別輸入"用戶名"、"密碼"以及"驗證碼",點擊"登錄",即可

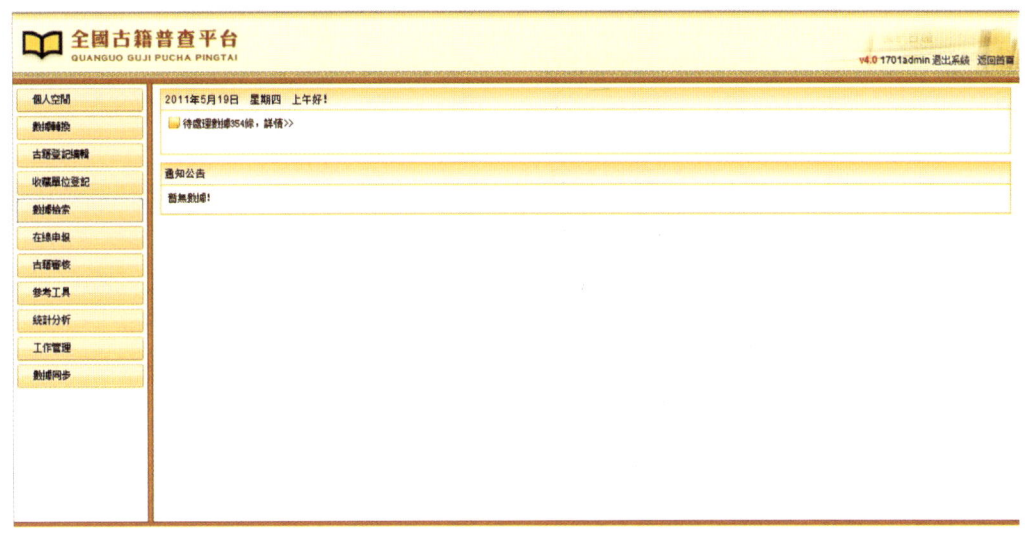

圖2-7　使用者登錄後顯示的"平臺"主界面

進入"平臺"首頁,看到系統的首頁信息和左側導航欄,如圖2-7。

這裏需要說明一下,不同許可權的使用者登錄後,主界面左邊顯示的導航欄會有所區別,上圖顯示的是以省級管理員使用者登錄後的界面,共有11個功能區塊:個人空間、數據轉換、古籍登記編輯、收藏單位登記、數據檢索、在線申報、古籍審核、參考工具、統計分析、工作管理、數據同步;而普通許可權的使用者登錄後顯示的界面中,只有一部分功能區塊,具體取決於用戶的相應權限。

在主界面的右上角,有"退出系統"和"返回首頁"兩个小按鈕。點擊"退出系統",則回到圖2-6的登錄界面;點擊"返回首頁",用戶則回到圖2-7的界面。

下面簡單介紹一般用戶在今後的使用過程中會涉及的主要功能。

一、古籍登記編輯

"古籍登記編輯"功能是"平臺"最重要的功能區塊,也是平臺使用者操作最頻繁的區域。點擊這一功能塊,下列5個子功能菜單:編輯未完成數據、套錄數據、定制模板、創建新錄入、編輯不合格數據。

1. 創建新錄入

各古籍藏書單位普查員要在平臺上著錄新的普查數據,即點擊此"創建新錄入"。在這一功能下,根據古籍載體形式的不同,V4-2版平臺又分作四個不同的著錄通道:"漢文古籍"、"簡帛"、"碑帖拓本"、

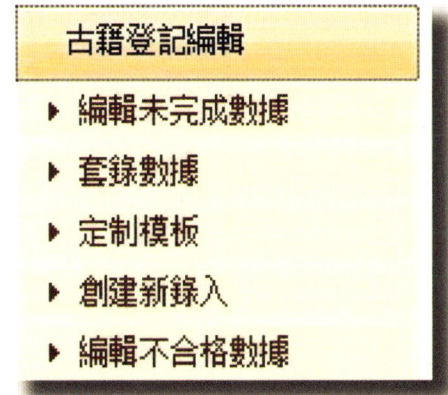

圖2-8　"古籍登記編輯"中各子功能菜單

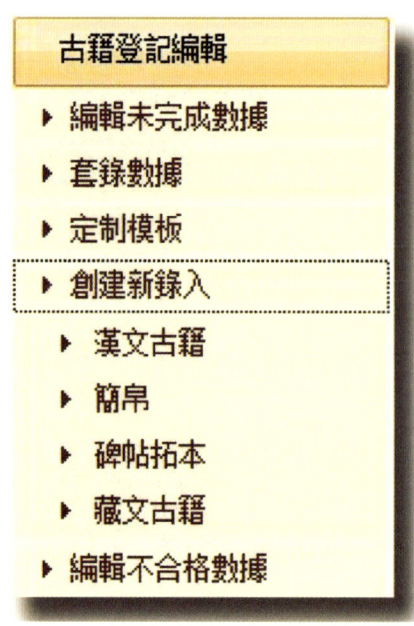

　　圖2-9　"古籍登記編輯"中"創建新錄入"的不同著錄通道

"藏文古籍"。

　　本手冊主要介紹有關漢文古籍的普查著錄，其他將另辟專章介紹。有關漢文古籍的普查數

　　圖2-10　"漢文古籍"著錄頁面

據填寫的規則及操作細節，請參閱本手冊著錄細則相關內容。

2. 套錄數據

如果用戶在著錄一部古籍的普查數據時，"平臺"中已有同一品種或相近的古籍數據，則使用者可以通過"套錄數據"將"平臺"中已有的那條數據記錄調出，通過修改相應的字段、

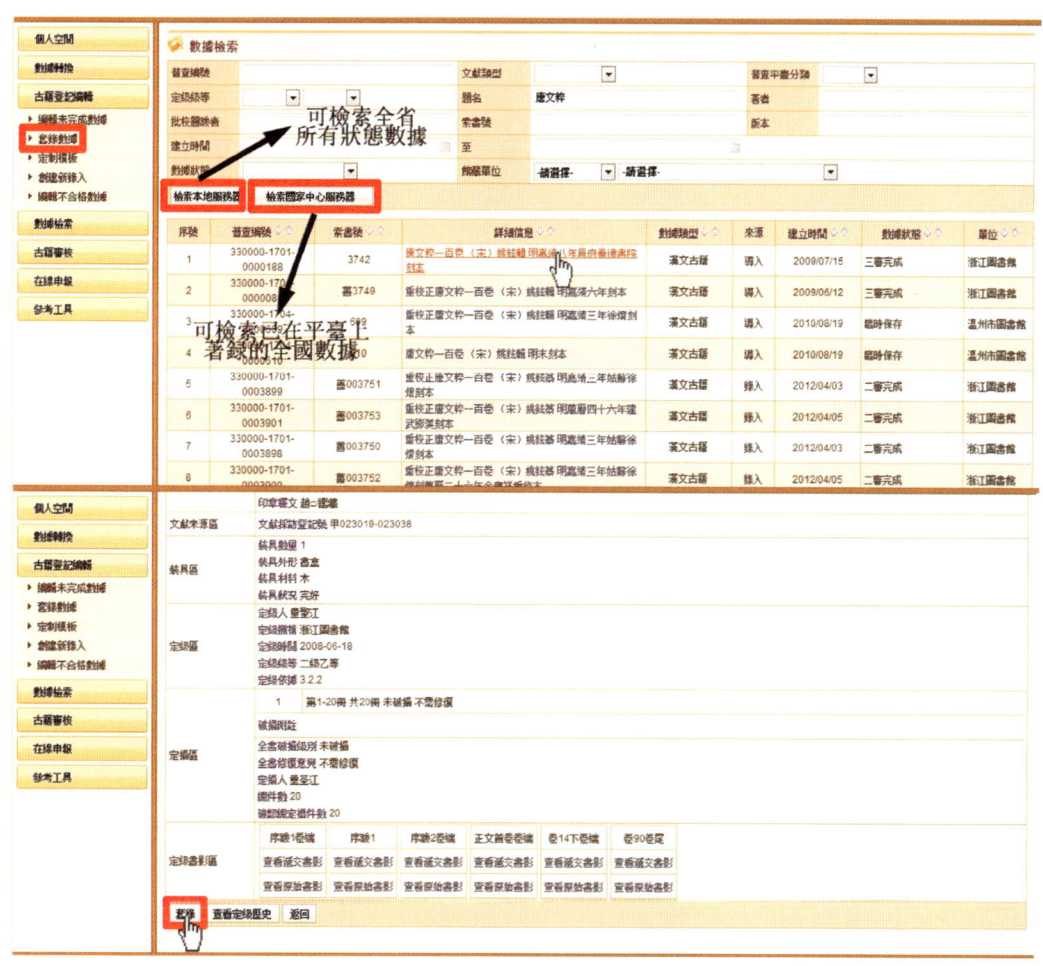

圖2-11　"套錄數據"步驟

信息後，保存成新的普查數據，可減少工作量。

點擊進入"古籍登記編輯"—"套錄數據"，通過"普查編號"、"文獻類型"、"分類"、"題名"、"著者"、"批校題跋"、"索書號"、"版本"、"館藏單位"等檢索到需要套錄的數據，從檢索出的數據列表中"詳細信息"處點擊進入該條數據，將頁面拉至最下端，點擊"套錄"按鈕，即完成該條數據的套錄。用戶可至"編輯未完成數據"中進行修改、補充，在"編輯未完成數據"列表的"來源"中，該條數據即顯示為"套錄"。

3. 編輯未完成數據

當普查員要繼續補充、修改原先未完成的數據，或對套錄數據進行校改時，即在"編輯未完成數據"中操作。

點擊"編輯未完成數據"，主界面即出現未完成數據列表，在列表的最後一列"操作"中點擊編輯，即可打開該條數據進行修改。如當前頁面上所有的數據都無需修改或已全部修改完

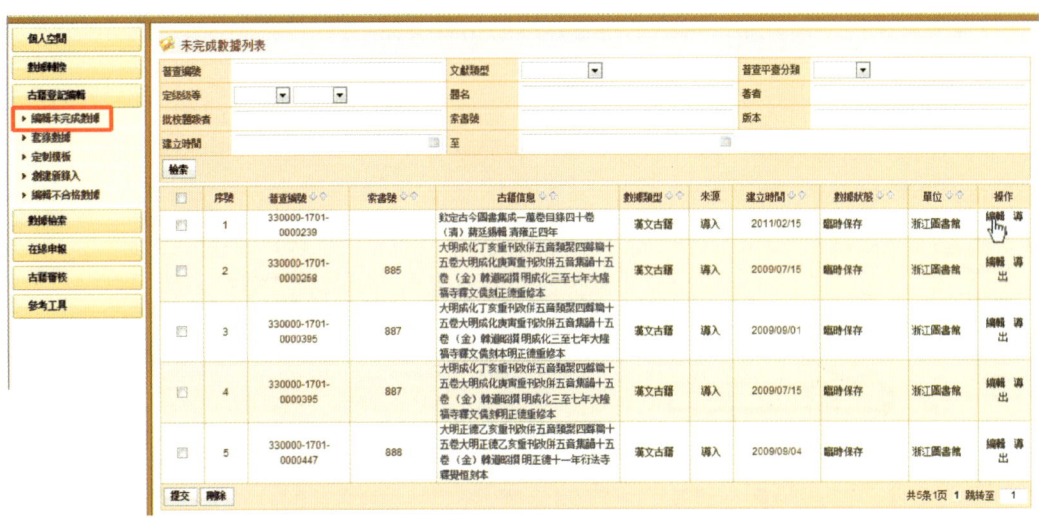

圖2-12　"編輯未完成數據"列表

成，則可將數據全部勾選，批量"提交"。

4. 編輯不合格數據

用戶著錄完一條普查數據，經檢查確認無誤後完成著錄，并提交本單位審核人員。如本單位審核人員經審核後，發現該數據有誤或未著錄完整，則會以"不通過"的途徑發還給用戶，這一審核未通過的數據便會在"編輯不合格數據"這一功能清單中顯示出來。使用者要對審核

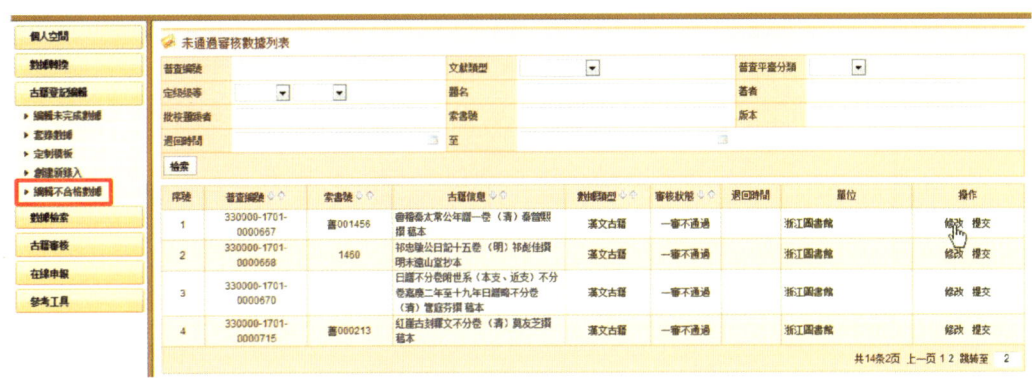

圖2-13　"編輯不合格數據"列表

未通過的數據進行修改、補充，便由此進入。

5. 定制模板

"定制模板"是指使用者將古籍普查數據錄入前制定統一的數據錄入格式，以便在錄入多條相似數據時減少錄入的工作量。譬如，《史記》的著者除原作者司馬遷外，還有南朝宋裴駰（集解），唐代司馬貞（索隱）、張守節（正義）；而《史記》存世的版本众多，各館藏量較大，所以，《史記》一書的著者可預先定制模板，在著錄《史記》著者時，即可調用該模板，

無須再逐一著錄，可提高效率。

二、古籍審核

所有的古籍普查數據都必須經過三次審核：本單位審核（一審）、省中心審核（二審）和

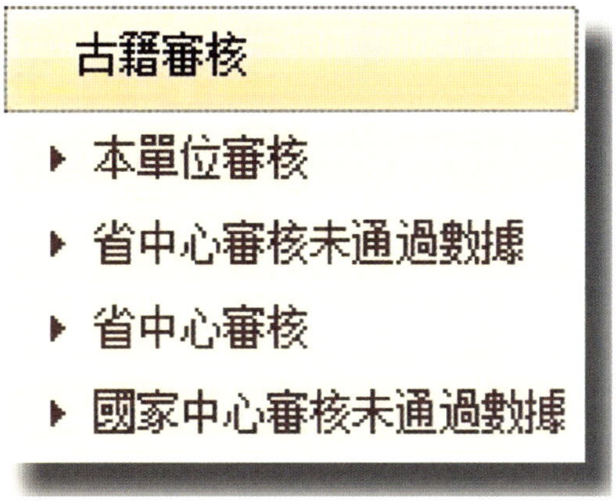

圖2-14　省級審核人員用戶"古籍審核"功能塊子菜單

圖2-15　分配本單位審核

國家中心審核（三審），通過國家中心審核的數據纔能正式發佈。

"古籍審核"功能區塊下有子功能菜單，因用戶權限不同而有所不同。總體上可以分成兩部分：一部分是待審核數據，一部分是未通過審核數據。待審核數據包括本單位待審核數據和本省待審核數據，分別在"本單位審核"和"省中心審核"的數據列表中。這些待審核數據須由管理員進行分配後，相應的審核用戶在各自的帳號下纔能看到（詳見第七章）。

"省中心審核未通過數據"的數據列表中則顯示省中心審核不通過的數據，"國家中心審核未通過數據"顯示的是國家古籍保護中心審核未通過的數據。

三、個人空間

"個人空間"是"平臺"爲每個用戶提供的獨立操作空間，在"個人空間"中，將會顯示使用者所有已完成或未完成的普查數據、統計數據或用戶信息内容等。點擊導航欄中"個人空間"按鈕，下面會列出8個小的功能塊：數據狀態、待處理數據、已完成數據、個人統計、短消息、系統換膚、修改密碼、修改個人信息。

1. 數據狀態

平臺某用戶要查看自己所製作的所有數據及其當前的狀態，可在"數據狀態"中實現。點擊"數據狀態"，主界面即有列表出現。

"數據狀態"列表中有普查編號、索書號、數據詳細信息等，列表最後一欄"數據狀態"表明該數據當前所處的狀態，即可知道如何查看該數據的詳細信息。如"三審完成"的數據即可在中國古籍保護網上查詢，"三審不通過"者則需要去"古籍審核"—"國家中心審核未通過數據"中修改。

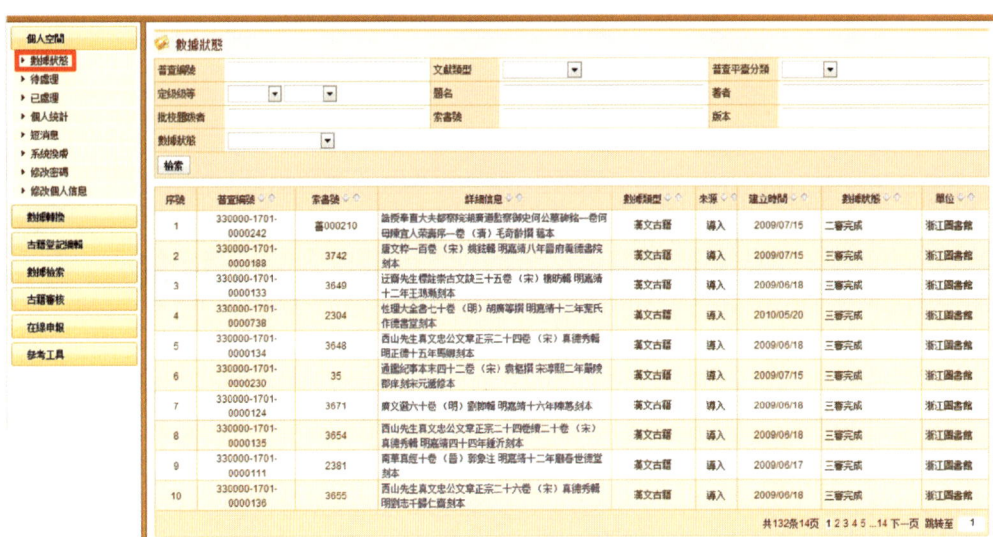

圖2-16 "個人空間"中"數據狀態"顯示列表

2. 待處理

用戶所有未完成的普查數據都會在"待處理數據"中顯示。點擊"待處理數據"主界面會顯示具體待處理數據類型，這些數據類型因用戶的權限不同而增減。

圖2-17 "個人空間"中"待處理"顯示界面

點擊"待編輯"，將會顯示使用者之前錄入古籍普查數據列表，如需對錄入數據進行修改或編輯，則在此點擊進入。

點擊"待提交古籍總數"，將會顯示使用者之前已經完成古籍普查數據導入或創新錄入，經確定無誤，準備上傳遞交給本單位服務器或上級普查管理單位服務器的數據列表。

"待一審的古籍"、"待二審的古籍"：所有古籍普查數據都須經過三次審核，三次審核分別由本單位審核人員、省古籍保護中心審核人員、國家古籍保護中心審核人員進行。使用者將提交後、本單位審核人員審核之前的普查數據，在"待一審的古籍"中顯示；本單位審核人員審核通過提交省古籍保護中心後、省古籍保護中心審核人員審核之前的普查數據，在"待二審的古籍"中顯示。

"待申報古籍"、"省中心待處理申報古籍"："平臺"除古籍普查數據錄入以外，還有一個重要的功能，即在線申報國家珍貴古籍名錄。本單位、省中心及國家中心所有待審核處理的珍貴古籍名錄數據，都會在這幾個功能菜單中顯示。

3. 已處理

所有已完成的古籍普查數據列表都將會在"已完成數據"中顯示，可供使用者查詢、瀏覽。這一功能模塊中顯示的僅是數據列表，無法對該數據進行操作。這部分內容根據用戶權限不同，有"待一審"、"已提交"、"省中心審核通過"。

圖2-18 "個人空間"中"已處理"顯示界面

4. 個人統計

使用者對個人的工作情況的瞭解及統計，可在"個人統計"中實現。

"個人統計"可按具體類型，如古籍登記、名錄申報、數據審核等及完成情況進行統計。管理員也可在此統計本單位或本地區的古籍普查進度。用戶統計的內容也因該用戶的權限不同而不同。

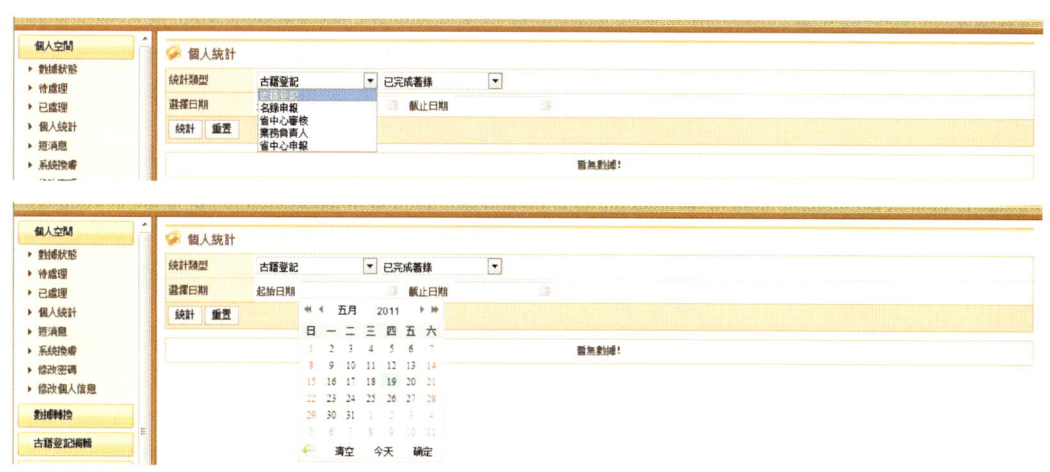

圖2-19 "個人空間"中"個人統計"顯示界面

使用者選擇個人需要"統計類型",然後設置"起始"和"截止"統計時間,點擊"統計",即可得到使用者需要的統計結果。

5. 短消息

"短消息"這一功能係"平臺"自帶的一個電子郵箱,只不過這種電子郵箱只能限於"平臺"中本單位或本省範圍內注冊的用戶之間進行溝通、聯繫。如接收到新短消息,則會在"未讀消息"欄中顯示數量,接收消息後,還可以在郵件消息頁面直接回復發信人。

如要給某使用者發消息,點擊"寫消息",便會出現類似電子郵箱的界面,將滑鼠點擊"收信人"文本框,系統會自動顯示"平臺"中所有注冊的使用者,選擇需要發信的用戶名,然後填寫內容、提交即可。

在"已讀消息"中,使用者可以查看已讀信件,並可以進行"回復"操作。在"已發送"中,用戶可以查看所有已發送信件,并進行"刪除"等操作。

圖2-20 "個人空間"中"短消息"功能

6. 系統換膚

這是平臺設計的一個提供用戶個性化的功能,通過這一功能,用戶可以爲自己選擇喜愛的平臺界面顏色。平臺系統共有7款膚色可供選擇:天藍色(azure)、藍色(blue)、默認膚色(default)、草綠色(grass green)、灰色(gray)、豹紋色(leopard)、紫色(purple)。

用戶在自己喜愛的膚色下勾選,點擊"提交"即可;如需重新選擇,則點擊"重置"。

圖2-21　平臺可供選擇膚色

7. 修改密碼

"修改密碼"、"修改個人消息"用來修改使用者帳號登錄密碼及使用者帳號註冊時所填的個人消息。對於分配的帳號，如各個單位的管理員帳號，初次進入系統後，最好修改爲自己容易記住的密碼，以免遺忘，或防止別人使用，以保障數據的安全。

8. 修改個人信息

圖2-22　"個人空間"中"修改密碼"功能

用戶如需修改自己的個人信息，則點擊"修改個人信息"，頁面中帶紅色"*"者爲必填項。修改完成後，點擊"提交"即可。

圖2-23　"個人空間"中"修改個人信息"功能

四、收藏單位登記

古籍普查工作除了對古籍本身的調查以外，還包括對古籍的保存狀況，即古籍收藏單位的古籍庫房環境和管理狀況的調查。因此，對圖書館（包括博物館等其他古籍收藏單位）基本狀況也需要進行普查，登記相關信息，爲有效地開展古籍保護工作提供參考。

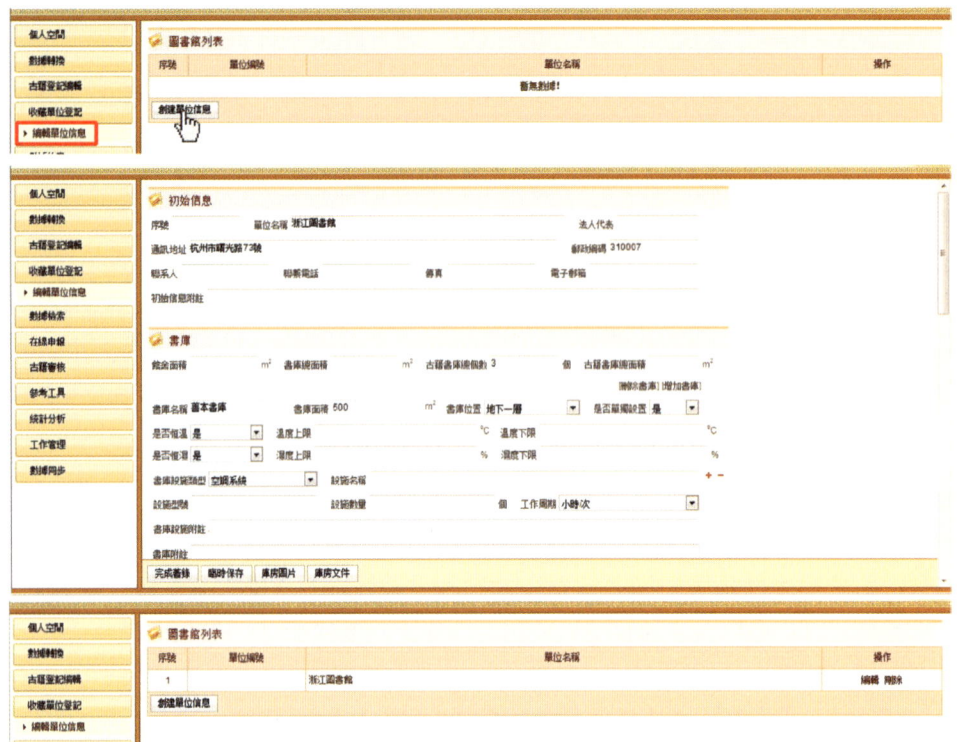

圖2-24 "收藏單位登記"操作步驟

五、數據檢索

"數據檢索"功能可根據使用者的需要，動態地查詢所需要的數據信息，包括古籍信息和收藏單位信息。該功能目前可檢索本省服務器上所有數據，本省以外的數據只能檢索經本單位、省古籍保護中心和國家古籍保護中心的三次審核通過後正式發佈的數據。

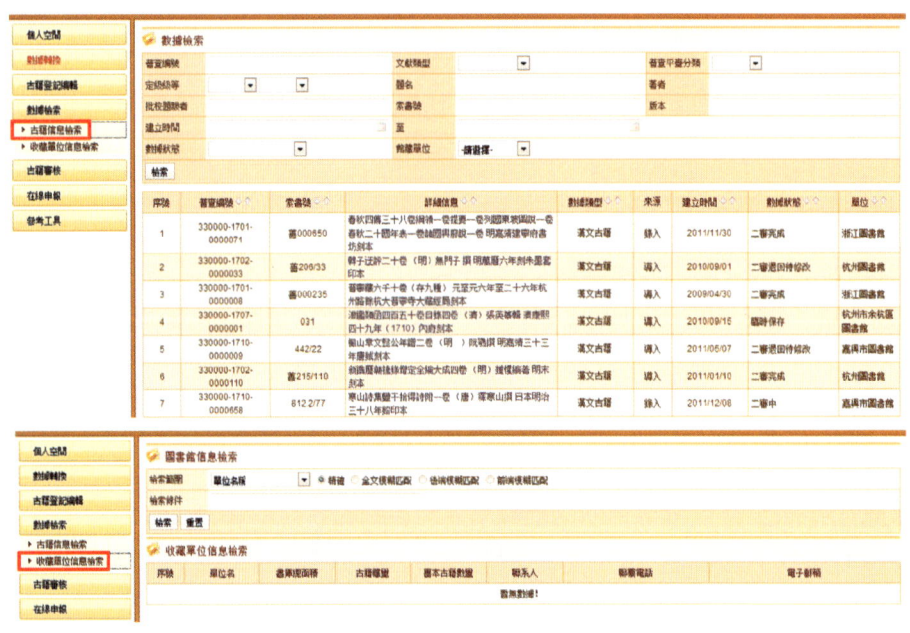

圖2-25 "數據檢索"界面

六、工作管理

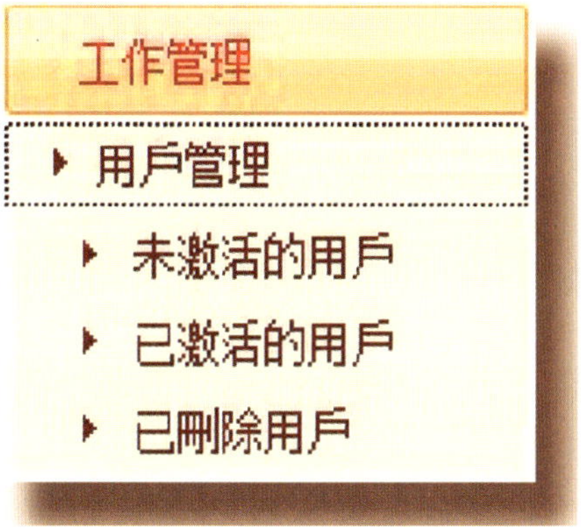

"工作管理"功能主要供各單位的管理員使用。"工作管理"主要管理兩部分內容：一個是工作人員的管理，一個是數據的管理。

點擊"用戶管理"，即可對本單位所有用戶進行管理。如有新註冊用戶，即點擊"未激活的用戶"進行激活并分配角色；如要對原有普查人員進行權限調整或刪除廢棄帳號，即點擊進入"已激活用戶"操作；如要恢復已刪除的用戶帳號，則點擊進入"已刪除用戶"操作。

對數據的管理又分兩類：一類是數據著錄的管理。如某普查員因故不再從事普查工作，而原先所著錄的數據又沒有完成，這時管理員可點擊進入"錄入分配"，將需要完善的數據分配給其他的普查員。另一類是審核分配，管理員進入"分配本單位審核"，將已完成著錄的數據分配給本單位的審核員進行審核（詳見第七章）。審核分配方式有兩種：一種是手動，一種是自動。上文所說的由管理員進行分配的方式即為手動，如選擇"自動"分配方式，則平臺會隨機自動將已完成著錄的數據分配給有審核權限的帳號下，無須管理員再去處理。

圖2-26　"用戶管理"功能塊子菜單

圖2-27　"錄入分配"界面

圖2-28　"審核分配方式"修改

七、數據轉換

"數據轉換"功能有"批量導入"與"批量導出"兩項菜單，以滿足使用者批量處理數據的需求。主要針對某些用戶原先已有MARC格式館藏古籍編目數據或古籍普查試點工作時填寫的EXCELL格式古籍檔案表，以及國家珍貴古籍名錄申報書等，將這些不同格式的數據批量導入

"平臺",或將已審核完成的數據導出至本地保存而設計的。

1. 批量導入

"批量導入"功能是"平臺"輸入古籍普查數據的主要方法之一。點擊"批量導入"菜單,下列七項子功能:導入MARC數據、導入MARC數據_NEW、導入ACCESS數據、導入古籍檔案、導入古籍目錄、導入國家珍貴古籍名錄、導入單機版古籍數據。

在V4.2版中"導入MARC數據"有兩個入口,前一個係根據8個古籍藏書單位的MARC字段格式分別設計的館藏編目數據導入通道,如圖2-29所示;後一個則可以由用戶單位根據本館MARC格式特點,通過"工作管理"功能塊中的"配置MARC與平臺對應關係"設置,建立個性化的館藏編目數據導入通道。

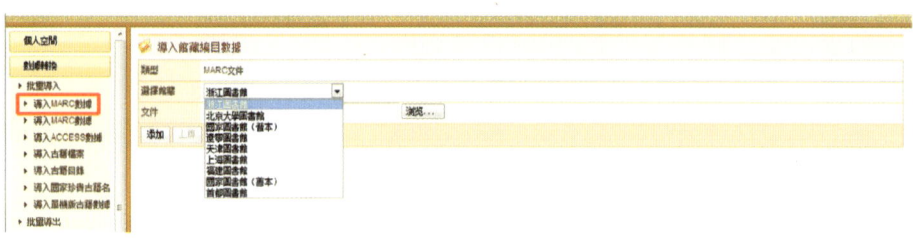

圖2-29 "批量導入"中"導入MARC數據"功能

2. 批量導出

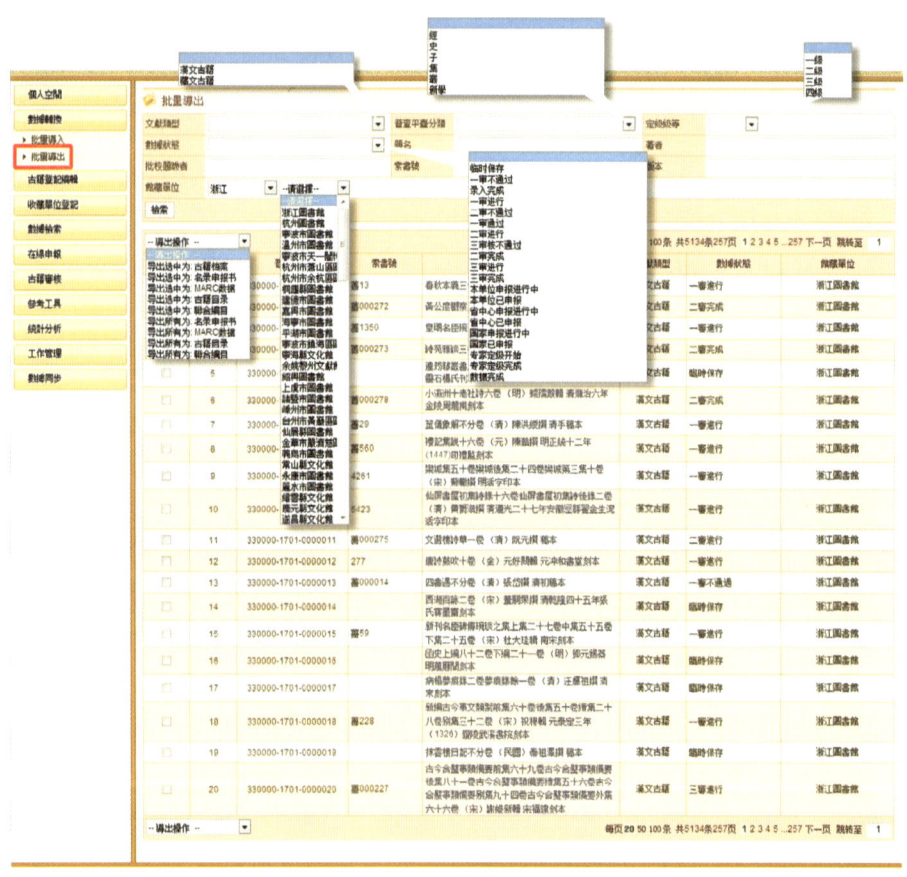

圖2-30 "批量導出"功能

批量導出功能滿足本地保存數據的需求。用户可按"文獻類型"（目前主要區分漢文古籍和藏文古籍）、"普查平臺分類"、"定級級等"、"數據狀態"以及"題名"、"著者"、"索書號"、"版本"、"館藏單位"等檢索出需要導出的數據，然後在下面的數據列表中進行勾選，再在"導出操作"中選擇需要導出的類型，主要有古籍檔案（EXCELL）、名錄申報書（WORD）、MARC數據、古籍目錄、聯合編目等本地保存類型。

八、參考工具

這是平臺爲用户設計的，在著錄過程中可隨時使用的常用工具。V4.2版平臺可用的工具有：年代查詢（包括年號紀年與公元紀年的轉換、干支轉年號紀年、公元與藏曆的轉換）、普查平臺分類表、古籍定級標準、古籍特藏破損定級標準。

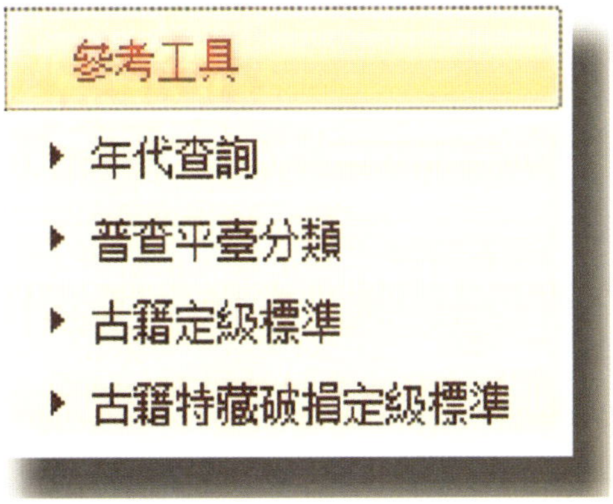

圖2-31 "參考工具"功能塊子菜單

第三章　古籍普查著錄細則

第一節　著錄原則

一、客觀著錄

古籍客觀著錄主要是要求客觀地反映古籍各個方面的真實情況。

古籍普查登記照錄部分主要是指書名、牌記、藏版、刻工、印章文字等內容。

古籍卷數、著者、版本等內容一般按查考所得的準確內容著錄。

二、規範著錄

凡客觀信息以外的內容，如附注項中說明性文字、因計算機字庫等原因無法真實反映書冊客觀信息者，皆要求使用規範的語言、文字、標點符號。

1.著錄文字使用規範繁體字，以《辭源》爲參考依據。

2.著錄語言使用符合文獻學語言規範的敘述語言。

3.使用規範數字著錄：客觀描述用漢文數字；序號、統計用阿拉伯數字。

4.使用規範的標點符號進行著錄。

三、書影著錄

凡著錄的客觀信息，皆要求提供一一對應的、合乎普查要求的書影圖像。

四、附注完整

凡需要著錄的附注項，皆要求著錄完整，並使用規範語言文字及標點符號。

第二節　著錄要求

古籍普查全省各級參與單位，主客觀條件有所差異，普查數據著錄質量也會有所區別，因此平臺著錄的要求分成兩個不同層次。

一、基本要求

（a）客觀，"所見即所得"，只根據本書客觀著錄各項信息。
（b）規範，符合《浙江省古籍普查手冊》基本要求。

二、較高要求

（a）正確，需要考證與查閱其他資料，正確著錄各種書本信息。
（b）準確，對書本及相關信息進行辨析，準確著錄各種信息。
（c）完整，完整著錄包括附注在內的各種書本信息。

注：
1. 基本要求適合於所有參加古籍普查的普查員，一審、二審人員。較高要求適合於普查試點單位（浙圖、杭圖、紹圖、嘉圖、溫圖、天一閣、浙大圖）。
2. 一審與二審人員對於數據之審核，關注點務必有所側重。本單位審校主要負責基本要求，省中心審校主要側重較高要求。

浙江省古籍普查書本信息著錄要求簡表

項目			一、基本要求	二、較高要求
1.索書號	1	索書號	客觀	——
2.分類	2	分類	分類到一、二級	分類到最低一級
3.題名卷數	3	題名	客觀	規範
	4	依據	客觀	正確
	5	拼音	正確	——
	6	所屬叢書	比照《中國叢書綜錄》	核對《中國叢書綜錄》
	7	附注	客觀	規範、完整
	8	其他題名	客觀	完整
	9	依據	客觀	——
	10	拼音	正確	——
	11	附注	客觀	——
	12	卷數統計	客觀	正確
	13	附注	客觀	完整

項目			一、基本要求	二、較高要求
4.著者	14	題	客觀	正確
	15	國別朝代	參據工具書	正確
	16	著者	客觀	正確
	17	著作方式	客觀	——
	18	著者依據	客觀	——
	19	著者拼音	正確	——
	20	著者附注	客觀	完整
5.版本	21	版本著錄	表述規範	正確
	22	版本配補	客觀	規範
	23	叢書版本	參據《中國叢書綜錄》	正確
	24	版本統計	客觀	——
	25	版本依據	客觀	——
	26	版本附注	客觀	客觀、規範、完整
	27	牌記內容	規範	規範、正確、完整
	28	牌記附注	客觀	
6.版式	29	版框測量	準確	——
	30	分欄	正確	——
	31	行字數	準確	——
	32	書口	客觀	——
	33	邊欄	客觀	——
	34	魚尾	客觀	——
	35	版心	客觀	——
	36	書耳	客觀	——
	37	附注	規範	規範、完整
7.裝幀	38	裝幀形式	客觀	——
	39	開本	準確	——
	40	冊數	準確	——
	41	函數	準確	——
	42	附注	客觀	完整

項目			一、基本要求	二、較高要求
8.裝具	43	裝具數量	正確	——
	44	外形	客觀	——
	45	材料	客觀	——
	46	狀況	客觀	——
	47	附注	客觀	——
9.序跋	48	序跋名稱	照錄	擬題準確
	49	名稱依據	客觀	正確
	50	朝代國別	客觀	正確
	51	著者	客觀	——
	52	著作方式	客觀	——
	53	時間	客觀	括注年號
	54	附注	客觀	完整
10.刻工	55	刻工姓名	客觀	——
	56	位置	客觀	——
	57	附注	客觀	完整
11.批校題跋	58	校跋名稱	客觀	擬題準確
	59	依據	客觀	——
	60	朝代	客觀	正確
	61	著者	客觀	正確
	62	著作方式	客觀	正確
	63	時間	客觀	正確
	64	附注	客觀	完整
12.鈐印	65	印章位置	客觀	正確
	66	印章形狀	客觀	正確
	67	印章類型	客觀	正確
	68	印章釋文	客觀	正確
	69	印主時代	客觀	準確
	70	印主姓名	客觀	正確
	71	鈐印附注	客觀	完整

項目			一、基本要求	二、較高要求
13.修復	72	修復方式	客觀	——
14.子目	73	子目著錄	客觀	規範、正確
15.定級	74	古籍等級	客觀	準確
	75	定級附注	客觀	完整
	76	定級書影	客觀	充分
	77	書影位置	客觀	準確
	78	書影備注	客觀	規範、正確、完整
16.定損	79	破損等級	正確	準確
	80	破損類型	正確	——
	81	定損冊數	準確	——
	82	書影位置	客觀	正確
	83	書影備注	客觀	規範、正確、完整

第三節　索書號·分類

一、索書號與普查編號

1. 索書號

據本單位索書號真實著錄，如無索書號者，可著錄分類號或財產登記號。

如索書號有多層信息，用"/"隔開。不同的書如有相同的索書號，索書號著錄即可解決合函合冊的情況。如將原本分散的叢書零種（各有索書號）彙總在一起以一種叢書著錄，需將各子目索書號依次著錄，中間用中文輸入狀態下的頓號"、"隔開。

尚未編制索書號的單位，建議使用流水號進行管理，根據館藏量補齊數字位數，方便計算機管理。比如，一個單位古籍藏書有5000冊，那麼它的索書號設置爲0001、0010、0100、2010……；一個單位古籍藏書有80000冊，那麼它的索書號設置爲00001、00010、00100、02010、75400……。

一个單位的索書號不能出現重號，索書號的編制要有規劃，建議可以分庫標識，比如"善00001"、"普00015"、"民00240"。

2. 普查編號

普查數據一經保存，普查編號便由平臺系統自動生成。普查編號由三段數字組成，第一段"330000"是浙江省的代碼；第二段"1701"、"1710"、"1716"、"4736"等是單位代碼，對一個單位而言，這兩段數字是固定不變的；第三段是具體的普查順序號，根據數據保存先後排列，共7位。

進行普查時，需將三段式的普查編號謄錄在原書簽條上，以備核查。

普查編號的意義在於給每一部古籍編制身份識別號碼，一部書對應一個普查編號。如果一部古籍的普查數據刪除，該數據的普查編號會重新使用。因此，各個單位的管理員應加強普查編號的管理，如及時刪除廢棄數據等。

二、分類

1. 分類原則

古籍普查中古籍分類以《四庫全書總目》各部類敘爲理論基礎，以《中國古籍善本書目》《中國叢書綜錄》《中國古籍總目》等古籍分類爲比照例證，以《中華古籍總目》分類表爲分類體系，共分爲經、史、子、集、類叢、新學六部。

2. 實用手冊

《浙江省古籍普查四部分類法實用手冊》（另行編制）根據《中華古籍總目分類表》制訂并對之進行例釋，分類到最後一級。

3. 參考著錄

如《中華古籍總目分類表》所列諸部類無法滿足分類要求，則參考《四庫全書總目》《中國古籍善本書目》《中國叢書綜錄》《中國古籍總目》等分類標準比照著錄，并在附注項注明依據。

4. 無法分類

分類不能確定者則在附注中注明"無法分類"，提交上一級審校中心解決。

第四節　題名卷數

題名與卷數在古籍普查平臺中一體著錄，不予分割，卷數使用漢文數字。

一、題名

1. 卷端題名

1.1　據正文首卷卷端

例：檀孟批點四卷　明刻本　杭州圖書館藏

正文首卷卷端題"檀孟批點"，版心題"檀弓"和"孟子"。則此書題名據首卷卷端著錄。如題名中出現各朝避諱字，能輸出者照錄，原字題名作"其他題名"，不能者可改爲原字。

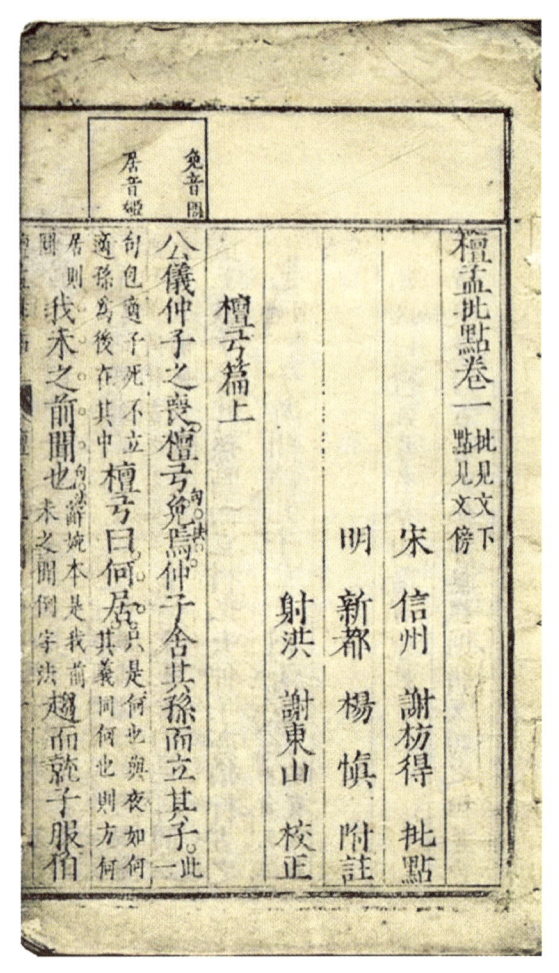

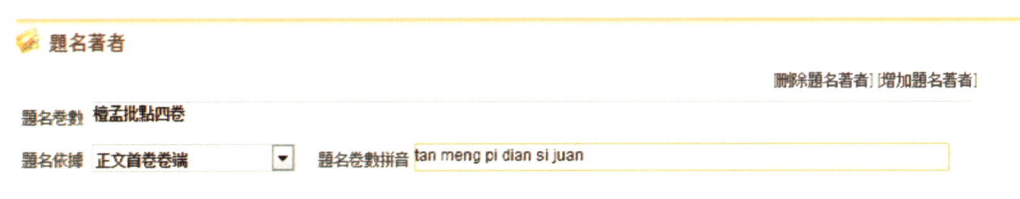

图3-1　正文首卷卷端题名著录

1.2　卷端不同题名

如不同卷端有不同题名，仍以正文首卷卷端题名著录，其他各卷卷端题名在"其他题名"中著录。

例：明季甲乙两年彙畧三卷　抄本　浙江图书馆藏

此书首卷卷端题"明季甲乙两年彙畧"，卷二卷端题"明季甲乙两年事略"，卷三卷端题"明季甲乙两年事蹟彙略"，则此书题名据首卷卷端著录，卷二、卷三卷端题名在"其他题名"中著录。

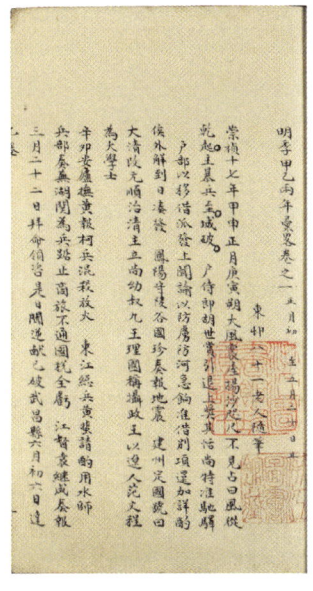
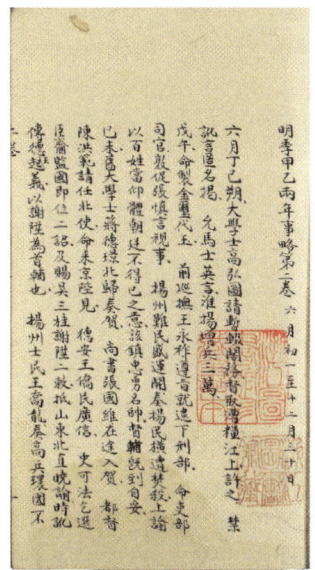
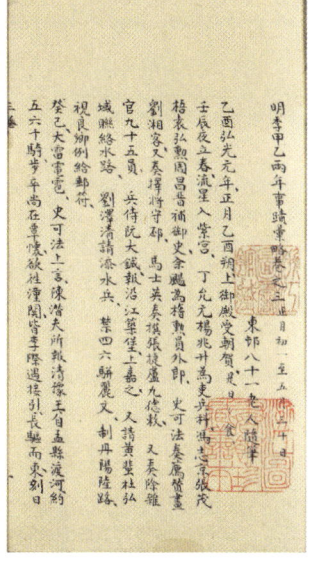

圖3-2　正文首卷卷端題名與其他題名著錄

1.3　題名據其他卷端
例1：五燈會元二十卷　明成化十一年刻本　杭州圖書館藏
正文首卷缺失，就以第二卷卷端題名著錄，按次序類推。

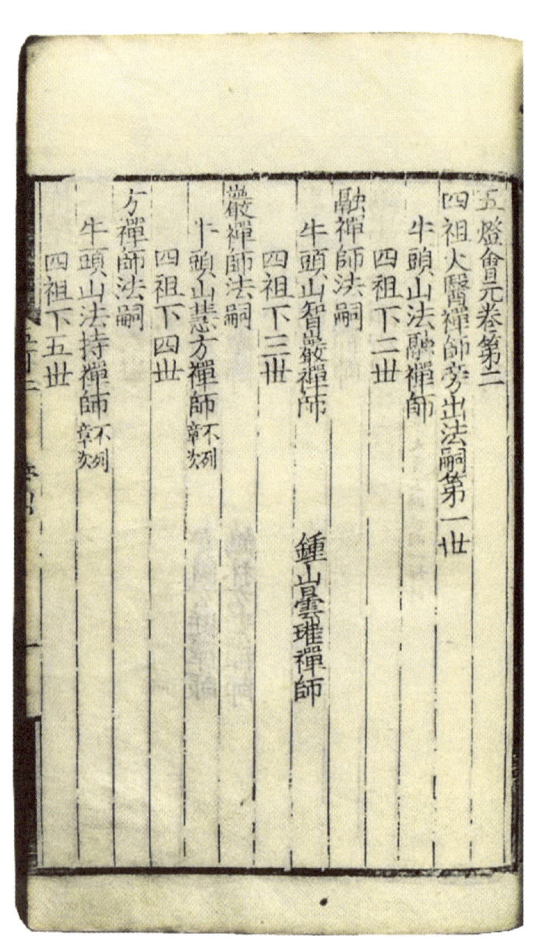

圖3-3　其他卷端題名著錄一

例2：平叛記二卷　清康熙五十五年刻本　浙江圖書館藏
此書卷上首葉係抄配，以卷下卷端題名著錄。

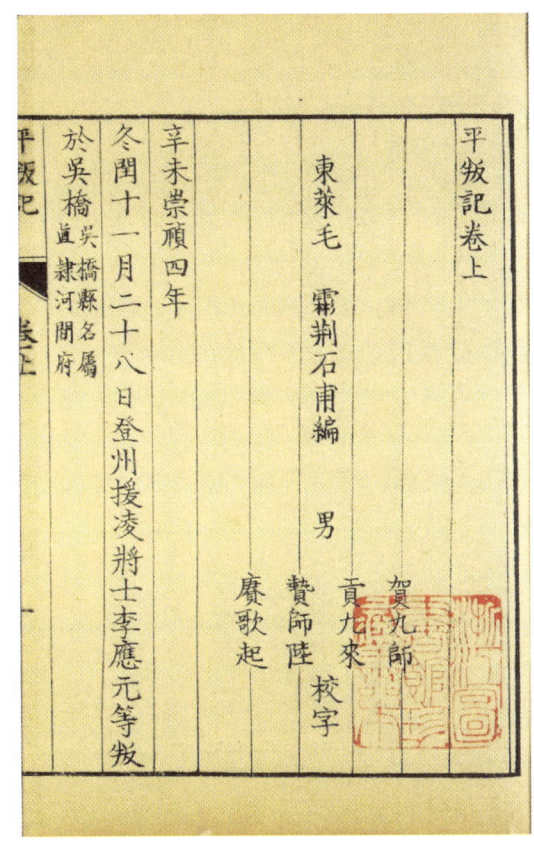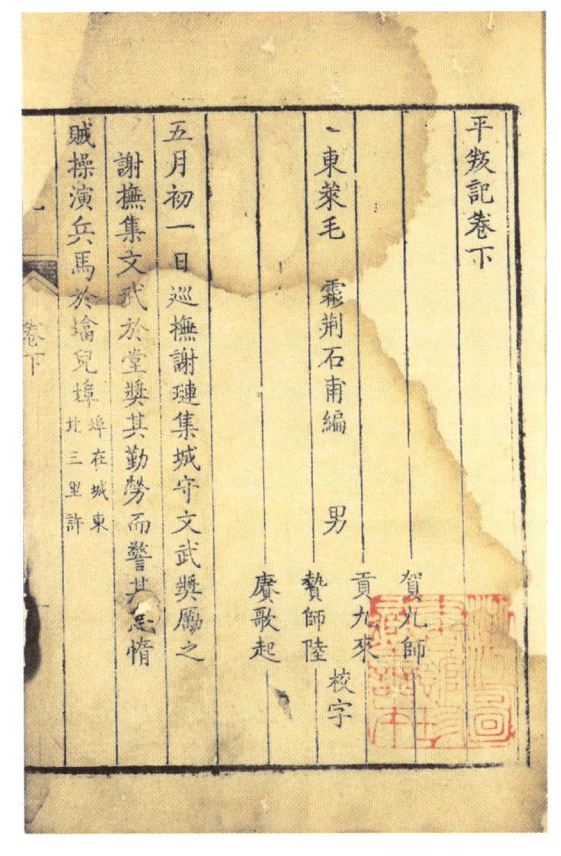

圖3-4 其他卷端題名著錄二

1.4 題名據卷末者

例：辛酉都城紀事一卷 清抄本 浙江圖書館藏

此書卷端無題名，卷末題"右辛酉都城紀事一卷無撰人名氏"，故題名據卷末題。

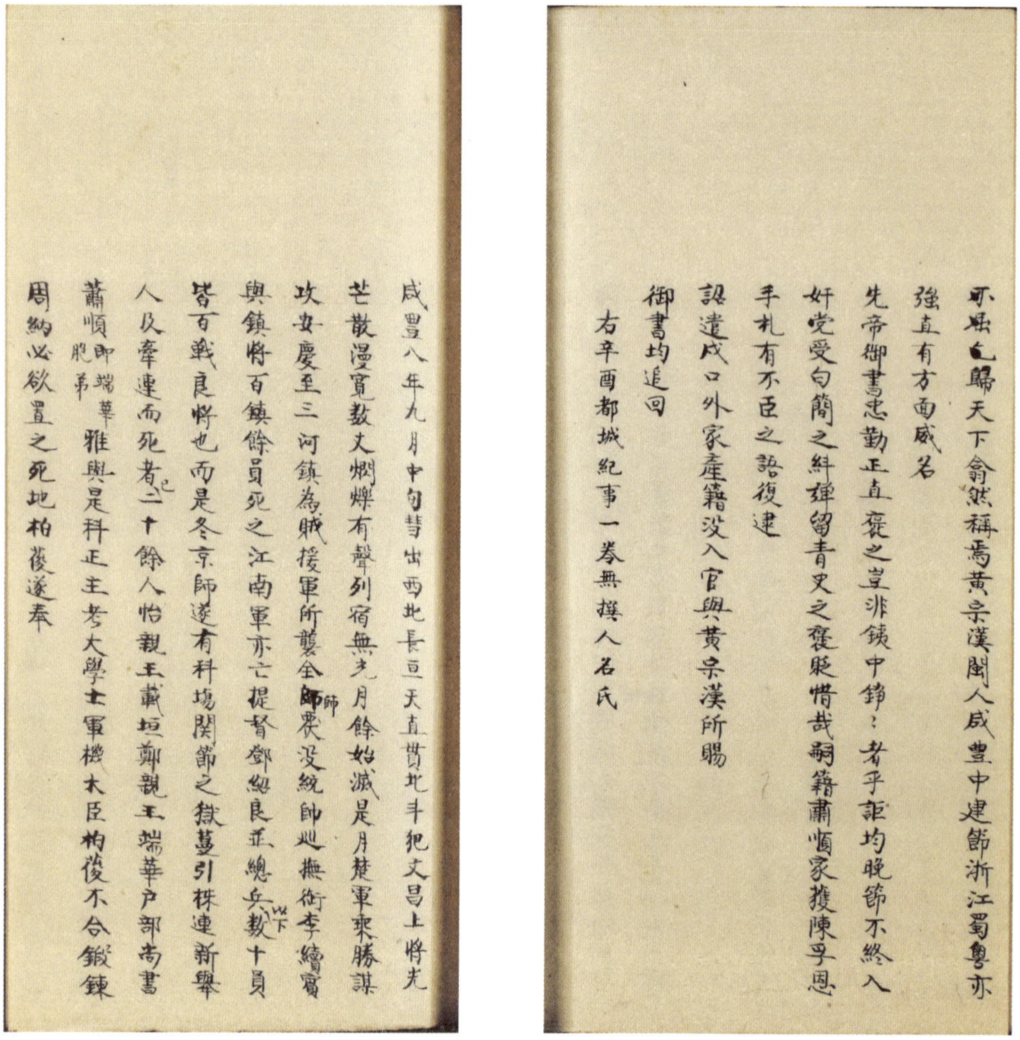
耶屈乜歸天下翕然稱焉黃宗漢閩人咸豐中建節浙江蜀粵亦
強直有方面威名
先帝御書忠勤正直褒之豈非鐵中錚錚者乎詎均晚節不終入
奸黨受白簡之糾彈留青史之褒貶惜哉嗣籍肅順家獲陳孚恩
手札有不臣之語復逮
諭遣戍口外家產籍沒入官與黃宗漢所賜
御書均追回
右辛酉都城紀事一卷無撰人名氏

咸豐八年九月中旬彗出西北長亘天直貫北斗犯文昌上將光
芒散漫寬數丈燗爍有聲列宿無光月餘始滅是月楚軍乘勝謀
攻安慶至三河鎮為賊援軍所襲全師覆沒統帥巡撫銜李續賓
與鎮將百餘員死之江南軍亦亡提督鄧紹良並總兵數十員以下
皆百戰良將也而是冬京師遂有科場關節之獄蔓引株連新舉
人及牽連而死者已二十餘人怡親王載垣鄭親王端華戶部尚書
肅順即端華胞弟雅與是科正主考大學士軍機大臣柏葰不合鍛鍊
周納必欲置之死地柏葰遂奉

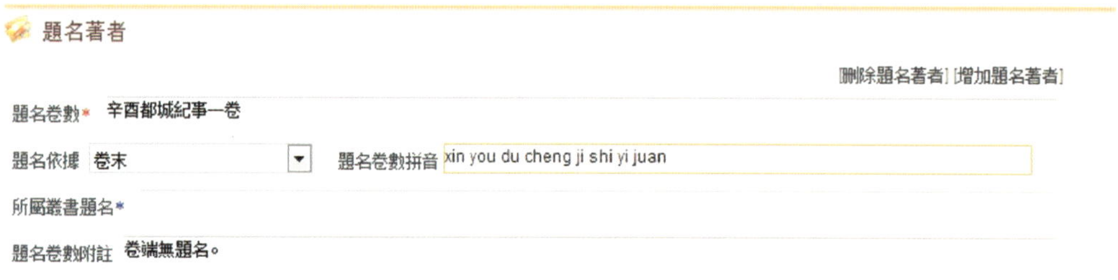

圖3-5　卷末題名著錄

2. 非卷端題名

若正文首卷卷端及其他卷端題名有缺失、歧義，或不明確、不全面，均不能準確反映全書內容者，可依次選取版心、內封、目次、凡例、序跋、版權頁、書根、題簽、函套封題等處所題題名。并在附注項中説明理由。

2.1　據版心

例1：十六國春秋一百卷　明萬曆三十七年屠氏蘭暉堂刻本　浙江圖書館藏

此書卷端上爲小題，下題“春秋”，其版心題“十六國春秋”，則題名據版心著錄。

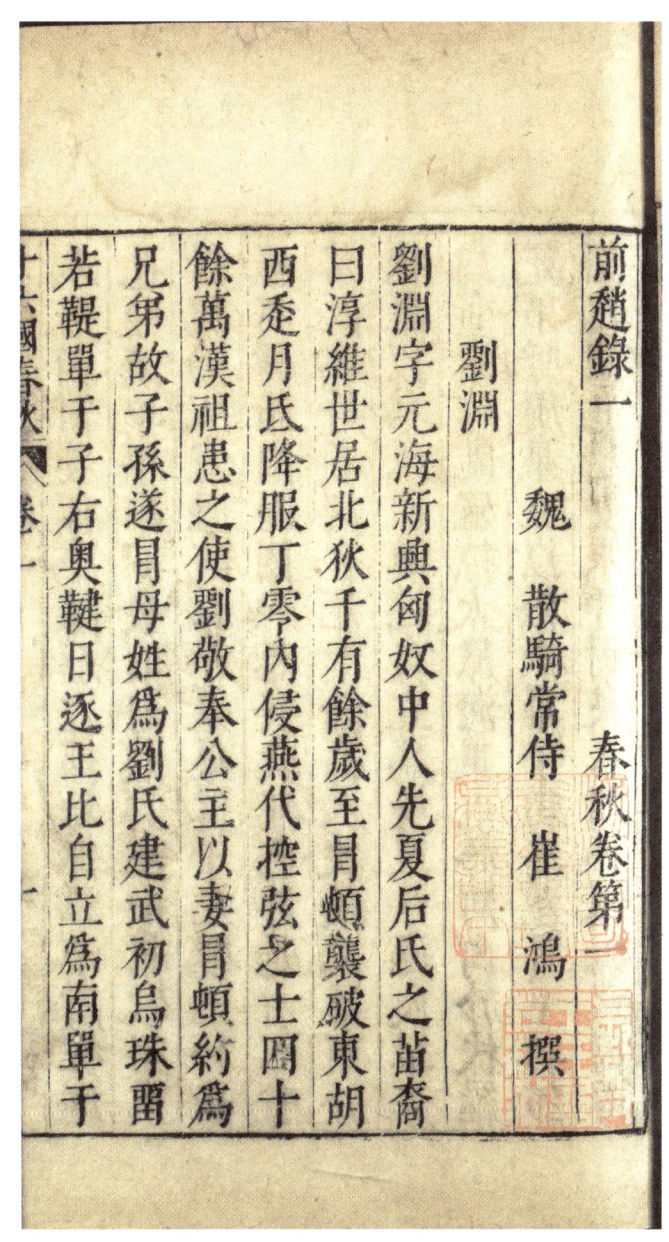

題名著者

[刪除題名著者] [增加題名著者]

題名卷數*　十六國春秋一百卷

題名依據　版心　　　　　題名卷數拼音　shi liu guo chun qiu yi bai juan

所屬叢書題名*

題名卷數附註

圖3-6　版心題名著錄一

例2：錄存杜姓家譜一卷　清光緒刻本　浙江圖書館藏
此書係將各種杜氏譜錄彙刊而成，題名據部分版心著錄。

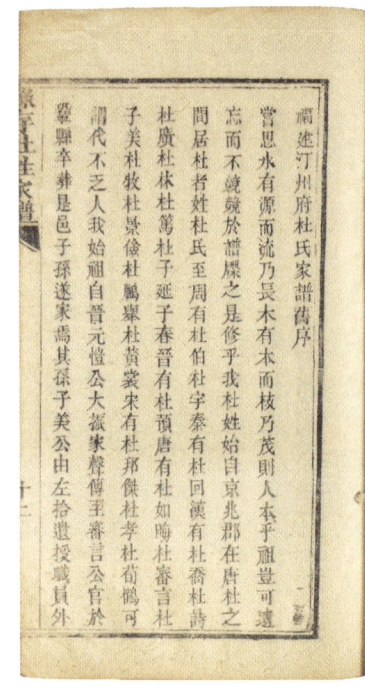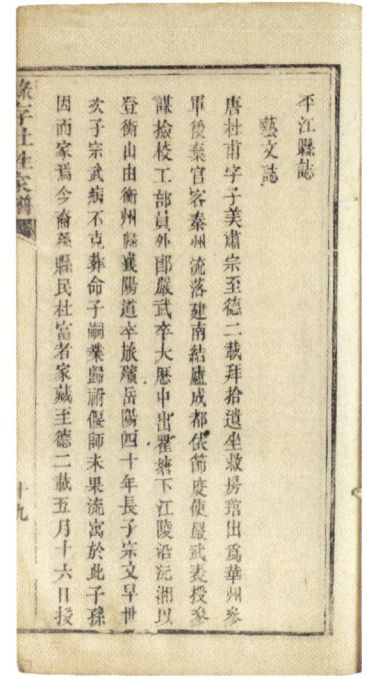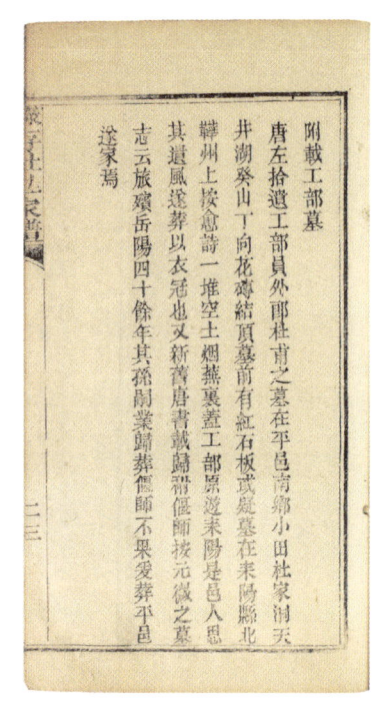

圖3-7　版心題名著錄二

2.2 據內封（書名葉）

例：濟世經驗彙編　清毛世洪輯　清光緒三年聚奎齋刻本　浙江圖書館藏

此書內有《濟世養生集》《便易經驗集》《增訂經驗集》及《附刻》，各卷端所題都不能完全概括全書內容，內封鐫題"濟世經驗彙編"，以此爲題名最能體現該書全貌。

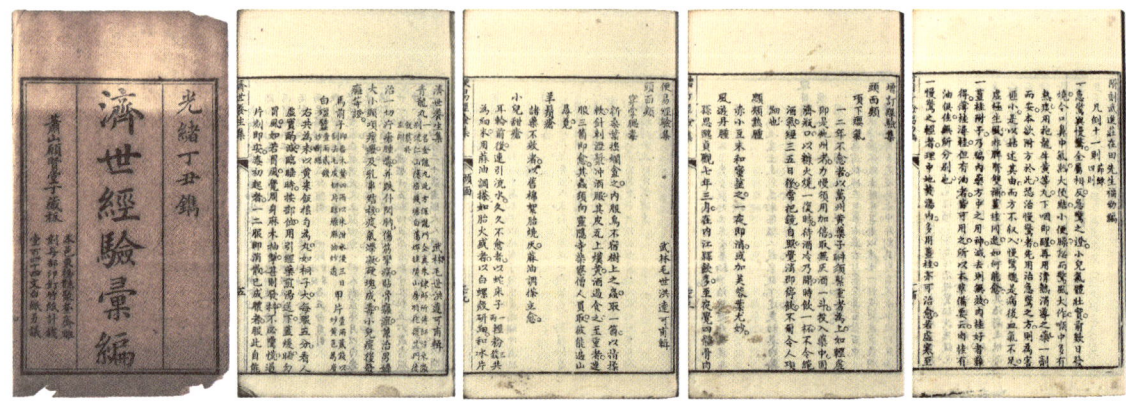

圖3-8　內封題名著錄

2.3　據目次

例1：廣文字會寶不分卷　明閩建書林葉見遠刻本　浙江圖書館藏

此書卷端無題名，內封題"思白董太史廣文字會寶"，序跋題"文字會寶"，都不如目次所題"廣文字會寶"確切，故題名據目次著錄。

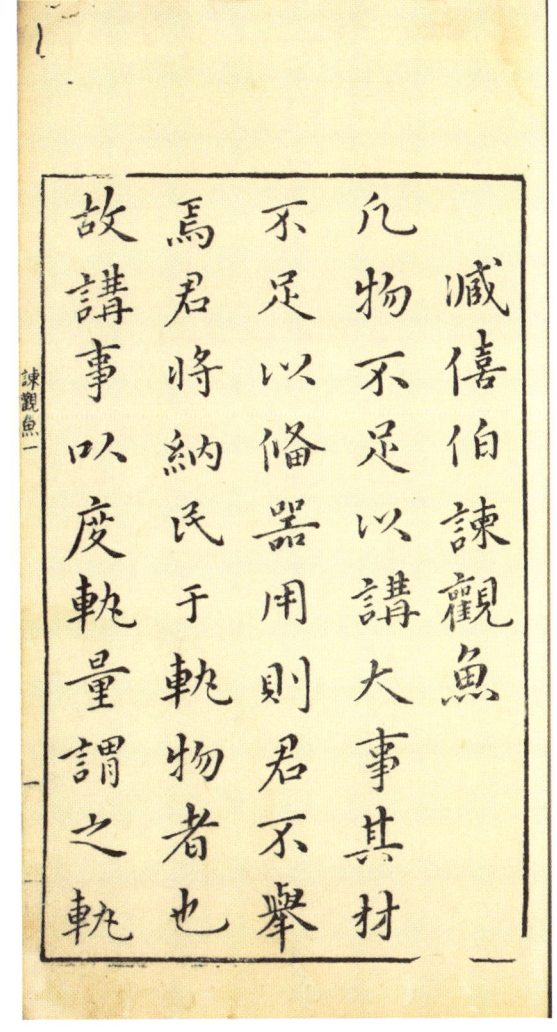

圖3-9　目次題名著錄一

例2：臨證指南醫案續編四卷　清葉桂撰　清抄本　浙江圖書館藏

此書卷端無題名，目次題"臨證指南醫案續編"，則書名據目次題。並在題名附注中說明理由。

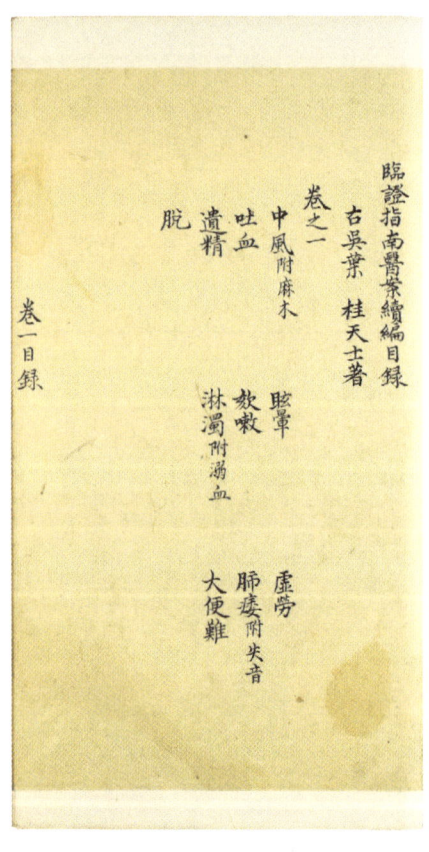
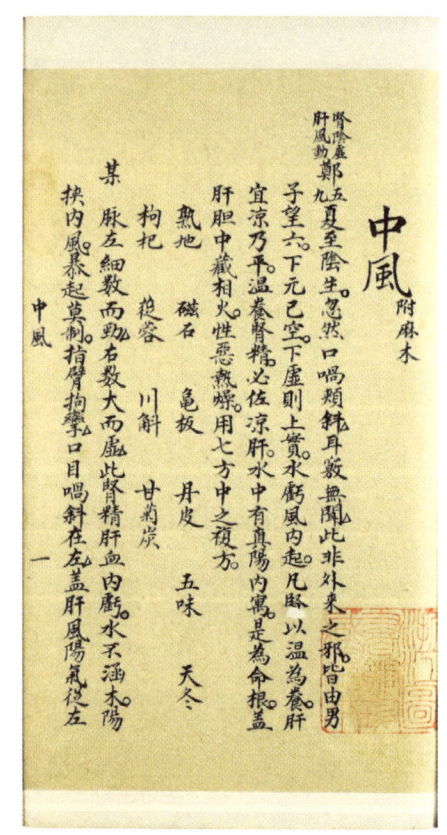

圖3-10　目次題名著錄二

2.4　據序跋

例：重刻韓柳歐蘇文抄四種八卷　明隆慶元年刻本　浙江圖書館藏

此書卷端所題爲各子目題名，序跋題"重刻韓柳歐蘇文抄"，包含四個子目的內容，故題名據此序跋著錄。

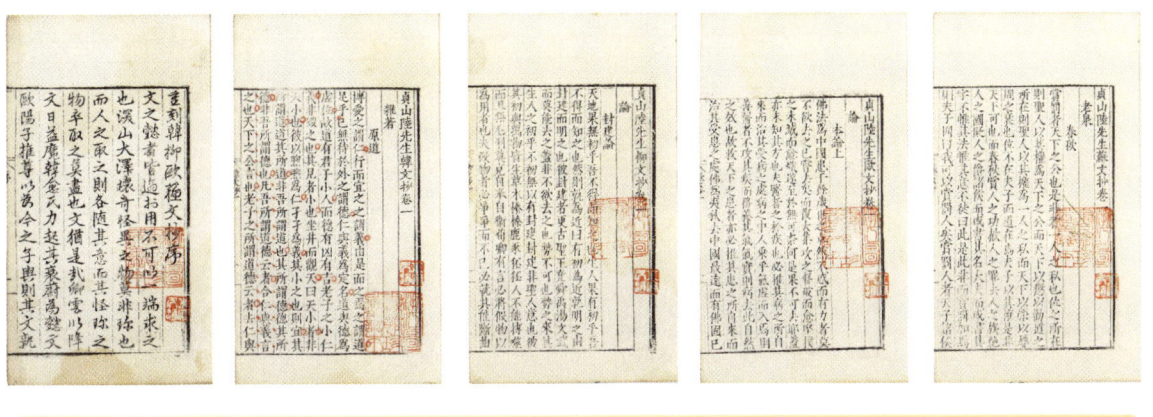

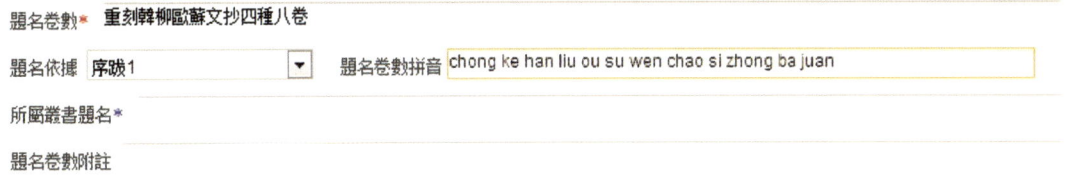

圖3-11　序跋題名著錄

2.5　據書根

例：明末遺事不分卷　清抄本　浙江圖書館藏

此書原無題名，書根題"明末遺事"，與全書內容相契，故題名據書根著錄。

圖3-12　書根題名著錄

2.6　據題簽

例：紹興陳孝蘭解元陔旅粵日記不分卷　稿本　浙江圖書館藏

此書卷端無題名，題名據封面題簽著錄。

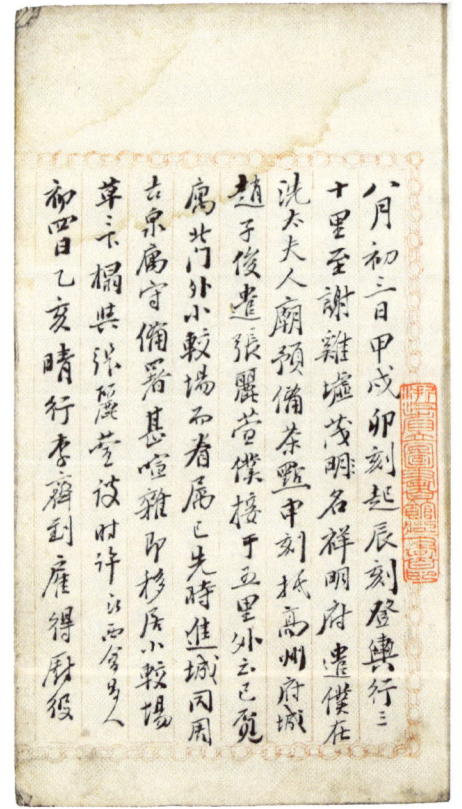

圖3-13　書簽題名著錄

2.7　據版權頁

例：趙撝叔手札一卷附楊海琴尺牘一卷　清光緒三十四年則山簃影印本　浙江圖書館藏
此書卷端無題名，題名據版權頁著錄。

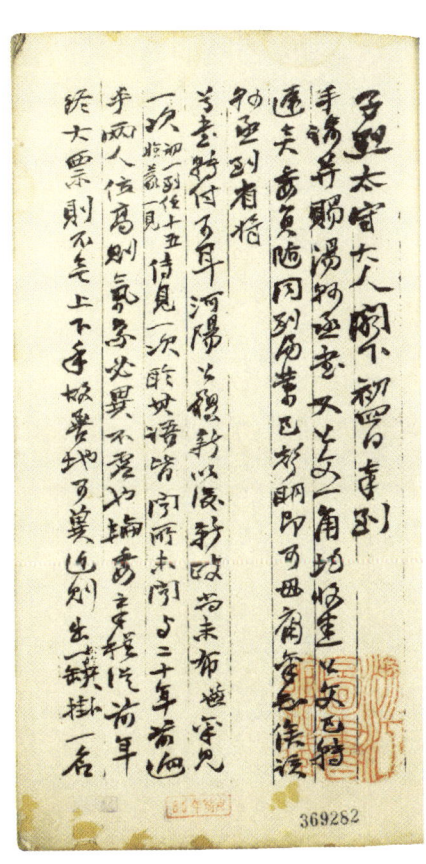
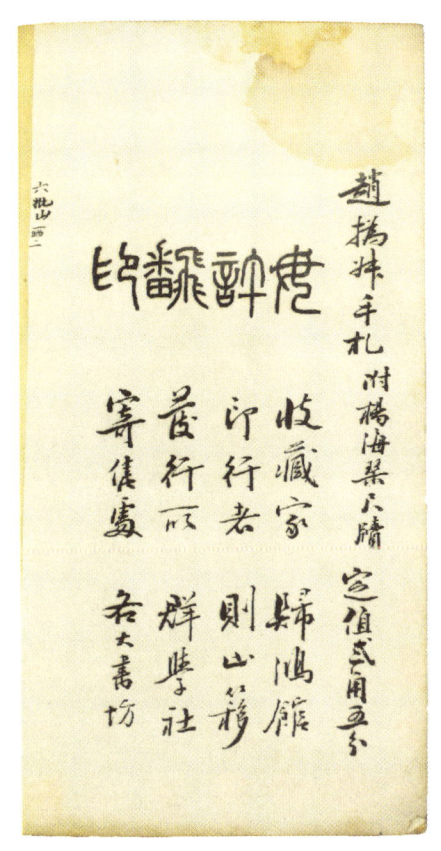

圖3-14　版權頁題名著錄

2.8 編者擬

如原書無題名，可據其內容并參考相關文獻擬題，在附注中注明依據。

例1：鸚兒寶卷一卷　清佚名撰　清刻本

此書"弘"字缺末筆，無卷端題名，編目者取正文第一句前四字擬作題名。

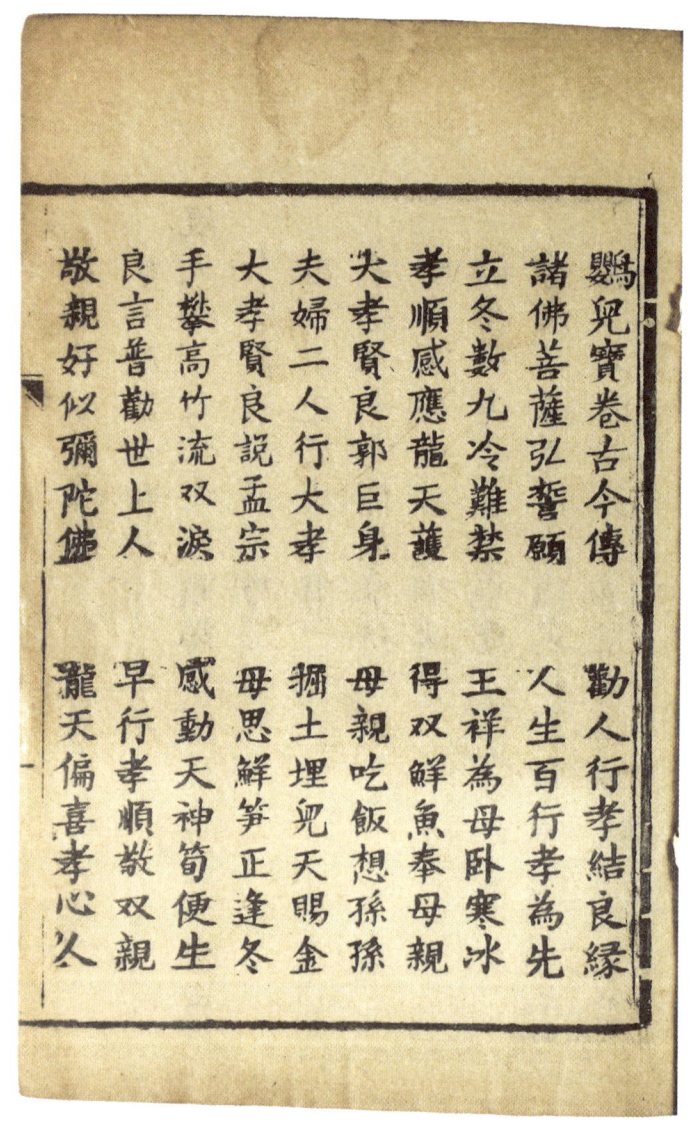

圖3-15　自擬題名著錄一

例2：隨園詩稿不分卷　稿本　浙江圖書館藏

此書係清人袁枚手書詩稿，後人改裝爲冊葉裝，原無題名，編目者據內容擬題。

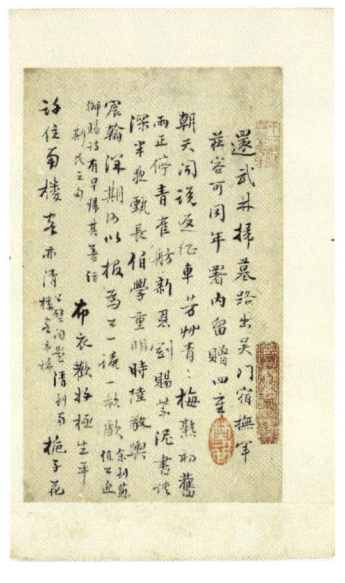
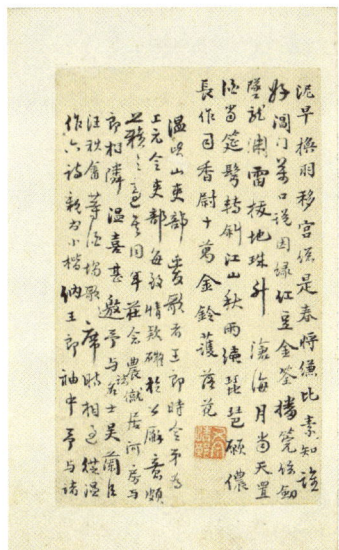
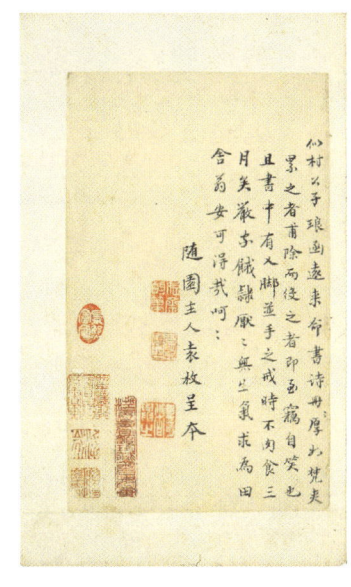

題名著者

[刪除題名著者] [增加題名著者]

題名卷數＊　隨園詩稿不分卷

題名依據　擬題　　　　題名卷數拼音　sui yuan shi gao bu fen juan

所屬叢書題名＊

題名卷數附註　此書卷端無題名。係清人袁枚手書詩稿，後人改裝爲冊葉裝，原無題名，編目者據內容擬題。

圖3-16　自擬題名著錄二

例3：許氏家譜一卷　清光緒稿本　浙江圖書館藏

原書卷端無題名，編目者據內容擬題。

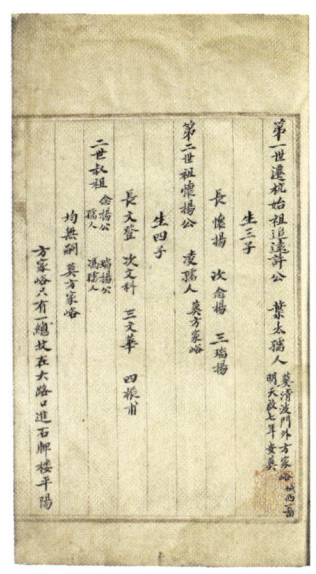
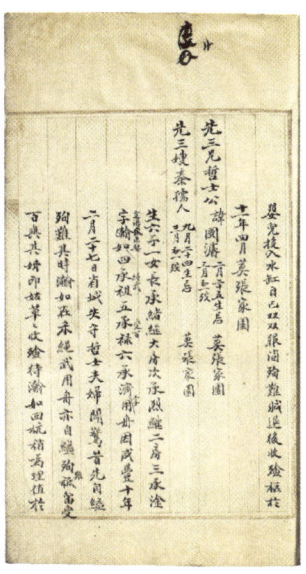
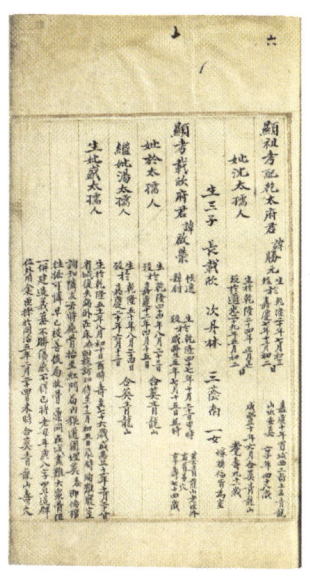

圖3-17　自擬題名著錄三

3. 特殊題名

3.1　經部等有注疏而卷端題名未反映者（《周易傳義》《書集傳》等）

經部著述，在後世多有注釋之書，而卷端僅刻經典書名，此類書題名需著錄完整書名。

例1：四書章句集註三十一卷　明刻本　浙江圖書館藏

一般刻本首卷題名作"大學"，次"中庸"，次"論語"，次"孟子"，有時在內封鐫有"四書集註"字樣，必須以總題名著錄。

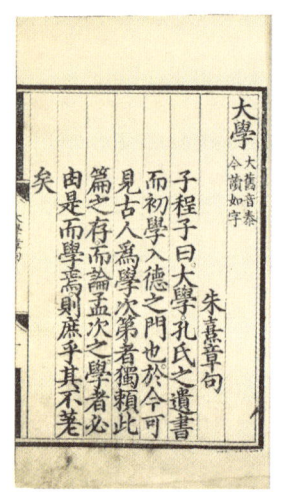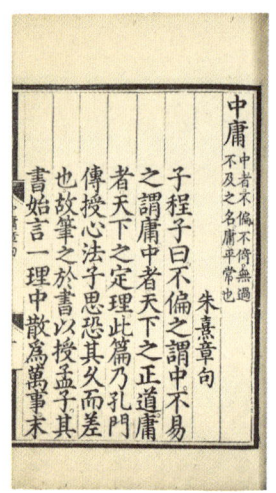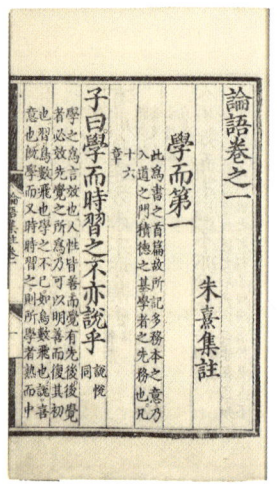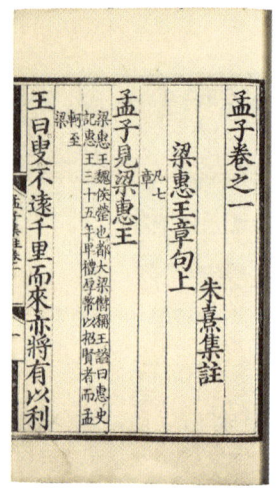

圖3-18　完整書名題名著錄

例2：詩集傳通釋二十卷綱領一卷外綱領一卷　元至正十二年建安劉氏日新書堂刻本　國家圖書館藏

此書以卷端下題著者的著作方式創作該書的主要內容，應將卷端題名與著作方式合併擬定該書書名，並在附注項說明卷端原題。

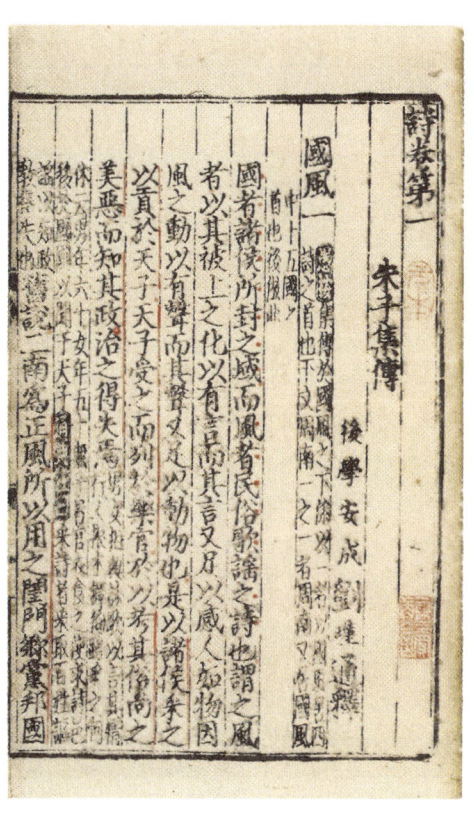

圖3-19　題名與著作方式合併擬題著錄
（書影圖片據《第一批國家珍貴古籍名錄圖錄》）

3.2　叢書題名

叢書題名應據書中信息或參照《中國古籍善本書目》、《中國叢書綜錄》進行著錄。如書中書名葉、目次、序跋等中言及該叢書之種數、卷數，則應在題名後客觀著錄種數、卷數。如書中無明確種數、卷數信息，則不需著錄種數、卷數。不論其子目完整與否、卷數殘全與否，即便只存一個零種，都以叢書題名進行著錄，在"子目"項中填寫具體子目內容。

3.2.1　有多層子目結構關係的叢書，其子目種數按第一級子目計算。

例：孝魚叢著
（民國）王永祥撰　民國二十二年鉛印本
焦學三種
　　焦里堂先生（焦循）年譜一卷
　　里堂思想與戴東原一卷附雕菰樓集選錄一卷
　　里堂易學一卷
船山學譜六卷
　ㄣ參見《中國叢書綜錄·總目》第588頁左ㄜ

此叢書有兩級子目，第一級子目《焦學三種》下又有一級子目，統計時應按第一級子目計，加上《船山學譜》一種，因此，《孝魚叢著》共有兩種子目。

有部分叢書子目有"附×××書××卷"，這部分"附"的子目有兩種情況：一種是某一子目的附加內容，反映在《中國叢書綜錄》目錄結構上，比前一個子目低一格，應作為該子目的合刻書處理，即此"附"子目不視為單獨的子目；一種是與其他同級子目併列，反映在《中國叢書綜錄》目錄結構上，與前一個子目對齊，應視為單獨的子目。

3.2.2　如叢書殘缺，且從書中找不到明確的總種數、卷數信息，則叢書題名後不著錄總卷數，僅著錄所存子目之種數，並以圓括號標註。

例：二十子　明吳勉學編　明萬曆刻本　存管子二十四卷

此叢書雖只存《管子》二十四卷，題名仍以"二十子"著錄，在"著錄叢書子目"中著錄所存子目，並在題名後標注所存子目種數。

圖3-20　叢書題名著錄

3.2.3　叢書零種與單刻

在彙印叢書中，如果確能考知此書係彙印前單行者，則作單種著錄，需在附注項中注明後收入"××叢書"中。《中國叢書綜錄》中有子目注明單獨刊刻年并與叢書總述版本不同者需仔細辨析。

如一書中提及某某叢書信息，但該叢書不見《中國叢書綜錄》等工具書著錄，又不見該叢書其他子目，則不作叢書著錄，在"題名附注"中說明即可。

3.2.4　叢書有批校題跋者

3.2.4.1　按叢書著錄

如果館藏單位將此零種及其他零種連續排架，且按整部叢書設置索書號，則按叢書著錄，其中有批校題跋的那一種或幾種零種在相應的子目附注項中著錄。

3.2.4.2　按零種著錄

如果館藏單位對該零種設置獨立索書號且與其他零種分開排架，則按叢書零種（即以子目立目）進行著錄，在"所屬叢書題名"及"所屬叢書版本"中著錄相應信息，版本描述爲"××叢書本"。

例：論語鄭氏注二卷　漢鄭玄撰　清宋翔鳳輯　清嘉慶二十五年書業刻浮溪精舍叢書本　戴穗孫批校並跋　浙江圖書館藏

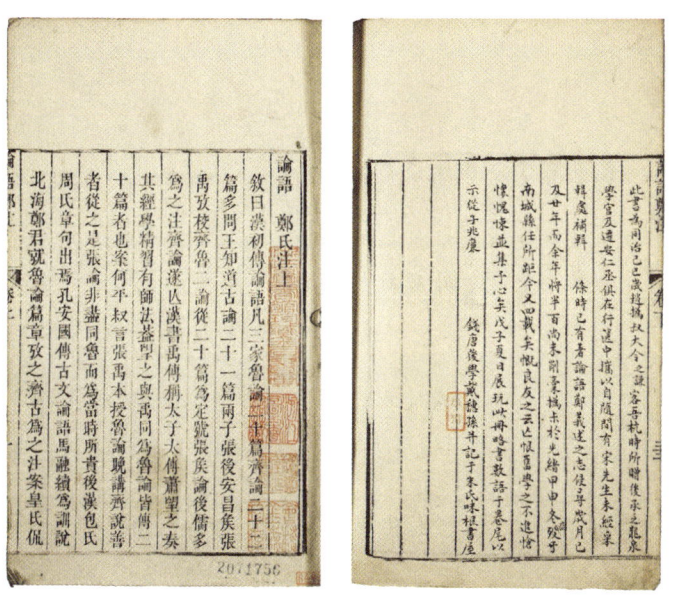

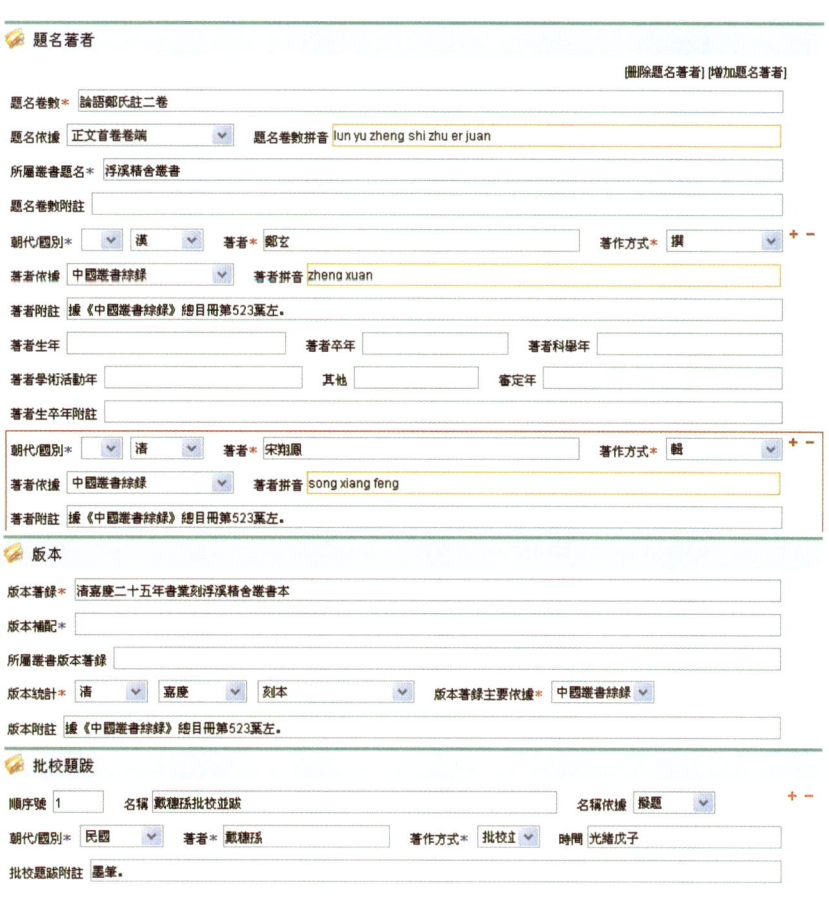

圖3-21　叢書零種有批校題跋者題名著錄

3.3 合刻題名

3.3.1 合刻題名著者、著作方式相同者

合刻書的著者相同，著作方式相同，可將多個書名拼合作爲一個題名卷數著錄。

例：平妖紀事一卷　圍城日錄一卷　清抄本　浙江圖書館藏

此書含兩種著作：《平妖紀事》《圍城日錄》，皆明人徐從治所著，兩種題名可著錄一處。

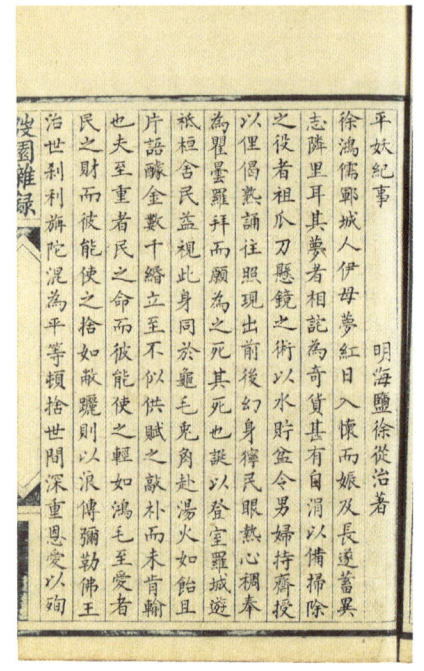
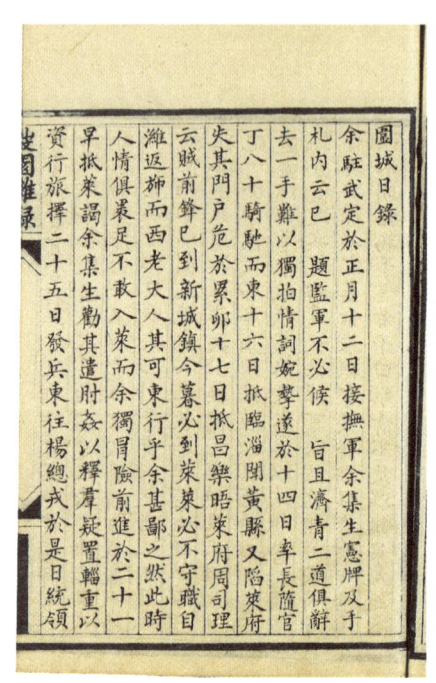

圖3-22　相同著者的多個題名著錄

3.3.2 合刻題名不同著者

若合刻書中含多項內容，且非同一人所著，著錄時每個題名對應相應的著者。點擊平臺中"題名著者"字段右上角"增加題名著者"按鈕，即可著錄不同著者的題名。

例：春秋左氏經傳集解三十卷　晉杜預釋注　唐陸德明音義　春秋名號歸一圖二卷　五代馮繼先撰　春秋提要一卷　明萬曆八年金陵親仁堂刻本　浙江圖書館藏

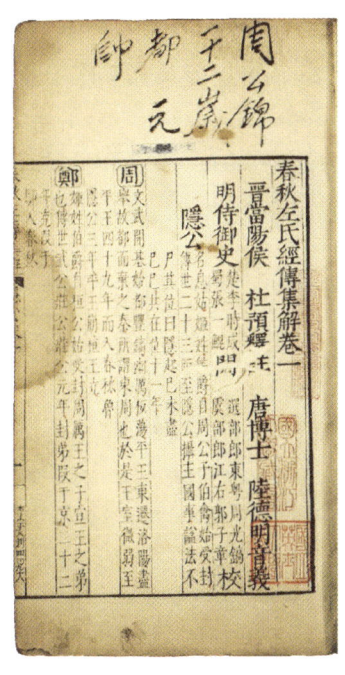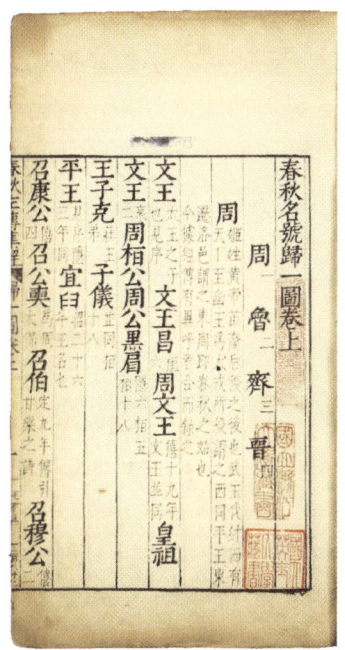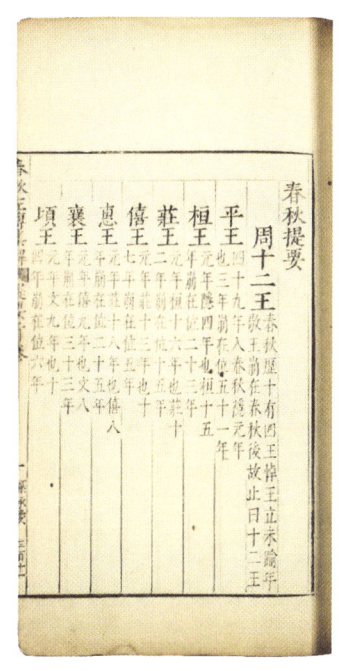

圖3-23　不同著者的多個題名著錄

3.3.3 合刻題名中文字相同部分省略

合刻書不同題名如有相同部分，如某人（或某機構）詩集、文集、詞集或某書初集、續集、三集等，第一個題名完整著錄，後面的題名中重復部分可省略著錄。

例：甲申朝事小紀八卷二編八卷三編八卷四編八卷五編八卷　清抄本　存二至四編　浙江圖書館藏

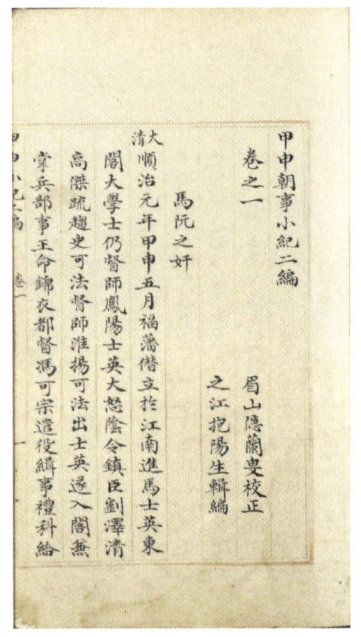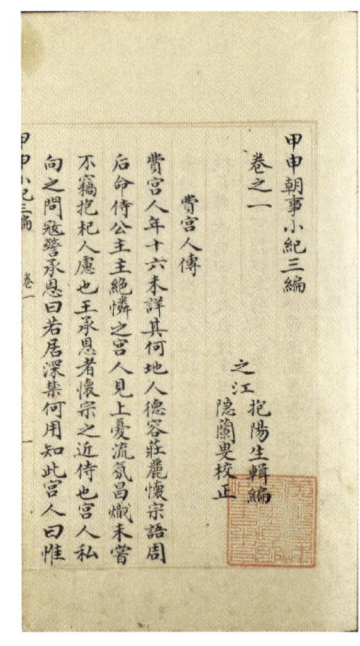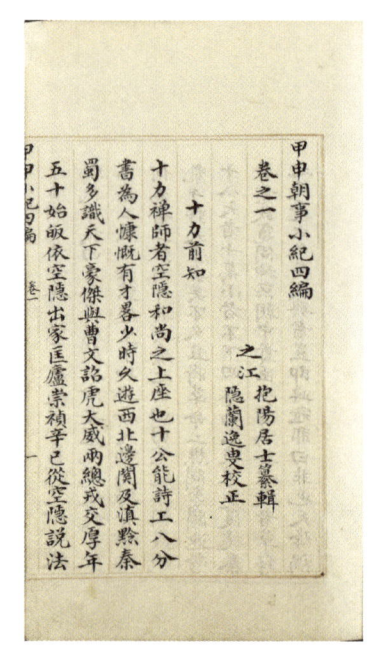

圖3-24　合刻省略題名著錄

4. 其他題名

4.1　正題名以外的題名（書名頁、序跋等處題名以及別書名如《紅樓夢》、《石頭記》等）

4.2　簡要題名、核心題名

4.2.1　書名前有冠詞者

書名前如有"纂圖互注"、"增訂"、"新編"、"新鐫"、"繡像"、"重校"、"欽定"、"御纂"、"重音重意"等冠詞，均照原文著錄，在"其他題名"中著錄去掉冠詞的書名爲簡要書名或核心書名。

例1：重刊京本纂圖互注標題六子全書六十卷　明隆慶五年陳崑泉積善堂刻本　浙江圖書館藏

"題名卷數"項據卷端照實著錄，在"其他題名"項中著錄簡要題名"六子全書"。

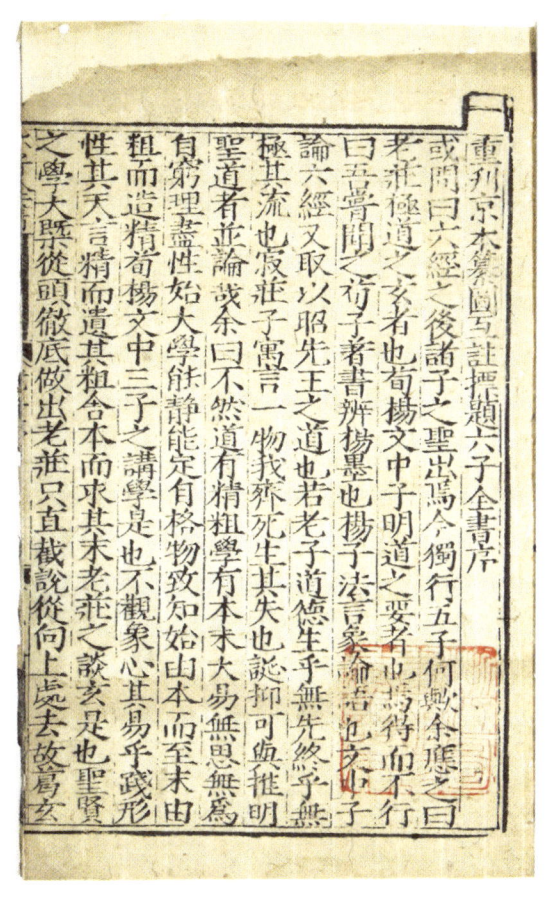

图3-25 简要书名题名著录一

例2：新锲鳌头历朝实录音释引蒙鉴钞八卷　明万历十七年书林郑世豪宗文书舍刻本　杭州图书馆藏

"题名卷数"项据卷端照实著录，在"其他题名"项中著录"引蒙鉴钞"。

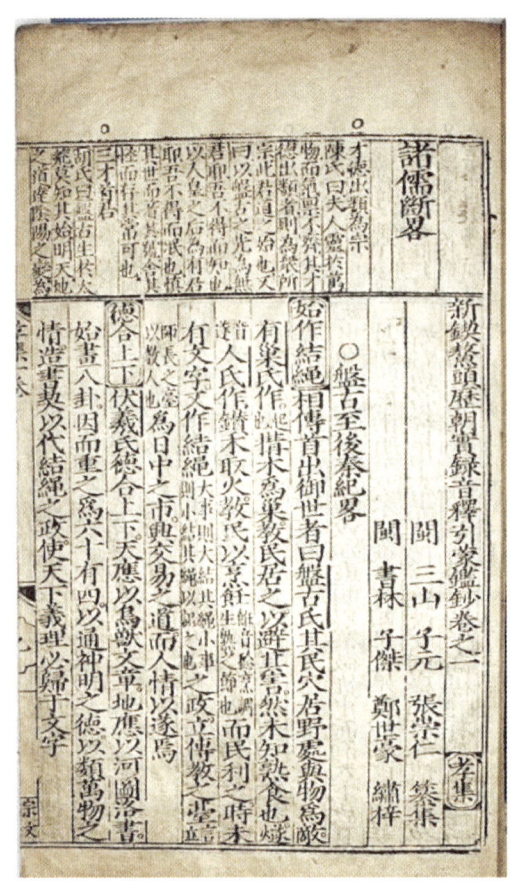

圖3-26　簡要書名題名著錄二

4.2.2 題名過長者

如首卷卷端題名過長，仍據實照錄，在"其他題名"項中著錄簡要書名。

例：大明憲宗繼天凝道誠明仁敬崇文肅武宏德聖孝純皇帝實錄二百九十三卷　明抄本　浙江圖書館藏

題名據卷端照錄，在"其他題名"項中著錄"明憲宗實錄"爲簡要書名。

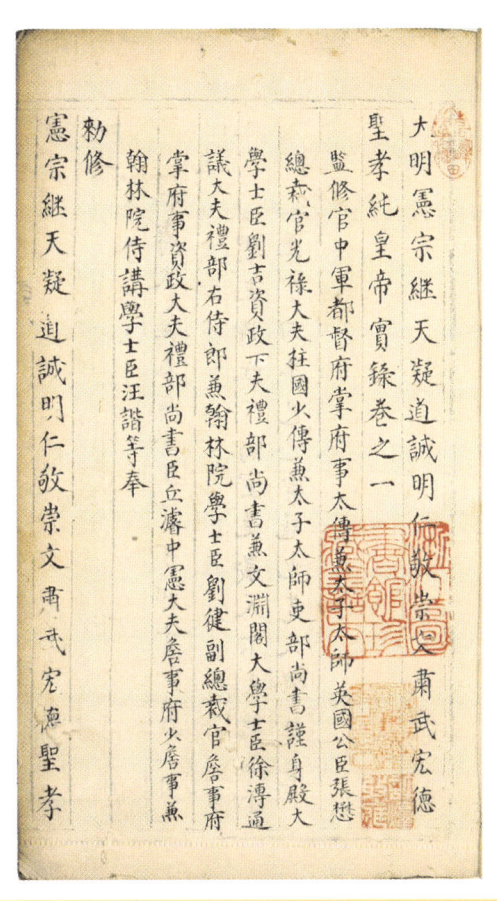

圖3-27　簡要書名題名著錄三

4.2.3 碑傳銘狀等傳記類題名著錄

凡墓誌銘、神道碑、年譜、行狀、傳略、事狀等別傳類題名，在"其他題名"中需擬題"真實姓名+文體"。這類書名中一般都無傳主的真實姓名，因此，用戶如果用傳主姓名檢索數據將無法得到結果，因此，在"其他題名"中需著錄有傳主真實姓名的題名。

例：明故戶部右侍郎贈尚書一川游公行狀一卷　明焦竑撰　大司徒游公傳一卷　明韓仲雍撰　先考少司徒一川府君行述一卷　明游元潤撰　明萬曆刻本　浙江圖書館藏

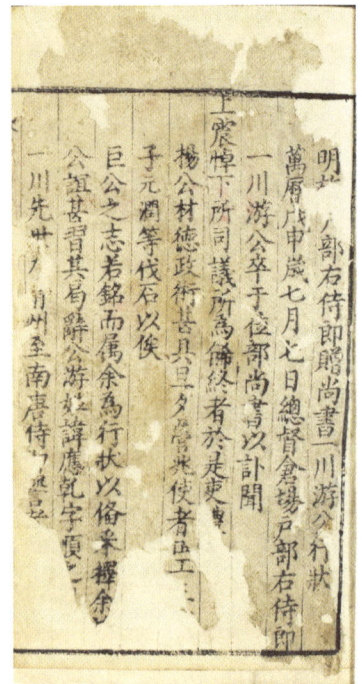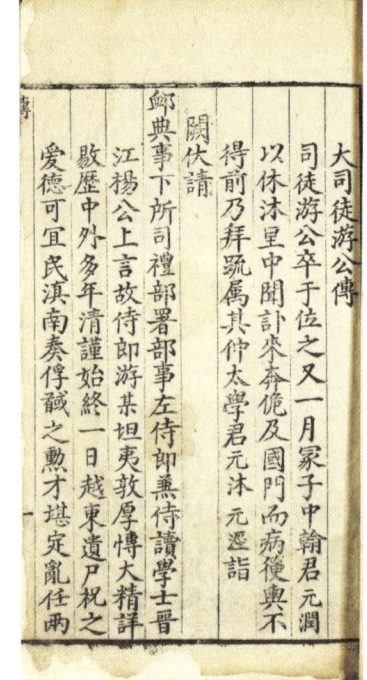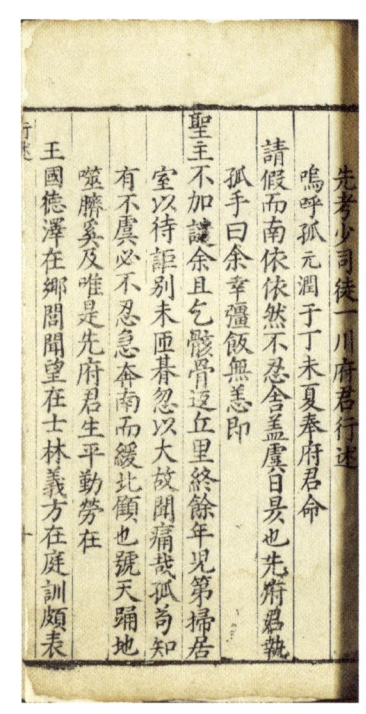

圖3-28　簡要書名題名著錄四

5. 補充題名

5.1 方志

地方志原書題名中一般都無纂修朝代，因此編目者需考訂其纂修朝代，並置於題名前，以"〔 〕"標識。如原書已有纂修年代，則照錄，無需加"〔 〕"。

例1：〔康熙〕象山縣志十六卷　清康熙三十七年刻本　浙江圖書館藏

此書卷端題名中本無"康熙"，係編目者添加，故需加"〔 〕"。

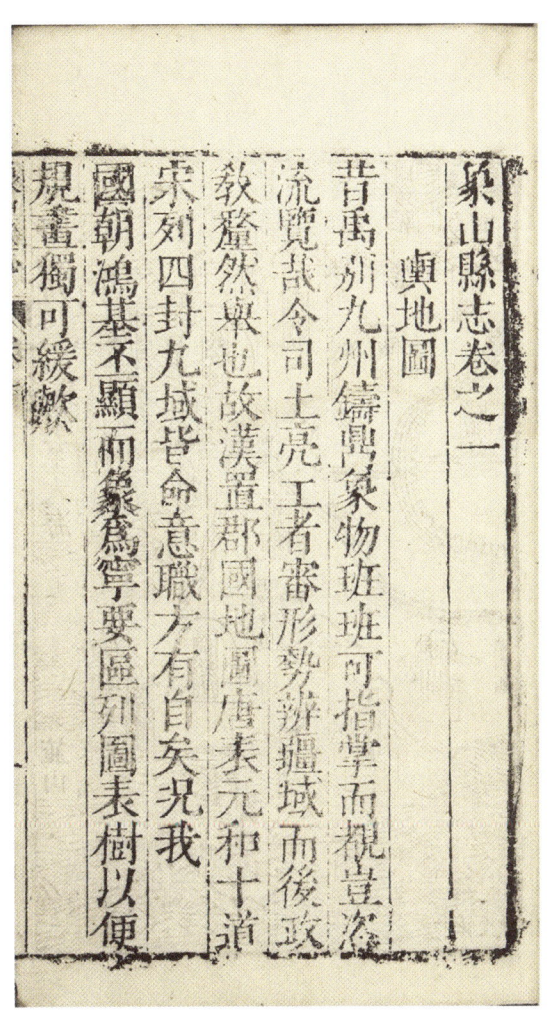

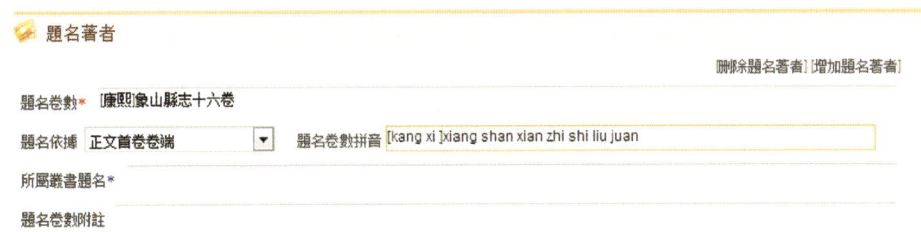

圖3-29　補充書名題名著錄一

例2：成化杭州府志六十三卷首一卷　清影抄明成化刻本　浙江圖書館藏

此書卷端題名中已有"成化"，故無需加"〔 〕"。

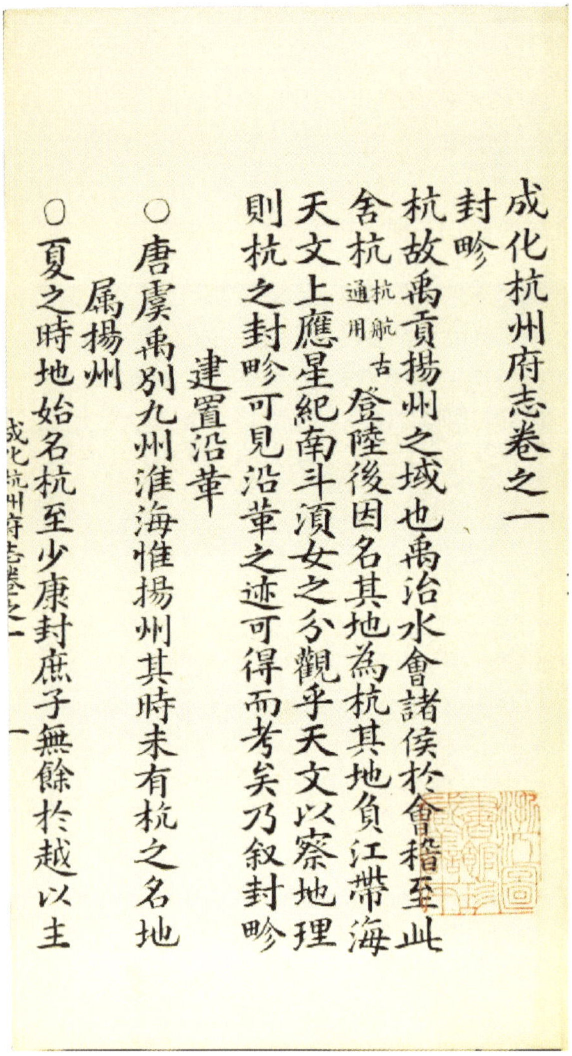

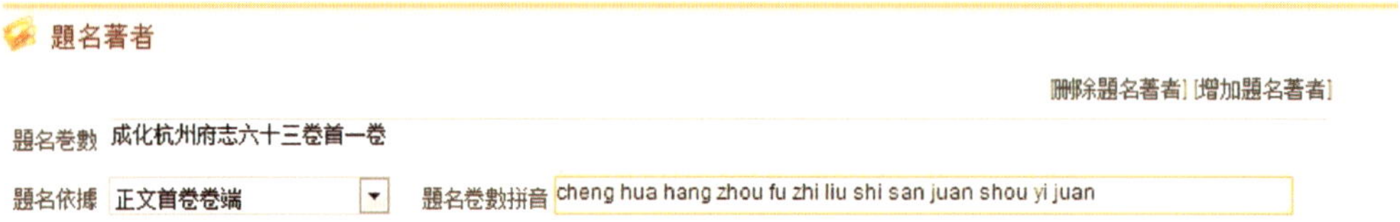

圖3-30　補充書名題名著錄二

5.2　家譜

　　家譜一類的文獻，多以一支一脈的形式修撰，譜主聚居并較穩定地生活在某一區域，帶有明顯的地域特徵。所謂"譜籍"即指譜主的居住地（縣級行政區域），譜籍地名以《清嘉慶一統志》所列地名爲準。如原書題名中已有譜籍（必須與《清嘉慶一統志》所列地名完全一致）者，則據實著錄；如原書題名中無譜籍，或有譜籍但與《清嘉慶一統志》所列地名不完全一致者，編目者應考訂其譜籍，并置於題名前，以"［　］"標識。譜籍地名著錄到省縣級區劃。

　　例：［浙江慈溪］沈氏宗譜不分卷　清沈汝魁纂修　清沈景旋續修　清光緒抄本　浙江圖書館藏

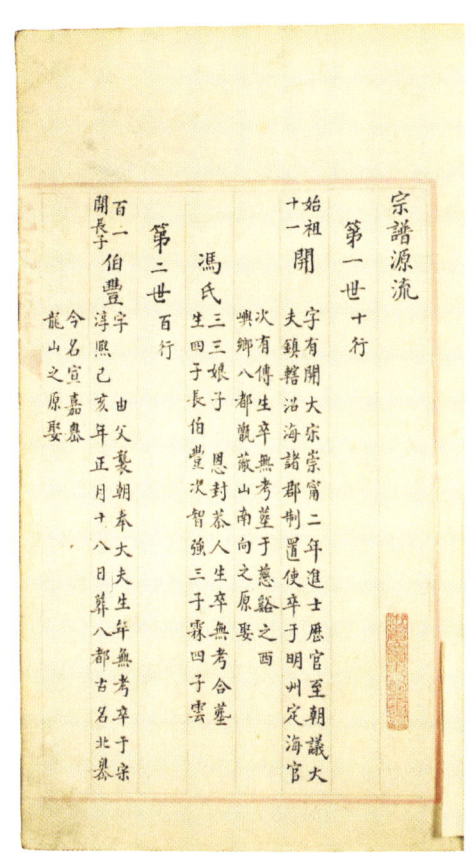

📄 題名著者

[刪除題名著者] [增加題名著者]

題名卷數* [浙江慈溪]沈氏宗譜不分卷

題名依據 版心 題名卷數拼音 [zhe jiang ci xi]shen shi zōng pu bu fen juan

所屬叢書題名*

題名卷數附註 版心上印"沈氏宗譜"。

圖3-31　補充書名題名著錄例三

5.3　登科錄、縉紳錄

登科錄、縉紳錄、名臣錄等譜錄文獻，卷端題名如無年代或地名者，編目者也應考訂其年代或地名，並置於題名前，以"〔　〕"標識。

例：〔萬曆二十三年〕浙江鄉試錄一卷

5.4　無主傳記等

個人傳記如無傳主姓名者，應考訂傳主姓名，並置於題名前，以"〔　〕"標識。

例：〔彭蘊章〕年譜一卷

5.5　日記、行紀

日記、行紀等無起訖年代者，考訂其起訖年代，並置於題名後，以"（　）"標識。日記年代依日記內容考訂，能考訂到何種程度，其起訖年代即著錄到何種程度。能精確到日則精確到日，能精確到月則精確到月，能精確到年則精確到年；如無確切年代可考，則著錄其大致時代即可。

例：權富日記不分卷（光緒二十六年至二十七年）　手稿本　浙江圖書館藏

考其內容，此日記所記爲清光緒二十六年至二十七年間事，則在其題名後以"（　）"添加。

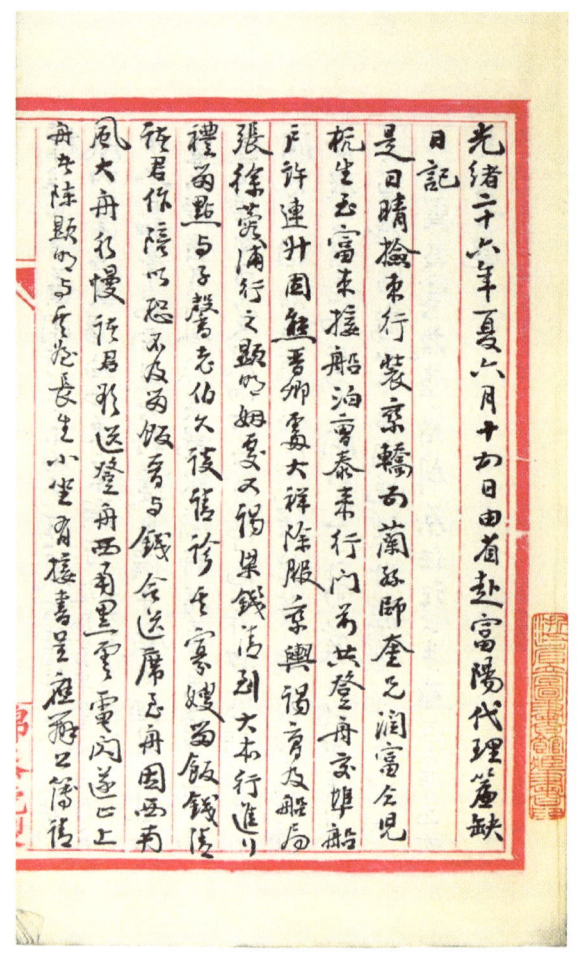

圖3-32　日記題名著錄

二、卷數

1. 原書正文前目錄如未分卷，則不予著錄，分卷者可置於全書題名卷數後。

例：資治通鑑外紀十卷目錄五卷　明刻本　浙江圖書館藏

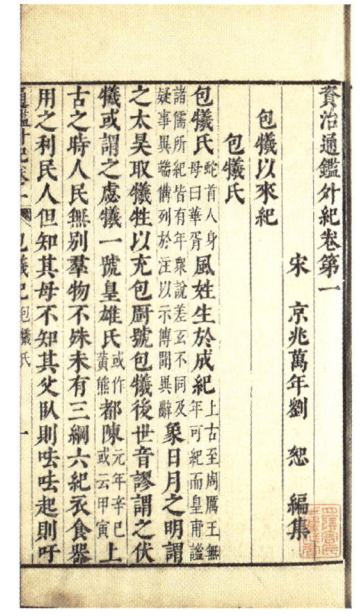
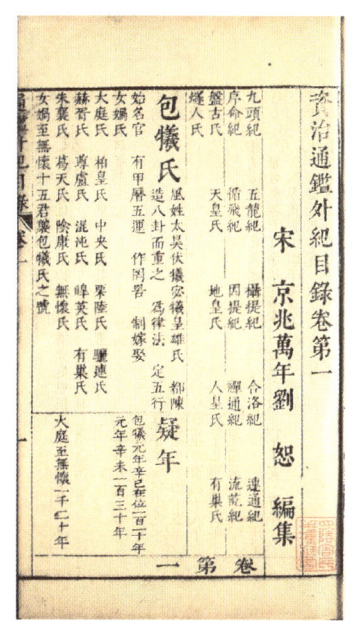

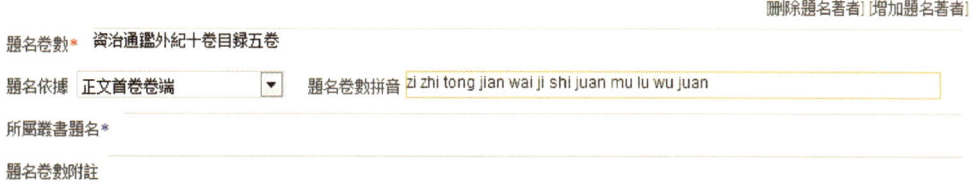

圖3-33　目錄分卷題名著錄

2. 正文首末附加內容，如原書目錄中已列卷次，或該附加部分版心刻有"卷首"、"卷末"者，應分別加以著錄；其餘內容全部不計卷數，並在"綜合附注"項中著錄。

例1：昏禮通考二十四卷首一卷　清乾隆刻本　浙江圖書館藏

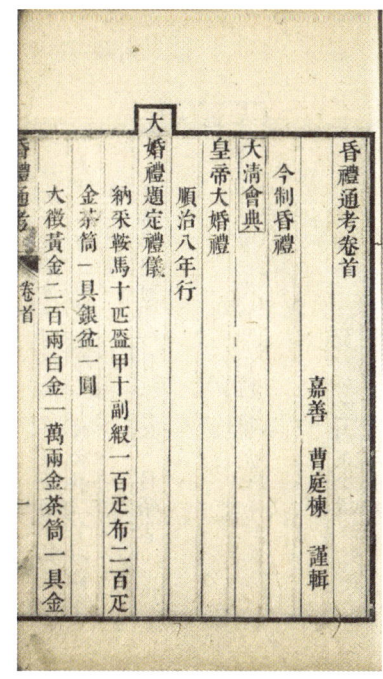
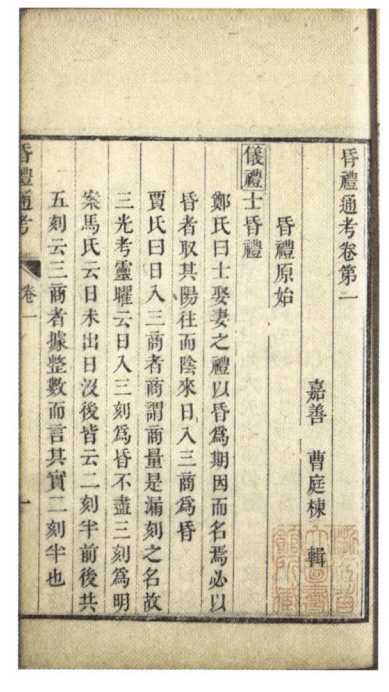

圖3-34　卷首著錄

例2：字彙十二卷首一卷末一卷韻法直圖一卷韻法橫圖一卷　明萬曆四十三年刻本　浙江圖書館藏

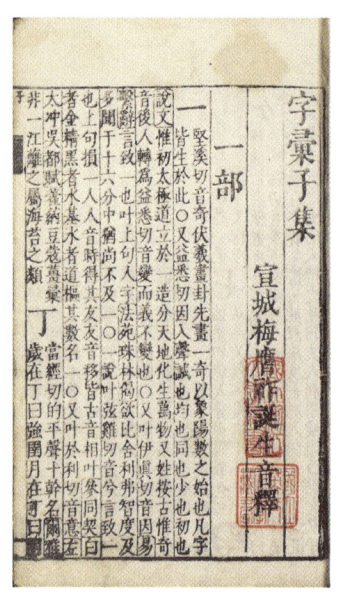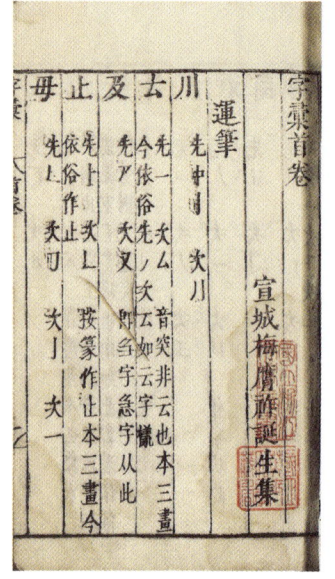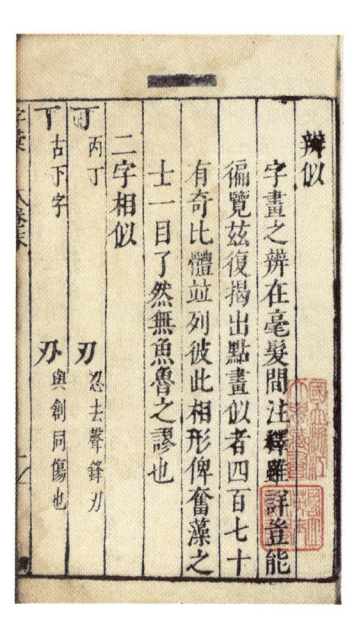

圖3-35　卷首卷末著錄

3. 正文首末附加內容成卷，版心刻有"附錄"、"附"、"考正"、"正誤"、"校記"、"年譜"、"年表"等題名，且葉碼自行起訖者，應依次照原題予以著錄；附加內容有著者可據者，也依次著錄。如每卷後僅對該卷的字句進行音義注釋者，則不予著錄。增加卷數時，應先查考《中國古籍善本書目》《中國叢書綜錄》《中國古籍總目》等著錄，盡可能與傳統著錄保持一致。

例：戰國策譚棷十卷　宋鮑彪校注　元吳師道補正　明張文爟集評　附錄一卷　明張文爟輯　明萬曆刻本　浙江圖書館藏

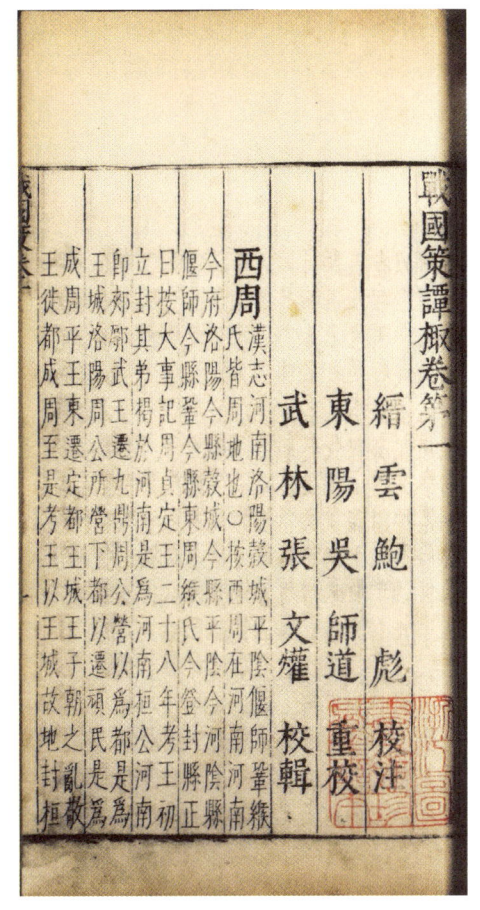

圖3-36　附錄題名著錄

4. 正文前有序跋、圖、目錄、凡例、體例、義例等内容合爲一册，如果没有明確卷數標誌，仍不能按一卷計入全書，可以在綜合附註中註明。

例：新鐫全像通俗演義隋煬帝豔史八卷四十回　明崇禎刻本　浙江圖書館藏

正文前序跋、凡例、隋豔史爵里姓氏一册，插圖二册，計三册，在綜合附註項中著録說明。

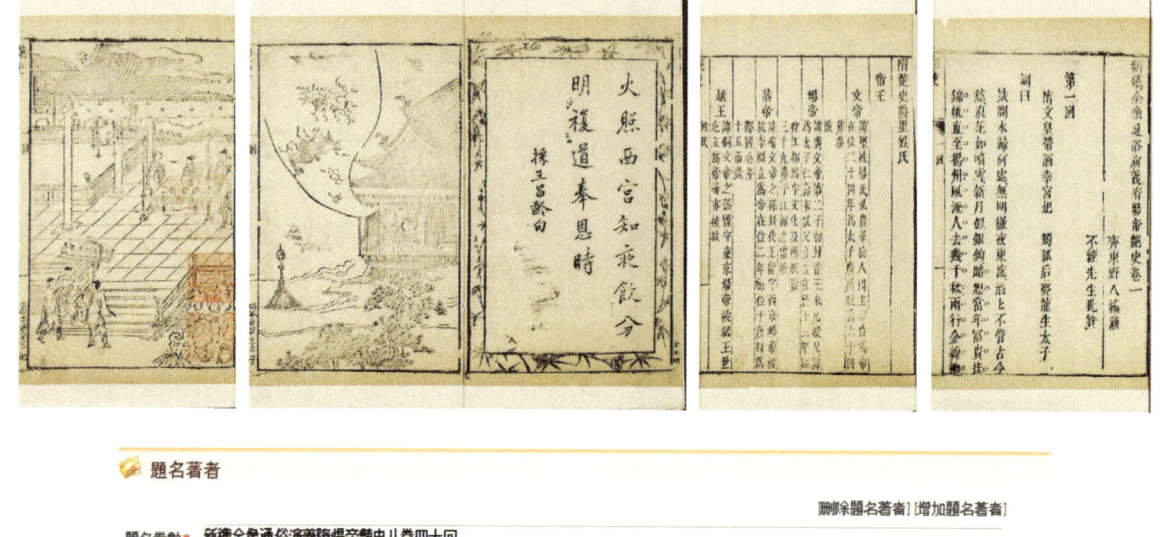

圖3-37　書前所附不計卷數著録

5. 正文中未標卷次，但内容已分爲若干部分，各部分前有大題或卷目，葉次分別起訖者，應計其卷數著録。

例：碧瀾堂集七卷　清康熙寫刻本　浙江圖書館藏

此書《浙江圖書館古籍善本書目》《中國古籍善本書目》均著録爲"不分卷"，實際上該書正文雖未標明卷次，但其内容已分爲若干部分，如五言古體、七言古體、五言近體、七言近體、五言排律、五言絕句、七言絕句等小題，前有大題"碧瀾堂集"一行，故應著録爲"碧瀾堂集七卷"。

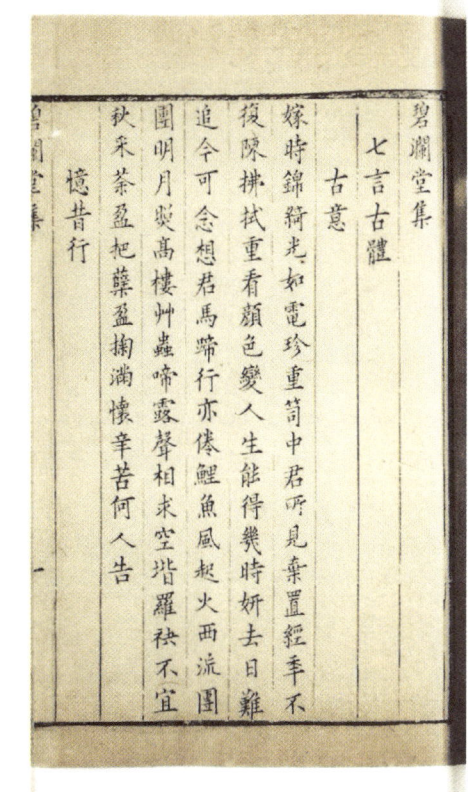
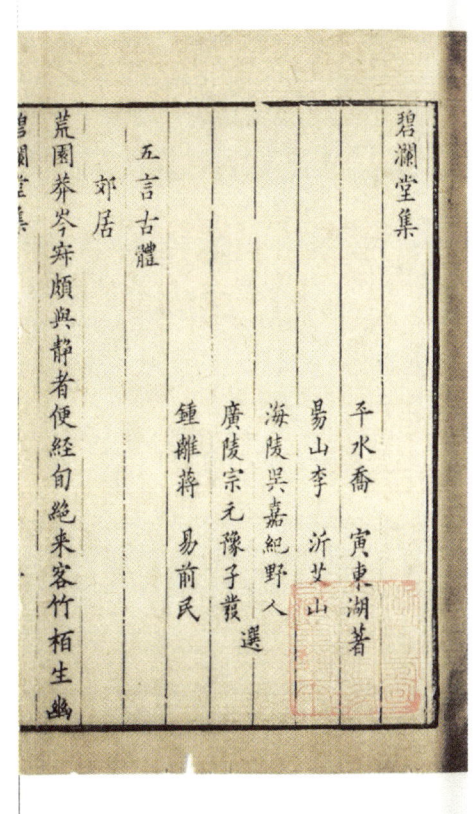

題名著者

題名卷數： 碧瀾堂集七卷
題名依據： 正文首卷卷端
題名卷數拼音： bi lan tang ji qi juan
所屬叢書題名：
題名卷數附註： 此書正文內容分爲七部分，各部分前都有卷端正題名，頁次分別起訖而未標卷次，故合計其卷數爲七卷。

其他

綜合附註： 七卷內容分別爲：五言古體、七言古體、五言近體、七言近體、五言排律、五言絕句、七言絕句。

圖3-38　以文體分卷卷數著錄

6. 正文內容完整，首有大題、末有尾題或僅有大題而獨自成書者，通常均著錄爲"一卷"。
例：尺木堂學易誌一卷　明馬權奇撰　明崇禎尺木堂刻本　浙江圖書館藏

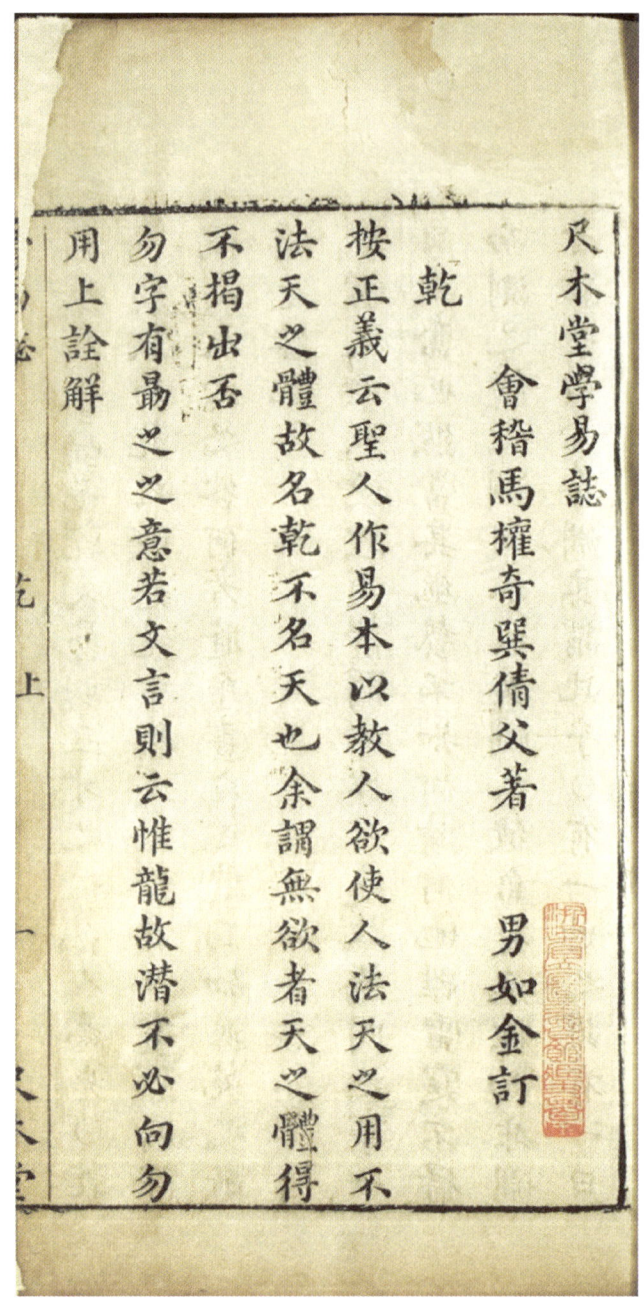

圖3-39　自爲卷數著錄

7. 章回小說、戲曲等書，同時著錄其卷數及回（章、折、齣）數。

例：琵琶記四卷四十四折　元高明撰　附錄一卷　明淩濛初刻朱墨套印本　浙江圖書館藏

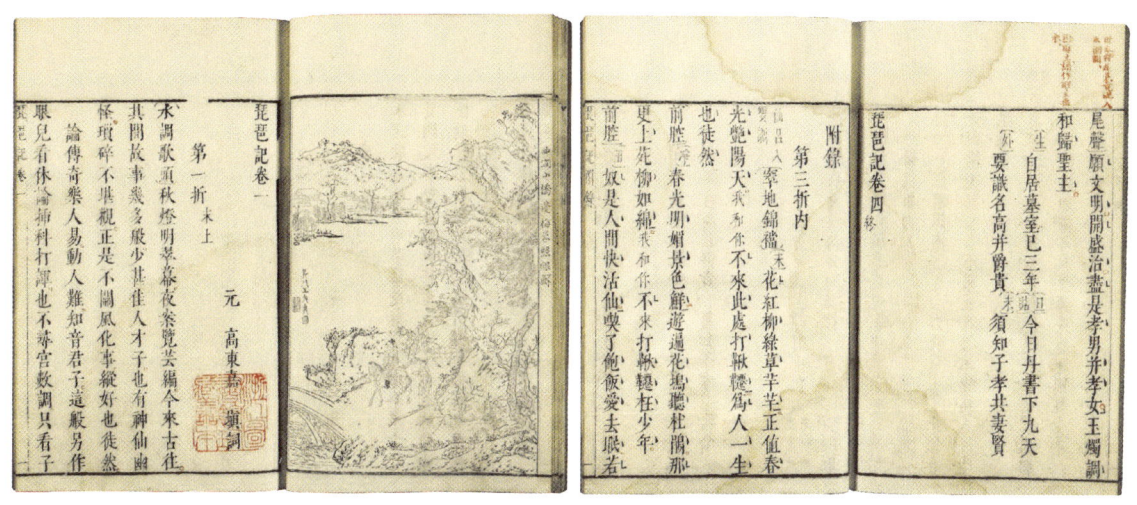

圖3-40　戲曲卷數著錄

8. 原有卷數不詳，用方框"□□"表示。

例：蒐集羣書紀載萬年壽錄□□卷　清抄本　浙江圖書館藏

此書僅存卷二，全書內容不知幾許，故總卷數以"□□"表示。

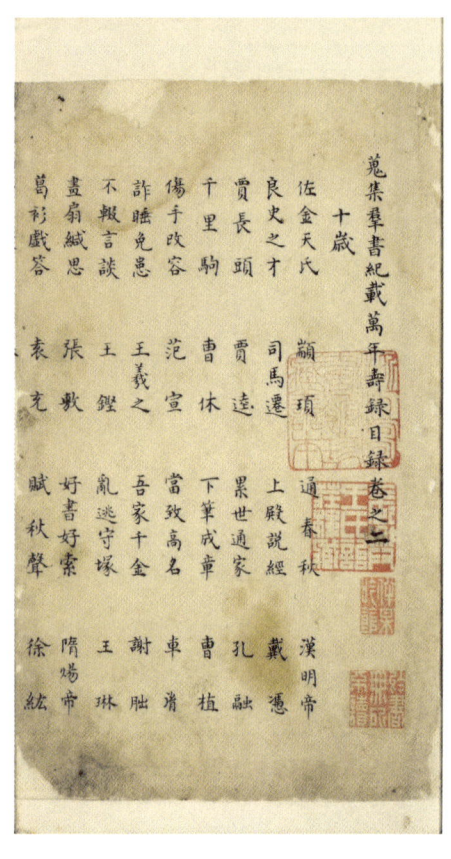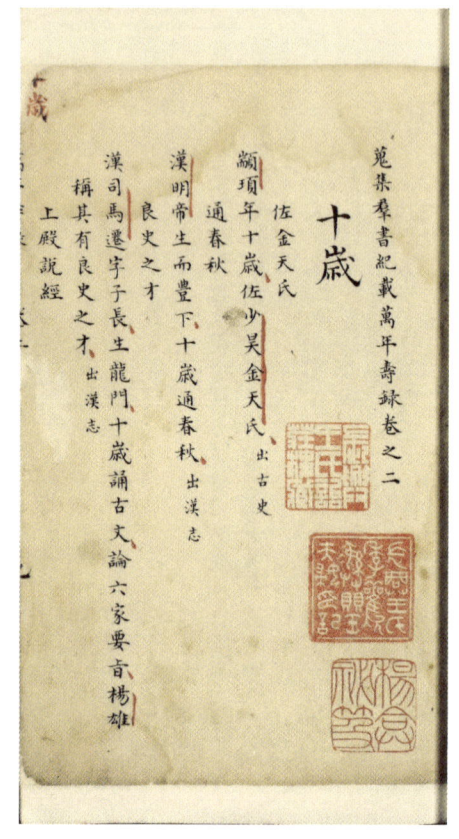

圖3-41　不詳卷數著錄

9. 原書卷次題爲上、下卷者，著錄爲"二卷"；上、中、下卷，著錄爲"三卷"；"元、亨、利、貞"、"平、上、去、入"等著錄爲四卷。一卷內又分上、下者，著錄爲"一卷"。以"集"代卷或以"篇"代卷者，仍著錄爲卷，如前《字彙十二卷》，實是分"子、丑、寅、卯、辰、巳、午、未、申、酉、戌、亥"十二集，見圖3-37例；以"集"統卷者（即若干卷歸於一集），著錄爲"××集××卷"，並在附注項予以說明；以"篇"代卷者，仍著錄爲"卷"；以"篇"統卷者（即若干卷歸於一篇），著錄爲"××篇××卷"。

例1：爾雅三卷　清刻本　浙江圖書館藏

此書卷端題上、中、下卷，著錄爲三卷。

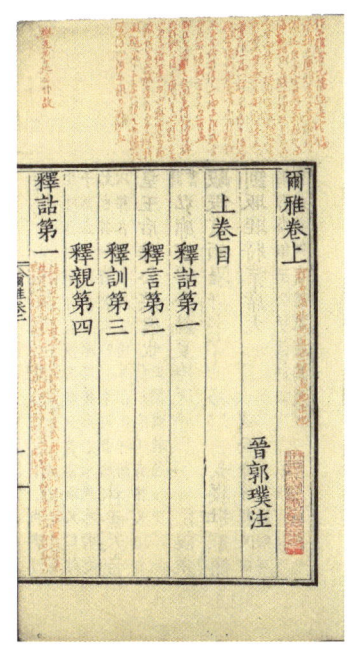 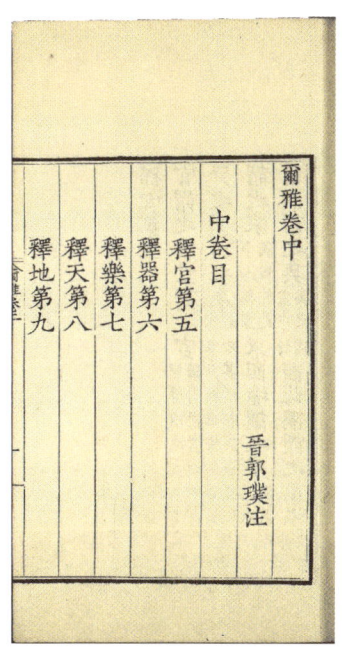 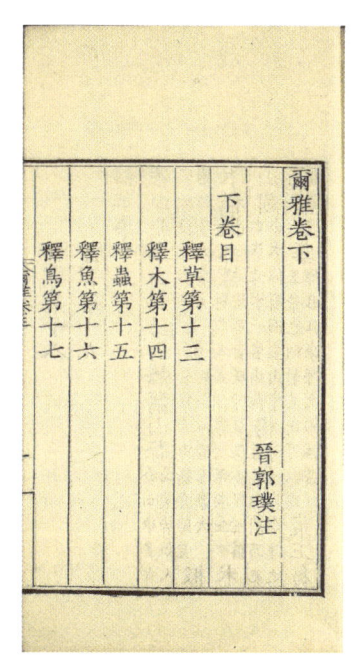

圖3-42　特殊分卷卷數著錄一

例2：詞林逸響四卷　明許宇輯　明天啓三年刻本　浙江圖書館藏

此書卷端不題卷次，以"風""花""雪""月"四集爲次，則題名卷數著錄爲四卷，並在附注項說明。

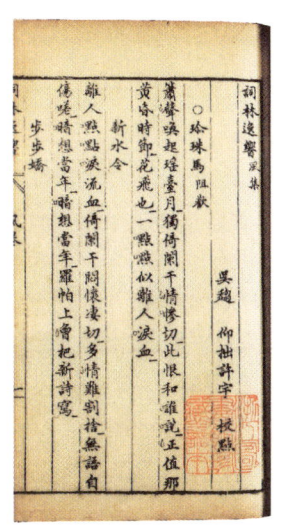 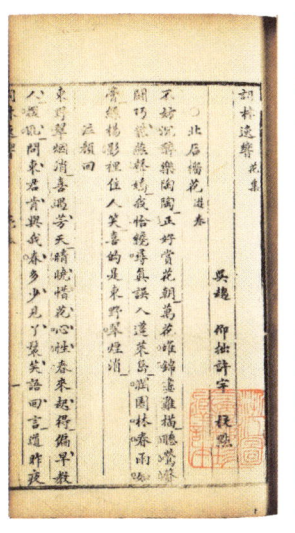 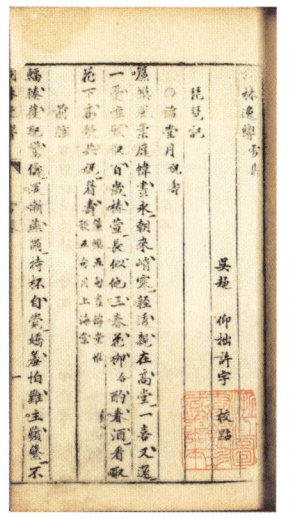 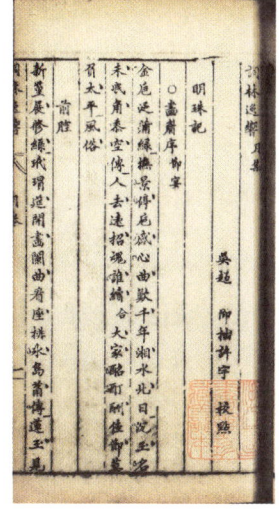

題名著者

[刪除題名著者] [增加題名著者]

題名卷數* 詞林逸響四卷

題名依據 正文首卷卷端　題名卷數拼音 ci lin yi xiang si juan

所屬叢書題名*

題名卷數附註 卷端分別標“風集”、“花集”、“雪集”、“月集”。

圖3-43　特殊分卷卷數著錄二

例3：康熙字典十二集三十六卷總目一卷檢字一卷辨似一卷補遺一卷備考一卷等韻一卷　清康熙内府刻本　浙江圖書館藏

此書以十二地支“子、丑、寅、卯、辰、巳、午、未、申、酉、戌、亥”統卷，又於每一集内分“上、中、下”三卷，故卷數著錄爲“十二集三十六卷”。

例4：金罍子上篇二十卷中篇十二卷下篇十二卷　明萬曆三十四年陈昱刻本　紹興圖書館藏

10.“兩卷”著錄爲“二卷”，“一十五卷”著錄爲“十五卷”，“一百零七卷”著錄爲“一百七卷”。

11.正文或正文以外部分所題卷數與目錄所題卷數不符，目錄等處又未注明原因，以正文或正文以外部分所題卷數著錄，并在附注項中說明。

例：大清律例通考四十卷　清吴壇纂　清光緒刻本

此書目錄題三十九卷，實際有四十卷，卷數按實際情況著錄。

題名著者

[刪除題名著者] [增加題名著者]

題名卷數* 大清律例通考四十卷

題名依據 正文首卷卷端　題名卷數拼音 da qing lv li tong kao si shi juan

所屬叢書題名*

題名卷數附註 總目題爲三十九卷，實際有四十卷，據實際情況著錄。

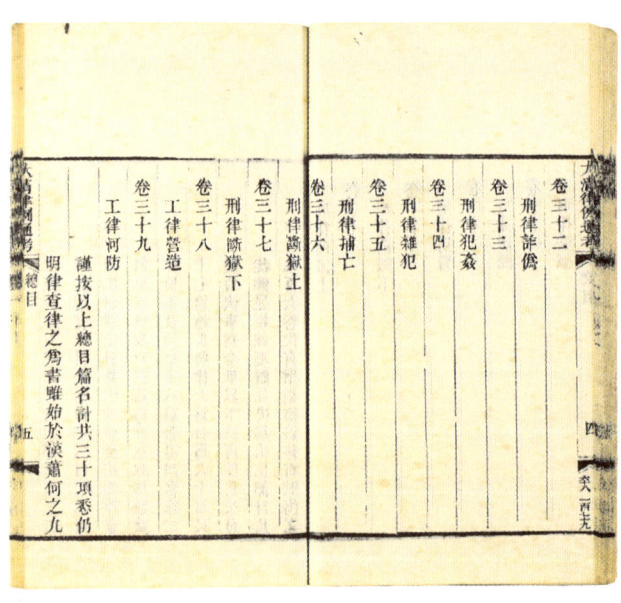

圖3-44　目錄卷數與正文不同者

12. 新學書籍卷數著錄

新學類書籍，如已有明確分卷者，客觀著錄。如無明確分卷，而以編、章、節組織內容者，則著錄至章，如×××三編十二章，章以下組織不著錄。如以"講"、"課"、"篇"、"部"等組織的，可著錄爲不分卷。如無任何分析，渾然一部者，可著錄爲不分卷。

13. 原缺卷著錄

目錄在有關卷次下注明"待刻"、"嗣出"、"原缺（闕）"等字樣的，依目錄所題卷數著錄，在附注中說明，并在"卷數統計"欄"原缺卷數"中體現（詳見本章第六節）。

例：皇明史概一百二十一卷　明朱國禎輯　明崇禎刻本　浙江圖書館藏

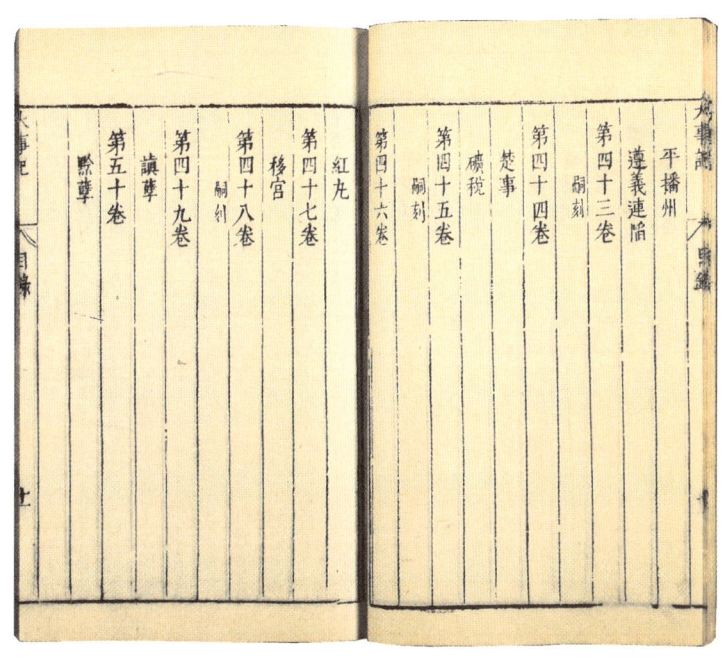

圖3-45　原缺卷卷數著錄

14. 平臺中題名、著者字段會自動生成拼音，部分漢字屬多音字，平臺自動生成的拼音不一定與所著錄的漢字在該語境下的含義相符，須手動進行修改。

多音字	平臺生成拼音	正確拼音
傳（"易傳"、"列傳"、"評傳"等）	chuan	zhuan
校（"校勘"、"校正"等）	xiao	jiao
率（"真率先生"）	lv	shuai
省（"黃省曾"）	sheng	xing
說	shui	shuo
沈	chen	shen
曾（姓名）	ceng	zeng
什（姓名）	shen	shi
般若（佛教用語）	ban ruo	bo re
樂（地名）	yue	le
仇（姓氏）	chou	qiu
阿（姓名）	a	e
史䲰（書名）	wei	xi
曝書亭（地名）	bao	pu
脩	tiao	xiu
蒐	hui	sou
行（文體、書名）狀	hang	xing
訥（人名）	na	ne
賁（姓名）	bi	ben
銑（人名）	xi	xian
偲（人名）	cai	si
才調（書名）	tiao	diao
不著（著作方式）撰人	zhao	zhu
繆（姓氏）	miu	miao
稚（人名）	ti	zhi

第五節　著者

一、朝代／國別

1. 中國
1.1　各代
著者朝代一般以卒年爲斷，著者朝代按下列名稱著錄於著者姓名前，先秦諸子時代參照傳統著錄：

西周，春秋，戰國，秦，漢，三國魏、三國蜀、三國吳，晉，南朝宋、齊、梁、陳，北魏、東魏、西魏、北齊、北周，隋，唐，五代，宋，遼，西夏，金，蒙古，元，明，清，民國。

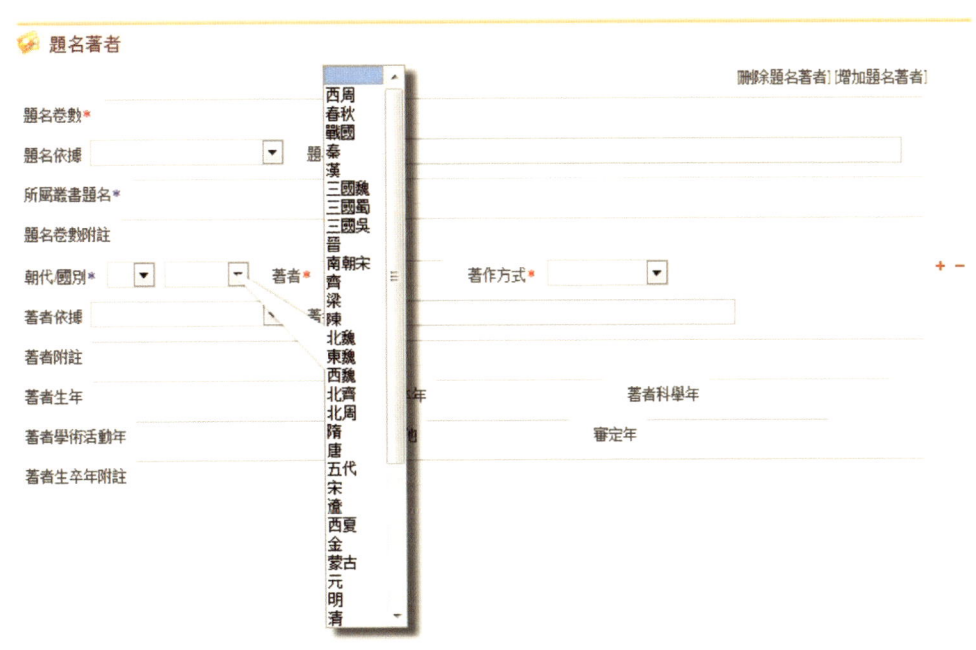

圖3-46　普查平臺"朝代／國別"字段著錄

1.2　跨朝代
跨朝代著者之朝代（如宋末元初、元末明初、明末清初、清末民國初等），可參考其生平活動（出仕與否等）、成書年代及傳統著錄確定。

如文天祥朝代作宋，張煌言、來集之等朝代作明，錢謙益、吳偉業等朝代作清。

2. 外國
外國著者不著錄朝代，只著錄現行國別名稱，原文卷端所題國別名稱在著者附注項一併照錄。

例：清史攬要六卷　日本增田貢著

防海新論十八卷　德國希理哈撰　英國傅蘭雅口譯　清華蘅芳筆述

3. 如平臺所提供的"朝代／國別"選項無法滿足所需，則選擇"其他"選項，用戶可自行填寫

4. 題（著者前）

4.1 偽書或著者偽託者，在朝代前加"題"字。

"偽書"多指假借他人之名而著之書。偽書的歷史十分悠久，自先秦以來，即有"託古傳道"、"假名傳學"之作問世。《四庫全書總目》卷一百"將苑提要"概括道："宋以來兵家之書多託於亮，明以來術數之書多託於劉基。"有關偽書，可參閱張心澂編著《偽書通考》，鄭良樹編著《續偽書通考》，劉建國著《先秦偽書辨正》，鄧瑞全、王冠英編著《中國偽書綜考》。

例：孔子家語十卷　題三國魏王肅注

關氏易傳一卷　題後魏關朗撰　唐趙蕤注

觀象玩占五十卷　題唐李淳風撰

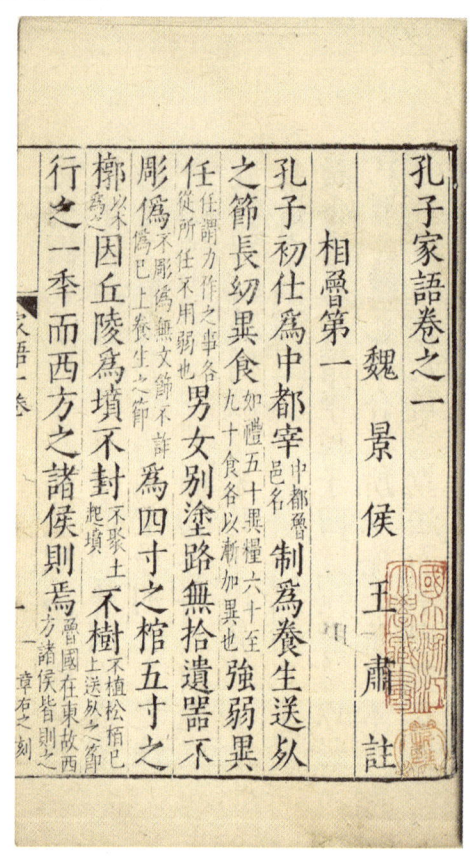

圖3-47　偽書著者著錄

4.2 　如僅知著者字號，無法確知其真實姓名者，不加"題"字。

例：杭城辛酉紀事詩一卷　清錢塘東郭子、武林蒿目生撰　清同治六年潁川星榆氏抄本

此書序末題"錢塘東郭子、武林蒿目生合著"，東郭子、蒿目生真實姓名無法考證，但非僞託之書，故朝代前不加"題"字。

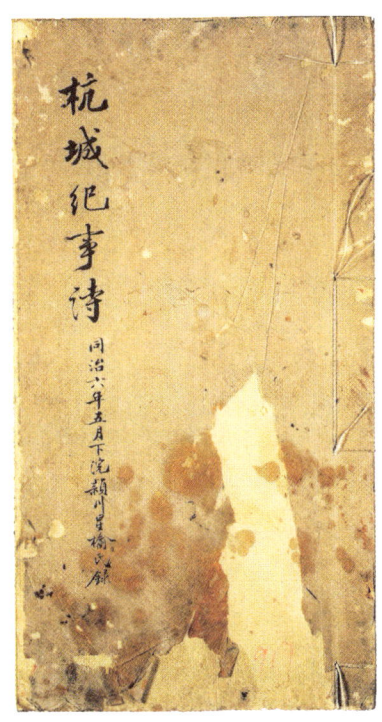
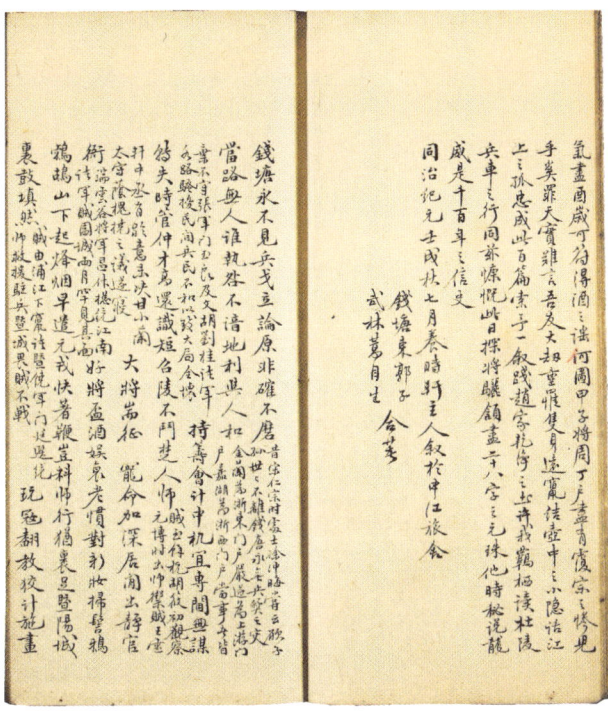

圖3-48　著錄字號著者著錄

二、補充說明

1. 正文卷端所列著者皆需著錄

有些遞修增補之書，正文卷端所列著者，不論何種著述方式，皆需照實著錄。

例1：南潯鎮志十二卷首一卷　稿本　杭州圖書館藏

此書卷端著者項有"吳江潘爾夔原編陳可升、張鴻寓續輯樂清夏光遠增輯裘莊方熊、方燾增訂梅林董肇鏗糸訂"，此書當爲董肇鏗稿本，而乾隆間方氏兄弟及董氏均輯有《南潯鎮志》，若不全著錄，則此稿著者究竟屬誰，是無法知道的。

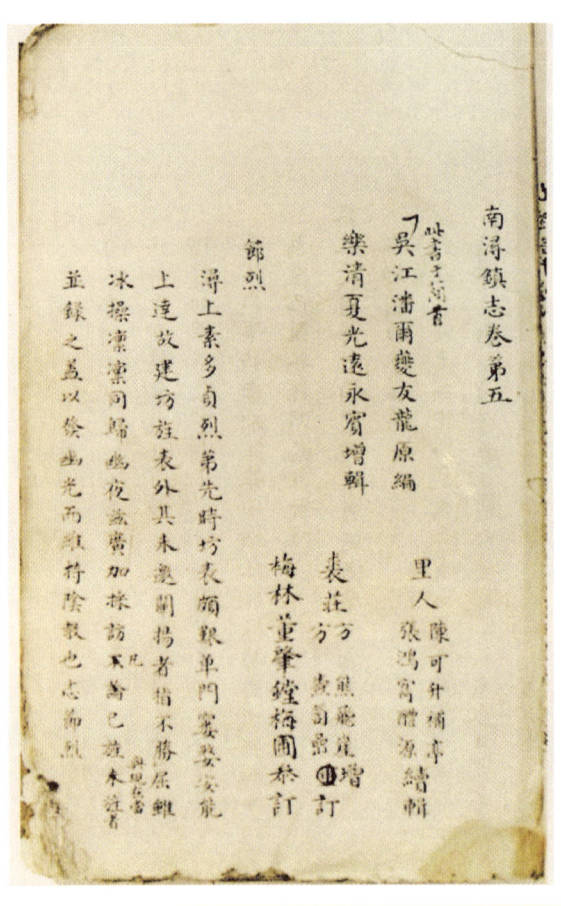

圖3-49　正文卷端著者全著錄一

例2：大佛頂如來密因修證了義諸菩薩萬行首楞嚴經十卷　唐釋般剌密帝譯　唐釋彌伽釋迦譯語　唐房融筆授　明楊起元泐　明凌毓枏校　明凌毓枏刻朱墨套印本　浙江圖書館藏

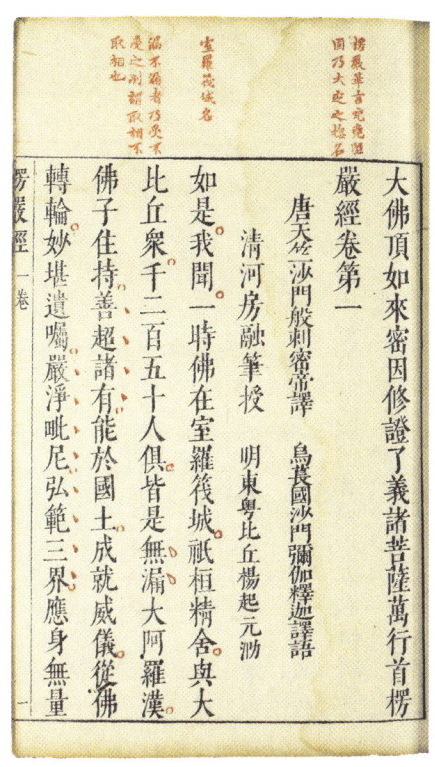
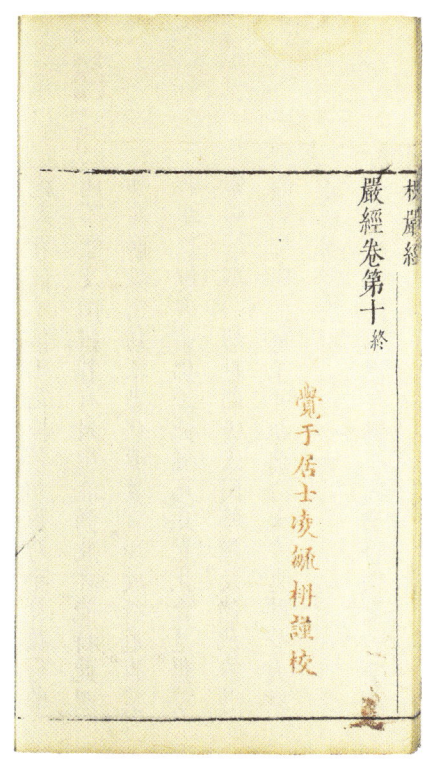

圖3-50　正文卷端著者全著錄二

2. 原著者先著錄

前四史、先秦諸子、曹植、陶淵明、李白、杜甫、蘇軾等傳統經典著述，在後世多有注釋之書，因爲著錄排序一般置於原著之後，故在著錄著者時需將原著者先行著錄，然後按卷端順序依次著錄不同加工者。

例1：史記一百三十卷　漢司馬遷撰　南朝宋裴駰集解　唐司馬貞索隱　唐張守節正義　明黃嘉惠輯評　明黃嘉惠刻本　浙江圖書館藏

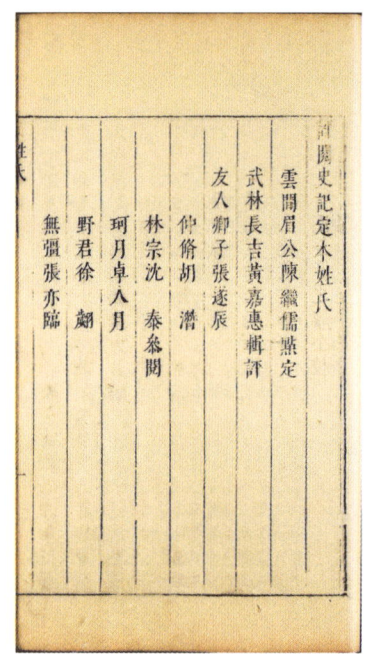
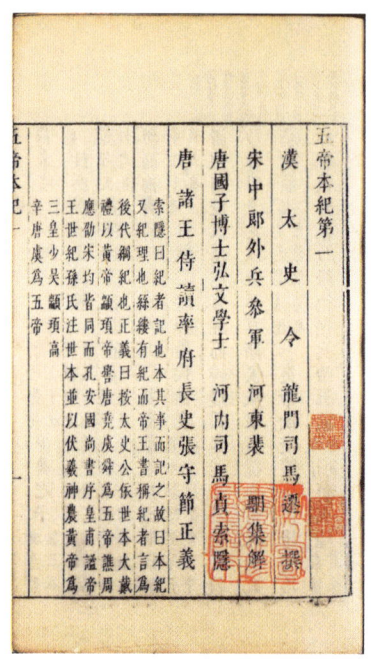

圖3-51　原著者與加工者著錄一

例2：增廣註釋音辯唐柳先生集四十三卷別集二卷外集二卷　唐柳宗元撰　宋童宗說注釋　宋張敦頤音辯　宋潘緯音義　附錄一卷　明正統十三年善敬堂刻本　浙江圖書館藏

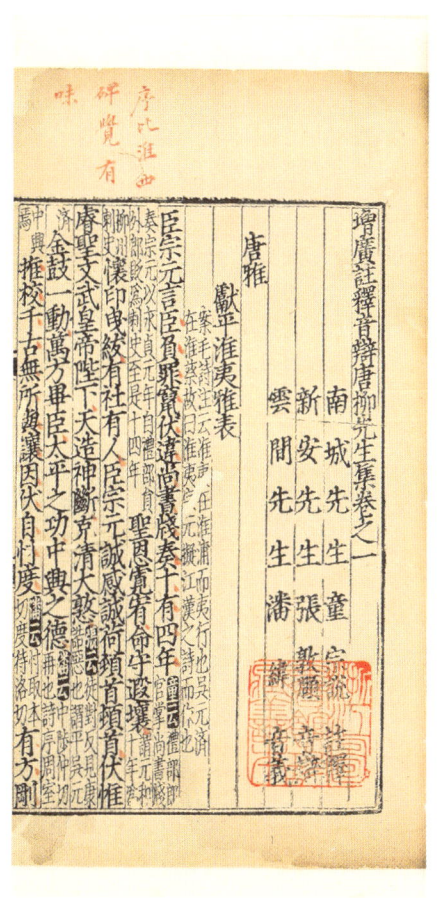

圖3-52　原著者與加工者著錄二

3. 著者以字、號、別名行世者著錄

如著者以字、號、別名等行，則客觀著錄其字、號、別名；如能考證其規範姓名，則緊跟其字、號、別名等後著錄其規範姓名，以"（）"標識，再在"著者附註"項中進行注釋。

例：周易注三卷　漢鄭玄注　唐陸德明音義　清嘉慶十一年張青選清芬閣刻本　浙江圖書館藏

此書卷端題"鄭康成注"，著者項著錄爲"鄭康成（鄭玄）"，在"著者附註"中說明："鄭玄字康成。"

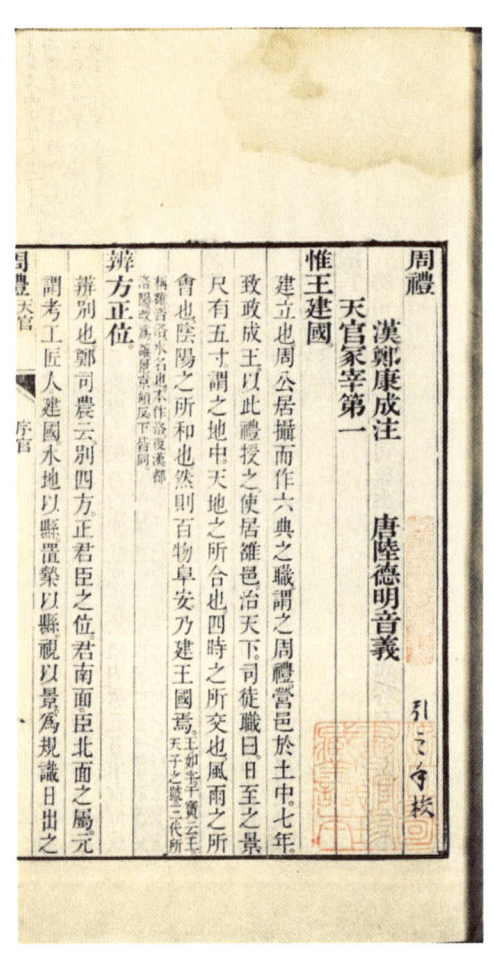

圖3-53　以別名、字、號行世著者著錄

4. 著者郡望、籍貫及字、號著錄

正文卷端所題著者郡望、籍貫及姓名以外的字、號、別名等，普查平臺字段中不要求著錄，但須在著者附注項中注明。

例：丹鉛總錄二十七卷　明楊慎著集　明嘉靖梁佐刻本　浙江圖書館藏

此書卷端題"博南山人升菴楊慎用修著集"，著者項只著錄"楊慎"，在"著者附注"中著錄卷端原題。

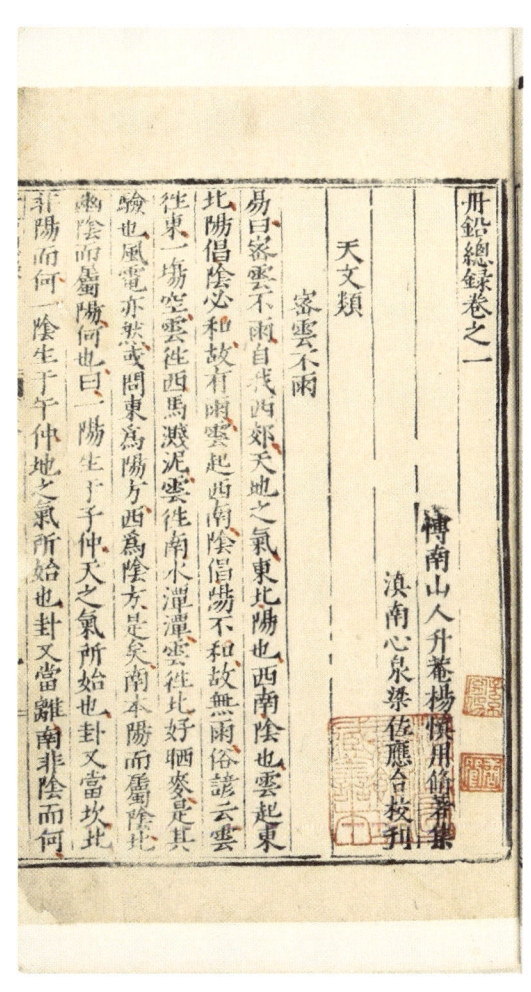

圖3-54　著者郡望、籍貫、字、號附注

5. 省略姓氏者

著者後裔整理先人著述或家族譜纂輯等，多省略姓氏，著錄時應將著者姓氏補充完整。

例：劍南詩鈔六卷　宋陸游著　清楊大鶴選　清楊玉較　清康熙二十四年刻本　紹興圖書館藏

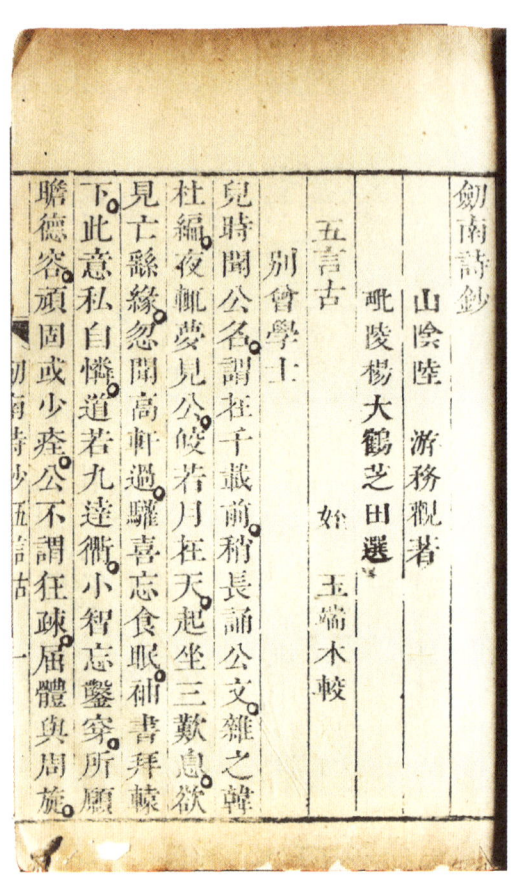

圖3-55　著者姓氏省略補全著錄

6. 官修書著者

歷代官修之書，著者依原書所題機構名稱著錄；如原書未題修書機構且難以考證者，著者項從省。

例：農桑輯要七卷　元司農司撰　清刻本　嘉興市圖書館藏

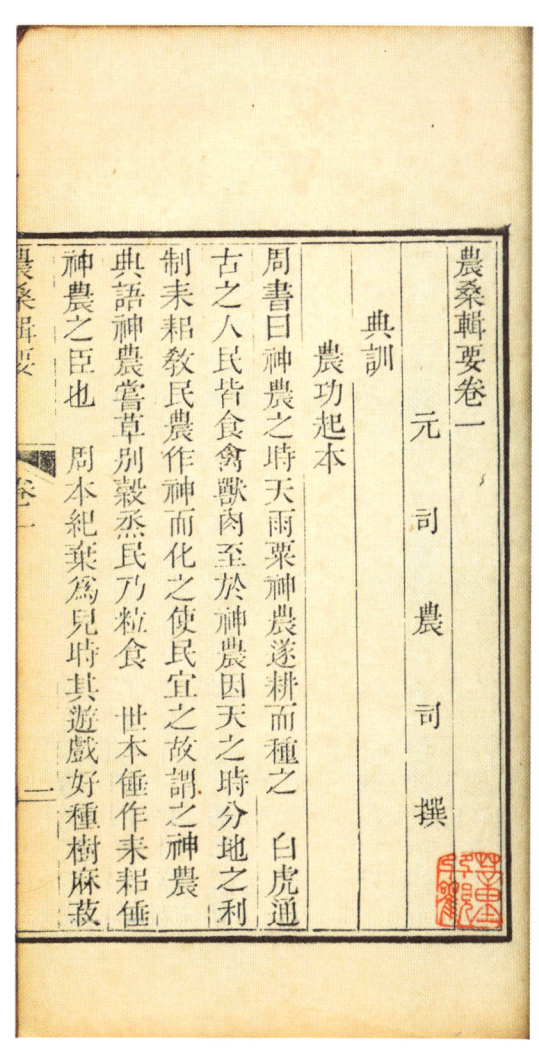

圖3-56　官修書著者著錄

7. 欽定書著者

"欽定"、"御選"、"御纂"等名義上皇帝修纂之書，著者項應著錄實際主持修纂人姓名。

例：御纂春秋直解十二卷　清傅恒等撰　清乾隆刻本　浙江圖書館藏

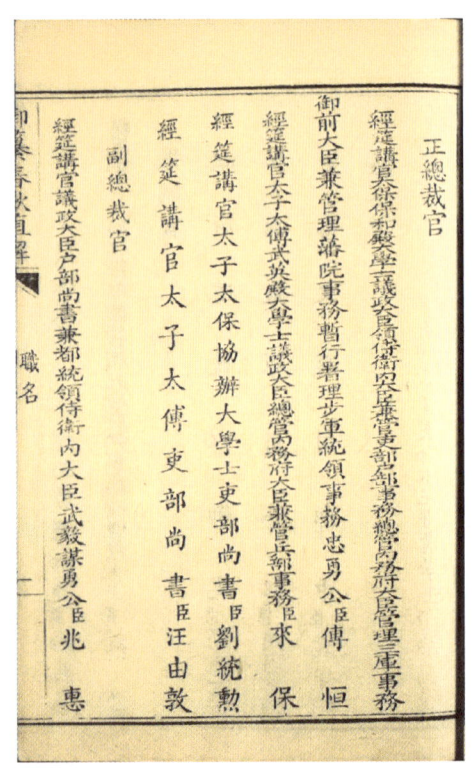
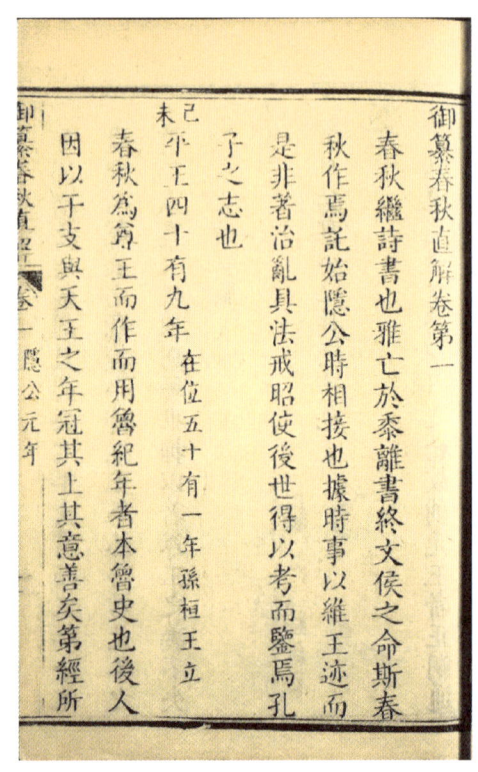

圖3-57　欽定書著者著錄

8. 帝后著述

帝王或后妃著述，著者姓名前需加廟號或諡號。

例：御製避暑山莊詩二卷　清聖祖玄燁撰　清揆叙等注　清康熙五十一年內府刻滿漢文朱墨套印本

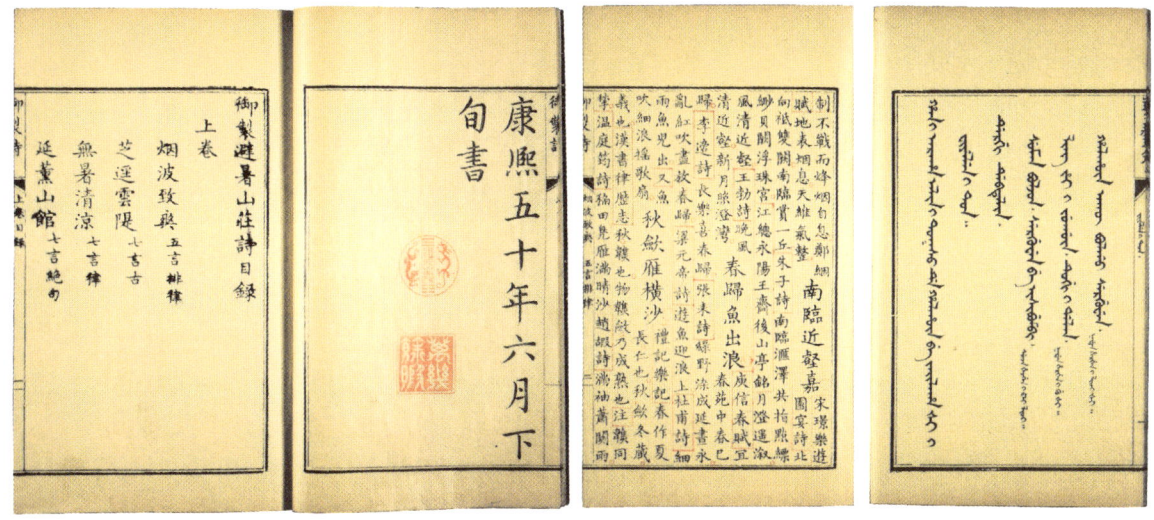

圖3-58　帝后著述著者著錄

9. 藩爵著述

藩王或有封爵者著述，原書如不題姓名，需考證其規範姓名後予以著錄，並在附注項說明。

例：通鑑博論三卷　明寧王（朱權）編　明萬曆十四年內府刻本　浙江圖書館藏

原書卷端著者題"寧王奉勅編"。據《明史》卷一百十七載，朱權係明太祖朱元璋第十七子，洪武二十四年封爲寧王，"嘗奉勅輯《通鑑博論》"。著者項應以"寧王（朱權）"著錄，而非照錄原書所題封爵名。

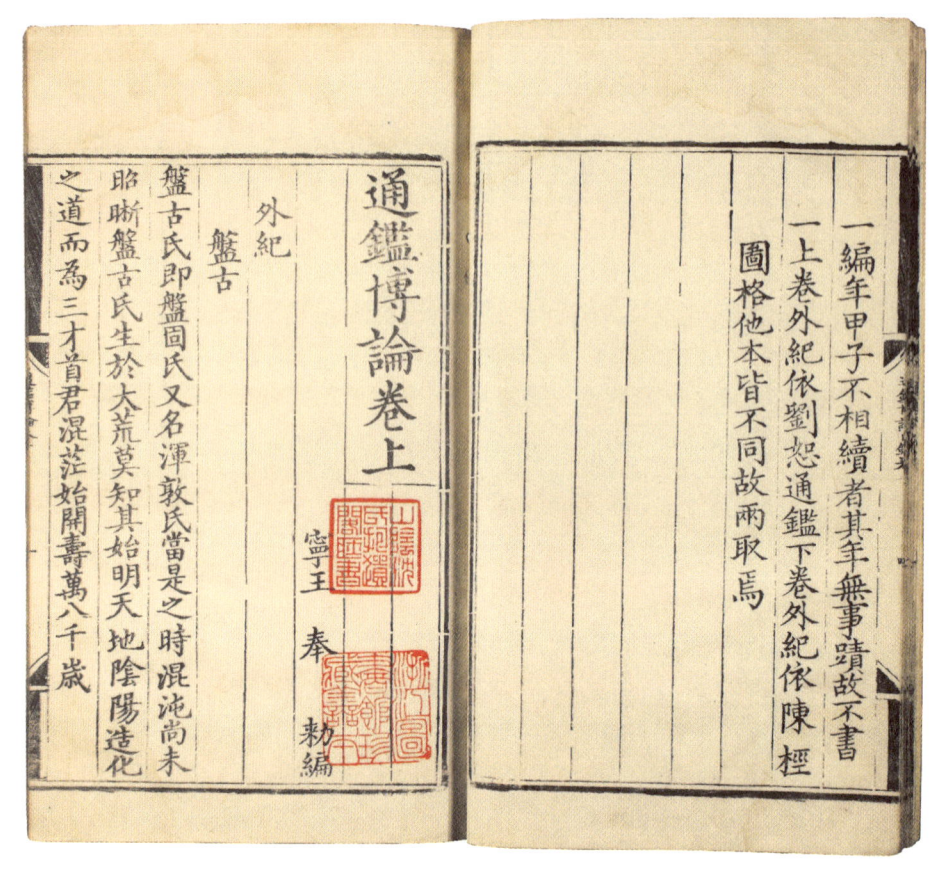

圖3-59　藩王著述著者著錄

10. 女性著述

女性著述，著錄本人姓名，不冠夫姓，並在著者附注項中注明"女"字。

例：漱玉詞一卷　宋李清照撰

戊寅草一卷　清柳如是撰

11. 僧尼著述

僧人著述著者著錄其法名，並在法名前冠以"釋"字。

例：十住毗婆沙論十七卷　後秦釋鳩摩羅什譯　元杭州路餘杭大普寧寺刻普寧藏本　存卷五　杭州圖書館藏

圖3-60　僧人著述著者著錄

12. 佚名／不著撰者

如一書未題著者，或歷代流傳之作而著者不可考者，著者項填寫"不著撰者"；如原書卷端或者其他地方題有"佚名"，則著者項著錄爲"佚名"。若能根據書本信息考知其時代則著錄爲"清佚名"、"明佚名"等。

13. 多人合著者

13.1　一書由兩人或三人合著、且著作方式相同者，則所有著者姓名著錄在同一個著者著錄字段中，姓名間加頓號間隔；若著作方式不同，則分別著錄，通過點擊該字段右上角"+"增加著錄。

例1：戰國策十二卷　明陳仁錫、鍾惺評　明末刻本　浙江圖書館藏

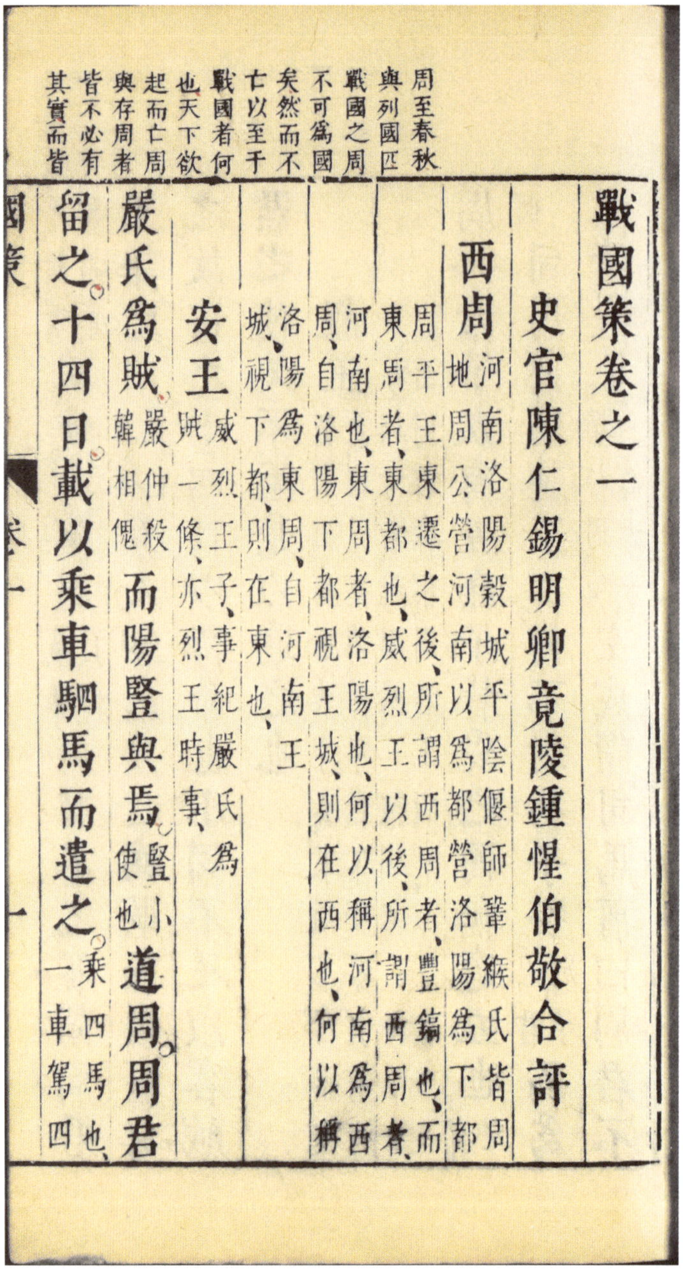
周至春秋與列國匹戰國之周不可爲國矣然而不亡以至于戰國者何也天下欲起而亡周與存周者皆不必有其實而皆

戰國策卷之一

史官陳仁錫明卿竟陵鍾惺伯敬合評

西周 河南洛陽穀城平陰偃師鞏緱氏皆周地周公營河南以爲都營洛陽爲下都周平王東遷之後、所謂西周者、豐鎬也、而東周者、東都也、威烈王以後、所謂西周者、河南也、東周者、洛陽也、何以稱河南爲西周、自洛陽下都視王城、則在西也、何以稱洛陽爲東周、自河南王城、視下都、則在東也、

安王 威烈王子事紀嚴氏爲一條、亦烈王時事、

嚴氏爲賊 嚴仲殺韓相傀 而陽豎與焉 豎小使也 道周周君留之十四日載以乘車駟馬而遺之 乘四馬也、一車駕四

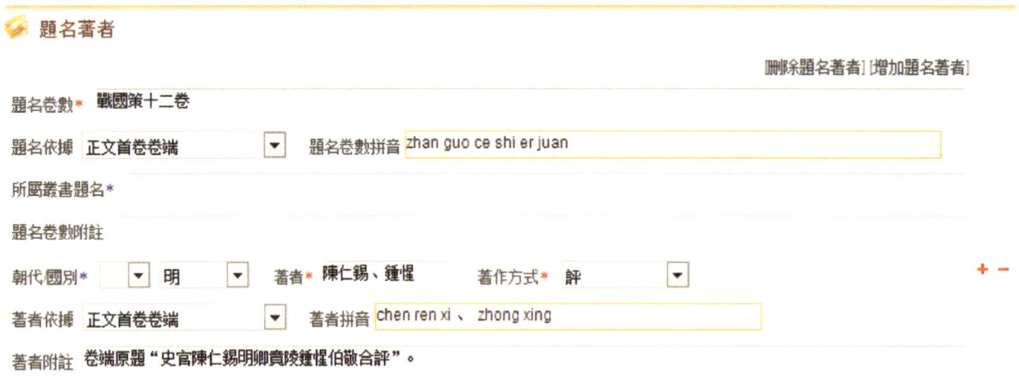
題名著者

[刪除題名著者] [增加題名著者]

題名卷數* 戰國策十二卷

題名依據 正文首卷卷端 題名卷數拼音 zhan guo ce shi er juan

所屬叢書題名*

題名卷數附註

朝代國別* 明 著者* 陳仁錫、鍾惺 著作方式* 評 + −

著者依據 正文首卷卷端 著者拼音 chen ren xi 、 zhong xing

著者附註 卷端原題“史官陳仁錫明卿竟陵鍾惺伯敬合評”。

圖3-61 多個著者著錄一

例2：中書典故彙紀八卷　清王正功輯　清趙輯寧校補　稿本　浙江圖書館藏

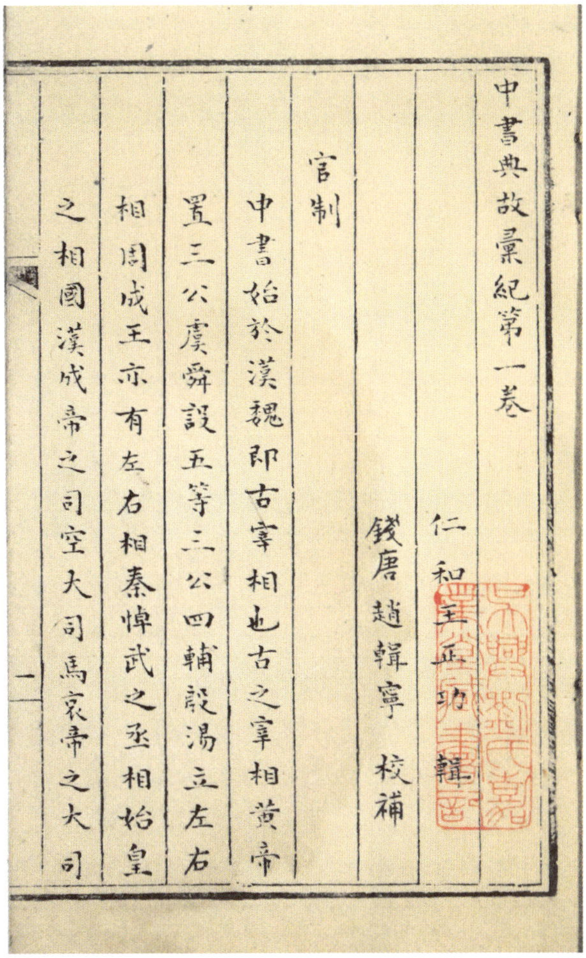

圖3-62　多個著者著錄二

13.2 三人以上合著之書，如朝代、著作方式相同，可只著錄第一個著者，後加"等"，其餘著者省略。

例：詩經大全二十卷綱領一卷圖一卷　明胡廣等輯　詩序辨說一卷　宋朱熹撰　明嘉靖元年建寧書戶劉輝刻本　浙江圖書館藏

此書《詩經大全》二十卷由翰林院學士胡廣、侍講楊榮、金幼孜、修撰蕭時中、陳循等集體編纂，其著者只需著錄胡廣一人即可，餘者以"等"略之。

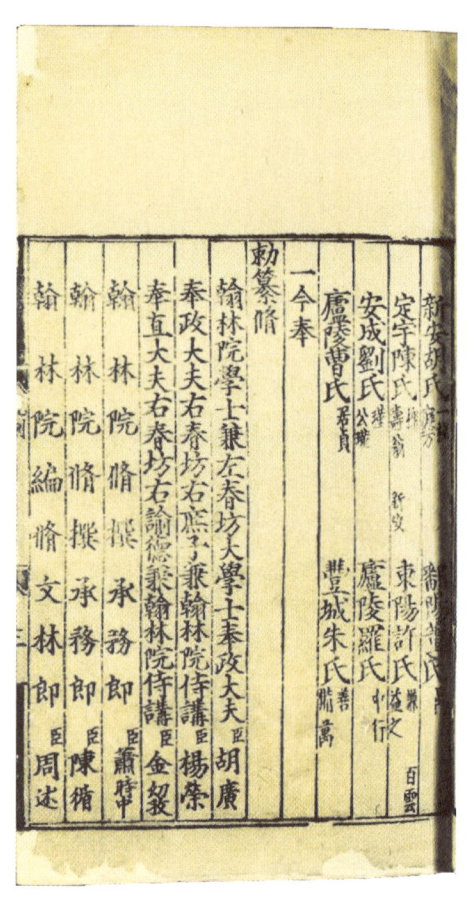
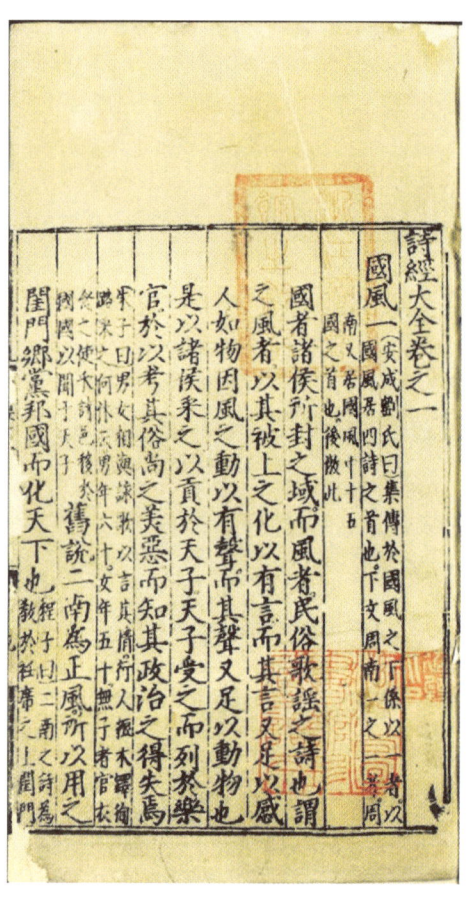

圖3-63　多個著者著錄三

14. 合集著者

若干位著者的合集，如有編輯者，則著錄編輯者；如不明編輯者，則著錄所有的著者。

例1：御定歷代賦彙一百四十卷外集二十卷逸句二卷　清陳元龍編輯　清康熙四十五年內府刻本　浙江圖書館藏

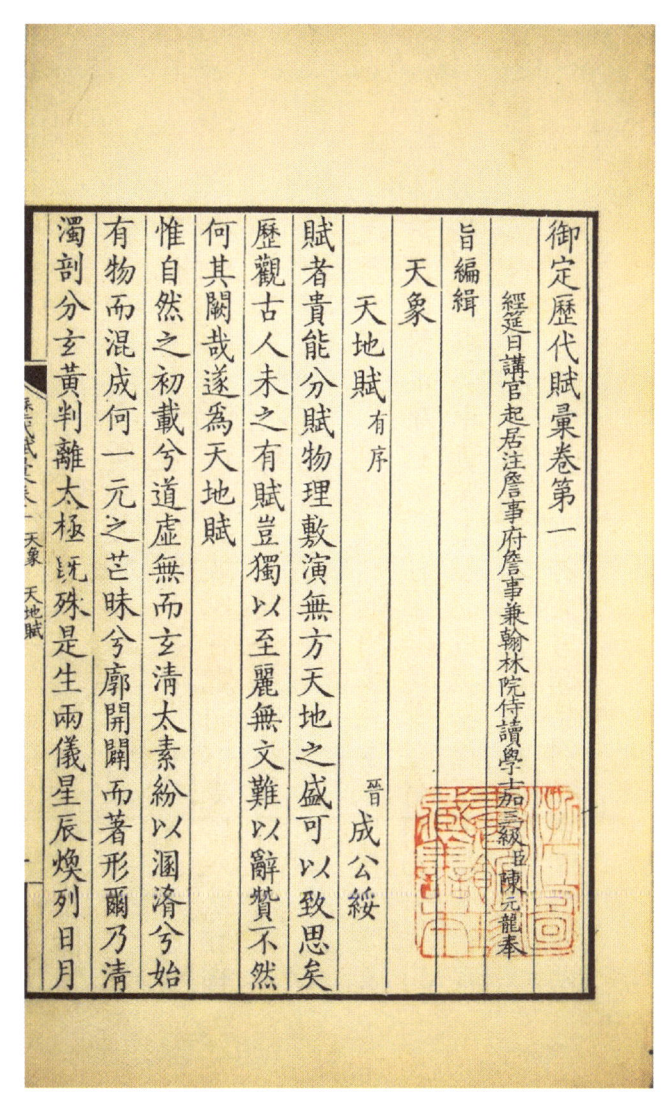

圖3-64　合集有編輯者著錄

例2：三蘇先生文粹七十卷　宋蘇洵、蘇軾、蘇轍撰　明嘉靖十年金鰲刻本　浙江圖書館藏

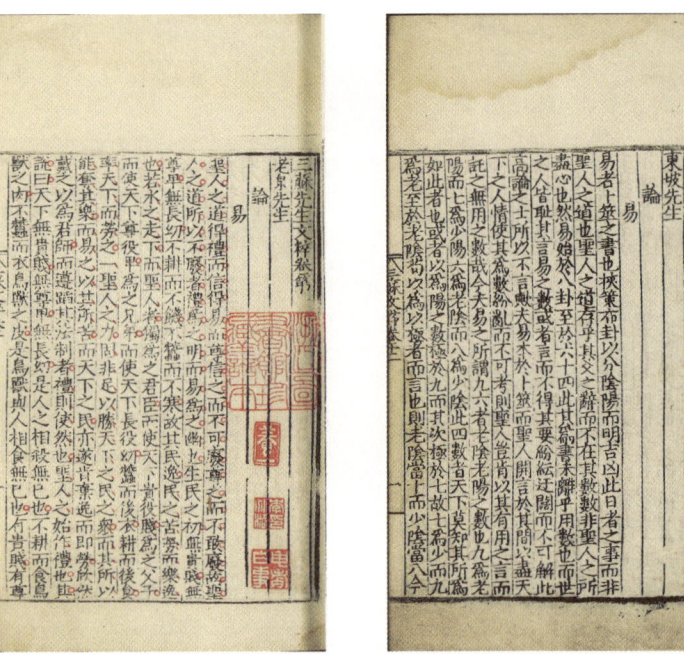
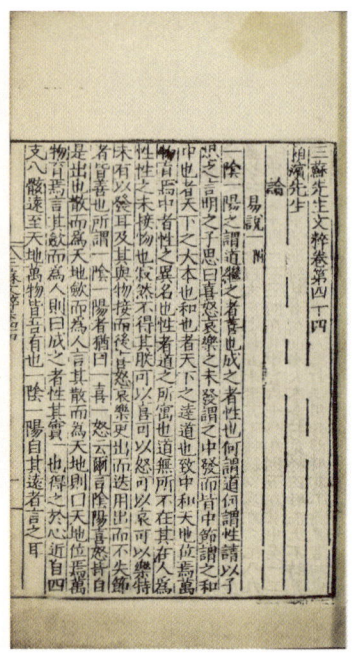

圖3-65　合集無編輯者著錄

15. 叢書著者

叢書、經史子三部叢編或集部有子目者，其著者（包括子目）一般比照著錄，先比照《中國古籍善本書目》，次據《中國叢書綜錄》《中國叢書廣錄》相同版本進行著錄。如全書編輯者無，則總題名下著者字段空缺。

例1：訓纂堂叢書（存三種）　清楊調元輯　清光緒貴築楊氏刻本　浙江圖書館藏

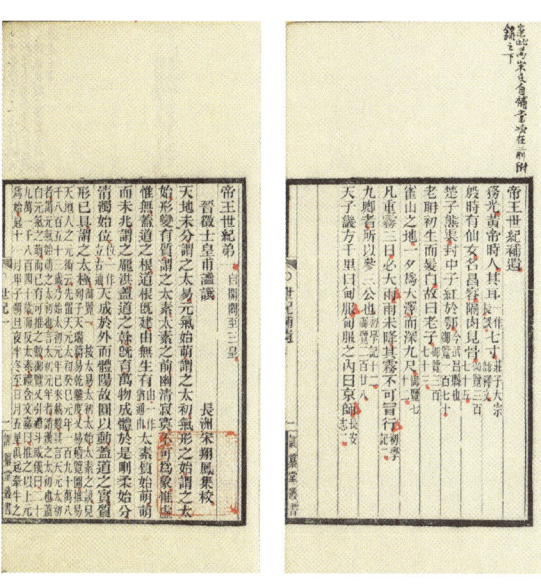
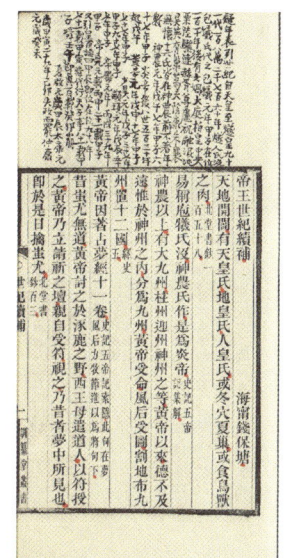
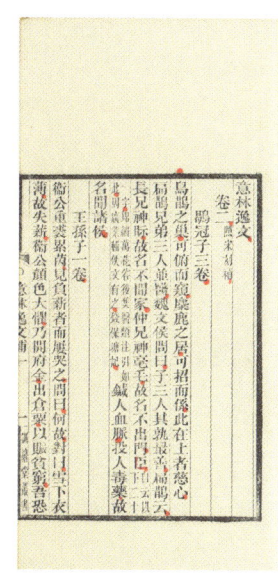

圖3-66 叢書著者著錄一

例2：六子全書六十卷 明刻本 浙江圖書館藏

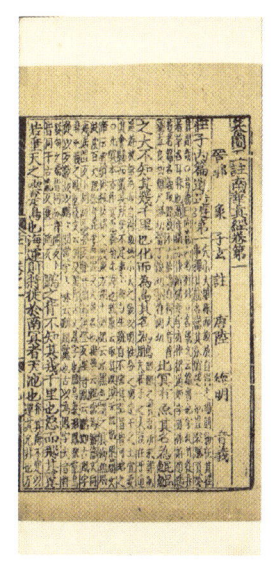
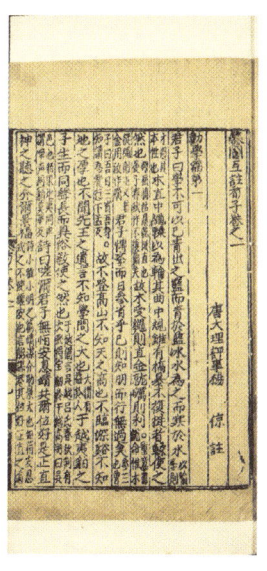
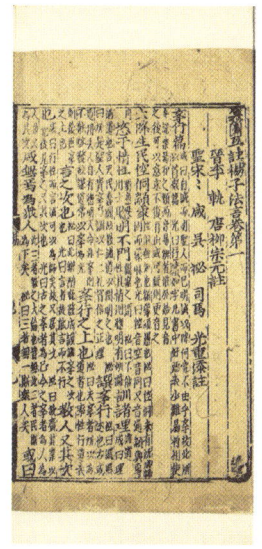

圖3-67　叢書著者著錄二

16. 方志、家譜著者

地方志、家族譜參與修撰者人數眾多，選擇不易。地方志著者著錄可以分以下幾種情況處理：一是卷端有著者題名的，則據卷端客觀著錄。二是卷端無著者姓名，有修志姓氏表的，則著錄其中的主修、主纂、編輯、繪圖者，其他用書影著錄。三是通過序跋、行文等考證的，酌錄原文，並參考《中國地方志聯合目錄》著錄著作方式。四以上信息均無，則據《中國地方志聯合目錄》著錄。家族譜著者著錄時則參據《中國家譜總目提要》及相關家譜總目著錄。參修職員、修志姓氏等則全部拍攝書影上傳以備稽核。

17. 考證著者

如卷端未題著者，則要根據序跋、牌記等內容考證。

17.1　著者據序跋

例：鹿門先生批點漢書鈔九十三卷　明茅坤輯　明崇禎八年茅琛徵刻本　浙江圖書館藏

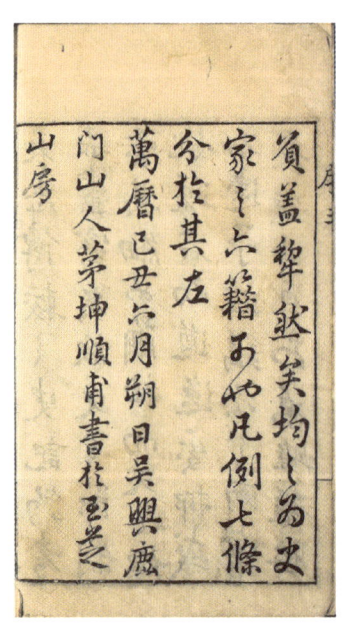
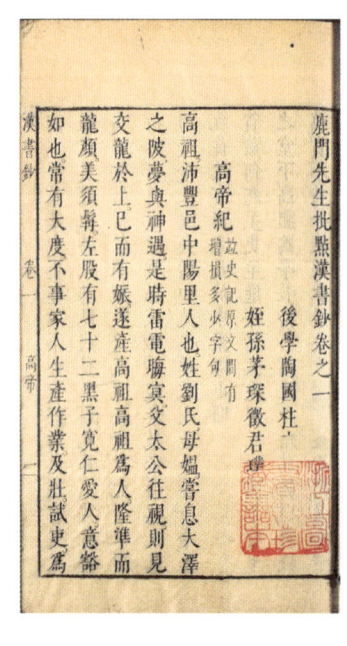

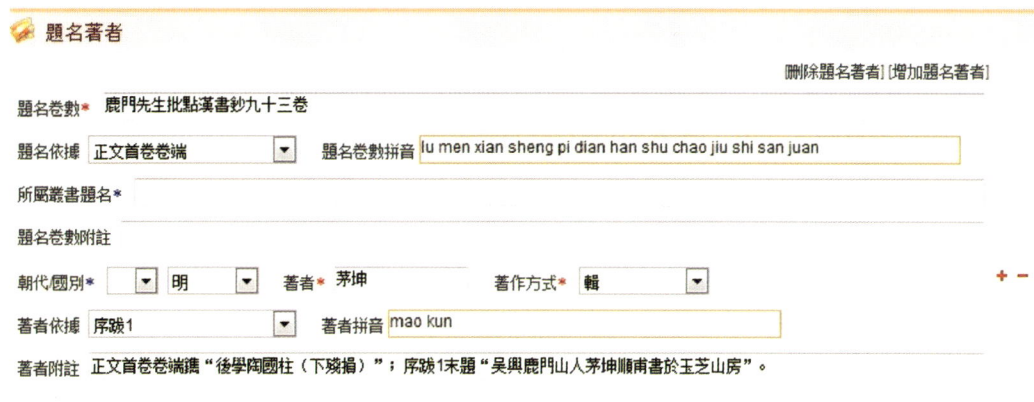

圖3-68　著者據序跋考證著錄

17.2　著者據牌記

例：古文類選十八卷　明鄭旻選　明隆慶六年顧知類、徐宏刻本　浙江圖書館藏

正文首卷卷端無著者，而在牌記中有"知歸德府揭陽鄭旻選/同知歸德府濟南魏宗方校/商丘縣知縣清河顧知類/歸德府教授臨川徐宏同訂刻"，據此可知選輯者爲鄭旻。

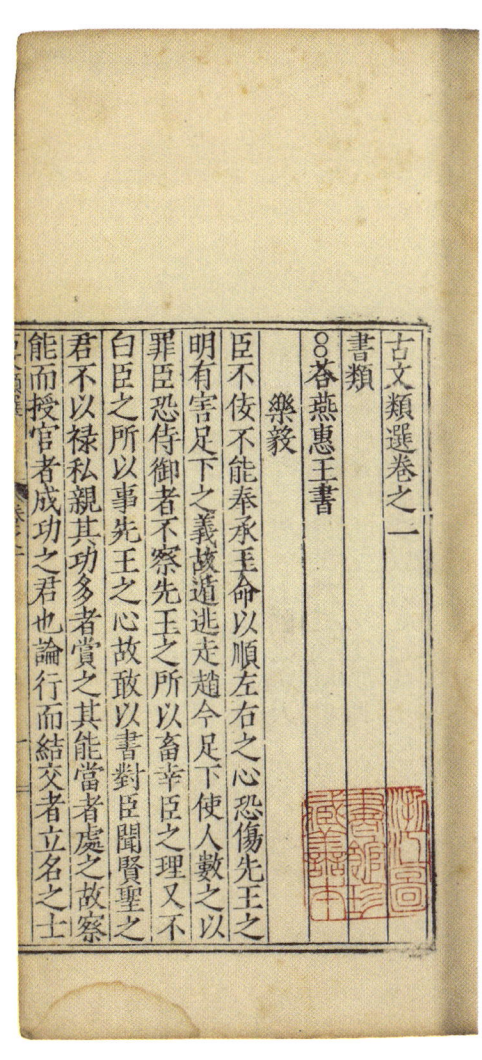
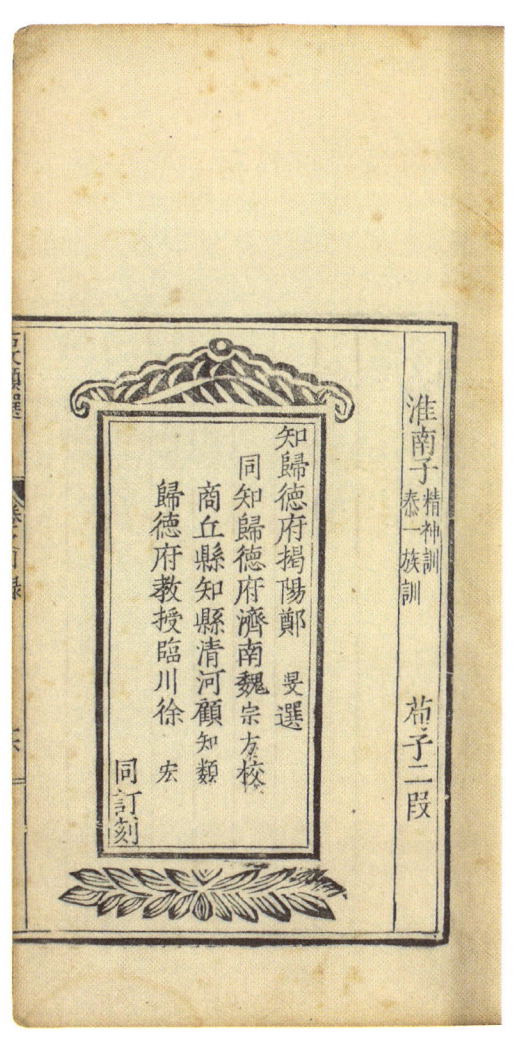

圖3-69　著者據牌記著錄

18. 卷端所題刻書者著錄

卷端所題中如有"校"、"校正"、"校刊"、"校刻"等人，且根據序跋、牌記等可以斷定爲刻書者，先在著者項中著錄，同時將其輯入版本項中，規範描述，並在"版本附注"中說明。

例：重刊蔡虛齋先生四書蒙引十五卷　明蔡清撰　明萬曆十五年吳同春刻本　浙江圖書館藏

此書卷端鐫"同安林希元訂正／太倉毛在重訂／固始吳同春校刻"，先在著者項著錄此三人；又據序跋1可知，此書係吳同春所刻，則其版本著錄爲"明萬曆十五年固始吳同春刻本"，並在"版本附注"說明每卷卷端下題"固始吳同春校刻"。

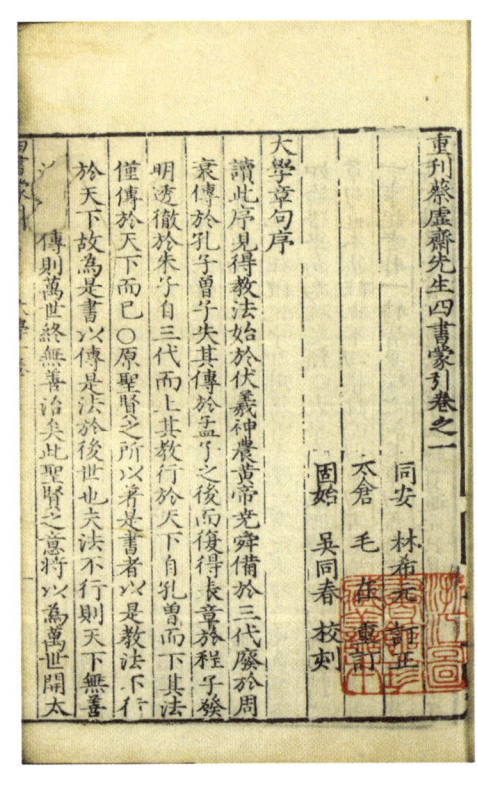

圖3-70　卷端所題刻書者著錄

三、著作方式

1. 照錄著作方式

正文卷端如有著者著作方式，原則上要求按照卷端所題著錄。

常見著作方式可分爲兩大類：

一類是原作者的著作方式，如述、著、撰、學、編、輯、纂修、纂、修等。

一類是後人對原作的再加工，如注、疏、箋、譯、訓詁、音義、集釋、集傳、批點、評述、校勘、批點、考訂、續、補、繪等。

若卷端題有"校"、"校正"、"校刊"、"校閱"、"重校"、"閱覽"、"鑒定"等也需據實著錄。如卷端有"刊"、"刊行"、"梓"、"繡梓"、"梓行"、"刻"、"鐫"、"開雕"、"督／付刊／梓／雕"等非著作方式的人名，則不在著者項著錄，在版本附注中說明。另在非卷端如版心上下、卷末、書尾、目錄／凡例／序跋後等處，鐫有"某某校／校字"等信息，一般不在著者項著錄，建議在版本附注中說明。

例：新刻校正古本歷史大方通通鑑四十一卷首一卷　明李廷機、葉向高校正　明萬曆周時泰刻本　存三十六卷　紹興圖書館藏

此書卷端鐫"明太史晉江九我李廷機、福清臺山葉向高校正，太學繡谷敬竹周時泰刊行"，"校正"在一般情況下被認爲不是規範的著述方式，但在平臺著錄中，據實著錄爲"校正"。

某些古籍正文卷端未題著作方式，須根據文獻內容擬定。

自著之書稱"撰"，彙編前人著作者稱"編"（如叢書），輯佚編次前人著作者稱"輯"

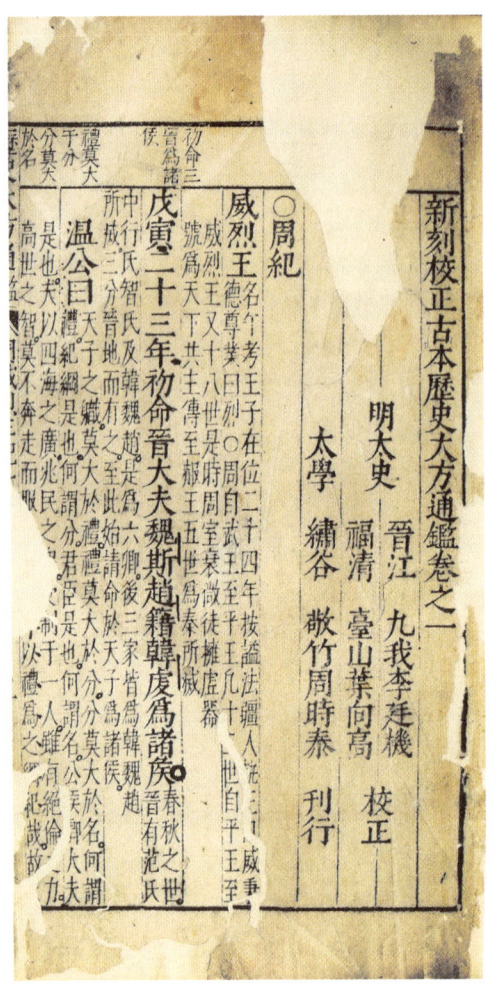

圖3-71　著作方式據實著錄

（如輯佚之書、類書等）。

2. 擬定著作方式

圖譜類著作稱"繪"，書法類著作稱"書"，印譜類著作稱"篆刻"、"鈐印"，目錄金石類著作稱"藏"、"編"，翻譯著作稱"譯"。

抄纂編次有關數據以成書者稱"纂修"，主事者稱"修"，具體承擔者稱"纂"，如族譜、官修方志（私撰志書稱"撰"，如《［紹熙］雲間志》，宋楊潛撰；《常熟私志》，明姚宗儀撰）等。

編、輯、纂含義相近，應據具體情況而定，如叢書用"編"，總集、類書等用"輯"。御纂、御修之書不著錄"纂修"，而著錄具體何人所撰，如《御纂周易折中》《明史》等；實錄、家譜、宗譜用"纂修"，家集不稱"纂修"；雜志參照方志，如《三關圖說》，明康丕揚纂修，《開源圖說》，明馮瑗撰；其他如《八旗通志》《大清律例》《欽定學政全書》等稱"纂修"。

四、著者生存年代

1. 不著錄

有關著者生存年代等信息，若《中國歷代人名大辭典》（上海古籍出版社1999年12月版）有記載（或通過網絡搜索爲常見著者），則不需著錄。

2. 需著錄

如《中國歷代人名大辭典》未著錄者（或通過網絡搜索不見詞條者），應通過考察本書內容確定其時代。

3. 傳記資料附注

若書中附有小傳、年譜、墓誌銘、碑記、行實、行狀、年表等傳記資料或詩文集有編年等，均需將此類信息在綜合附注項中說明。

第六節　卷數統計

卷數統計分爲兩部分：一是有具體卷次的卷數統計，一是沒有具體卷次即"不分卷"情況的統計。這兩部分各自分別統計。

一、有具體卷次者

1. 總卷數

即該書完整所應有的卷數，無論該書現在殘全與否。用阿拉伯數字填寫，計量單位在後一字段下拉菜單中選擇。

叢書的總卷數分兩種情況：如題名中著錄有總卷數，則總卷數即叢書的總卷數；如題名中未著錄有總卷數，則總卷數即現存子目完整所應有的卷數。

原有卷數不詳者（□□卷），總卷數與缺卷數著錄爲"□□"，實存卷數如實填寫並填寫實存卷次。

2. 實存卷數

客觀著錄該書實際存在的卷數數量。用阿拉伯數字填寫，計量單位在後一字段下拉菜單中選擇。

3. 實存卷次

客觀著錄實際存在的卷次。用阿拉伯數字填寫，無需填寫計量單位，非連續卷次間用"、"，連續卷次前後數字間用"—"。如："7"、"7、13"、"6—8、22—37"等。如無缺卷，則不予著錄。

4. 缺卷數

一書原本完整，在流傳過程中缺失的部分，稱之爲"缺卷"。客觀著錄該書實際缺失的卷數數量。如無缺卷，則不著錄。

5. 缺卷次

客觀著錄實際缺失的卷次。用阿拉伯數字填寫，無需填寫計量單位，非連續卷次間用"、"，連續卷次前後數字間用"—"。如："1—6"、"8、10"等。

6. 原缺卷數

原書在刻、排、寫、抄時原已缺失或未付刊刻部分，如原書注明"嗣刻"、"嗣出"、"未刻"、"待出"等卷，稱之爲"原缺卷"（詳見圖3-47例）。

7. 原缺卷次

客觀著錄原缺的卷次。用阿拉伯數字填寫，無需填寫計量單位，非連續卷次間用"、"，連續卷次前後數字間用"—"。如："5"、"9、21"、"6—9、22—23"等。

8. 如一書有缺卷

"實存卷數"與"缺卷數"都要著錄，而"實存卷次"、"缺卷次"兩字段，只需選擇其一著錄，選擇的原則是：簡單、明瞭。

總卷數=實存卷數+缺卷數+原缺卷數。

例1：抱膝廬筆乘十二卷首一卷　清朱康壽撰　稿本　存卷一、三至八

圖3-72　有具體卷次卷數統計著錄一

例2：監懲錄前編一卷後編一卷附編一卷　明殷士儋撰　明隆慶四年殷氏金輿山房刻本　缺前編一卷

圖3-73　有具體卷次卷數統計著錄二

二、無具體卷次者

1. 總不分卷數

即該書完整所應有的不分卷次數，無論該書現在殘全與否，用阿拉伯數字填寫。計量單位在後一字段下拉菜單中選擇，一般以"次"爲單位。

例：白喉治法三卷續不分卷再續不分卷

此書題名中"不分卷"共出現兩次，故總不分卷應著錄爲"2"。

圖3-74　無具體卷次（不分卷）卷數統計著錄一

2. 實存不分卷數

客觀著錄該書實際存在的不分卷次數，用阿拉伯數字填寫。計量單位在後一字段下拉菜單中選擇。

例1：宜興岳氏族譜不分卷　明邵珪撰　明抄本

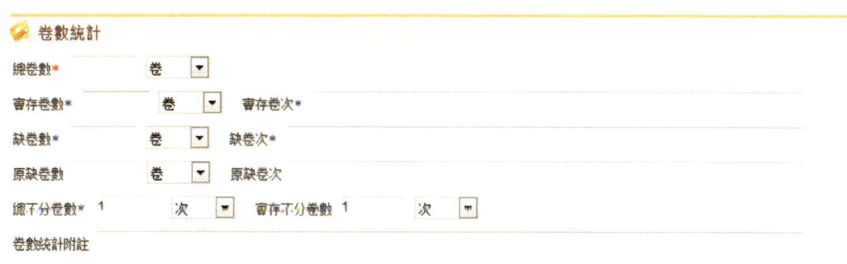

圖3-75　無具體卷次（不分卷）卷數統計著錄二

例2：明文鈔初編不分卷二編不分卷三編不分卷四編不分卷五編不分卷　清高嶙輯　清乾隆五十一年刻本

圖3-76　無具體卷次（不分卷）卷數統計著錄三

例3：國朝文鈔初編不分卷二編不分卷三編不分卷四編不分卷五編不分卷論文二卷　清高嶙

輯　清乾隆五十一年刻本

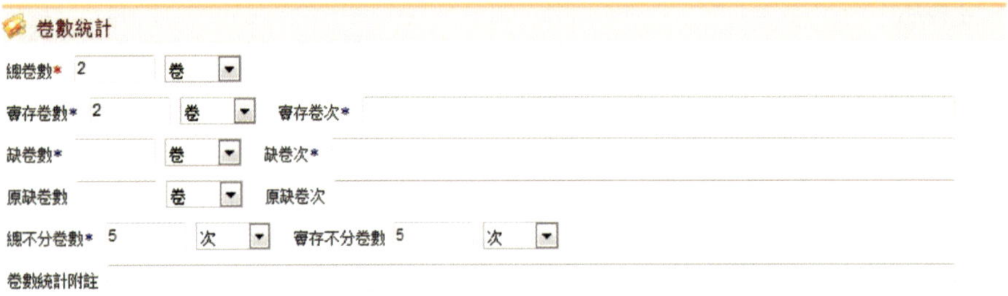

圖3-77　無具體卷次（不分卷）卷數統計著錄四

3. 不分卷的書有部分缺失

在卷數統計中著錄不分卷數量，在卷數統計附注中對缺失部分予以說明。

例：直督奏議不分卷　清王文韶撰　稿本　浙江圖書館藏

存王文韶撰光緒二十一年四月、閏五月、六月至十一月奏議八冊，然據第一冊四月封面題"三冊"，知此書有缺失。

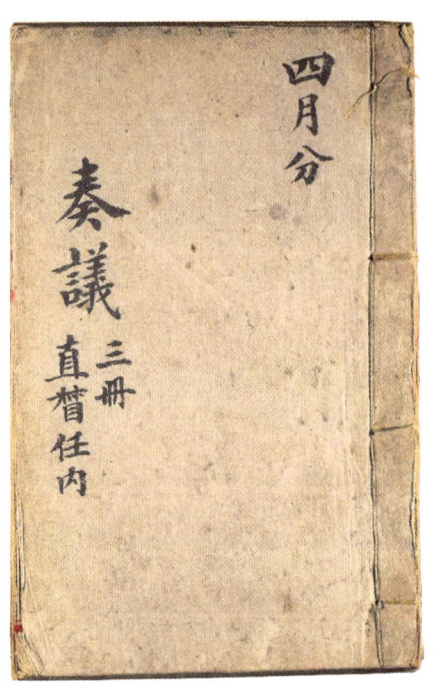

圖3-78　無具體卷次缺失者卷數統計著錄

第七節　版本

一、著錄格式

版本規範著錄格式要求：用符合中文規範的表述方式，用古文獻工作者通行的語言，流暢、正確地著錄版本時間、地點、刊刻者（包括個人和機構）及類型。完整之版本項應著錄爲：

某（朝）某某（年號）某某（年）某某（籍貫/郡望）某某（人）某某（堂/樓/齋/室/館等）刻（稿/寫/抄/活字印/影印等）某某（叢書/重修/後印等）本某某批校、題跋

二、寫本

1. 寫/繪本
諸佛要集經　西晉釋竺法護譯　西晉元康六年寫本
大方廣佛華嚴經卷第四十五　東晉釋佛陀跋陀羅譯　南北朝寫本
大般涅槃經卷第十七　北涼釋曇無讖譯　隋大業四年寫本
妙法蓮華經玄贊卷第四　唐釋窺基撰　唐寫本
佛說無量大慈教經　歸義軍時期寫本
漢將王陵變　宋太平興國三年寫本
金剛般若波羅蜜經一卷　後秦釋鳩摩羅什譯　北宋至和元年金銀寫本
佛說阿彌陀經一卷　後秦釋鳩摩羅什譯　北宋初年磁青紙泥金寫本
華嚴經八十一卷　元釋善繼寫本（現藏蘇州西園戒幢律寺藏經樓內，元代蘇州善繼和尚刺血抄寫成的，共六十餘萬字）
中藏經　元趙孟頫寫本
兩漢策要　元趙孟頫寫本
離騷一卷　明文徵明寫本
經史藝文不分卷　清劉墉寫本
蕭山施文臺墓誌銘一卷　清楊鍾義撰　清光緒三十三年伊立勳寫本
永樂大典　明永樂至嘉靖內府寫本
文瀾閣四庫全書三千四百七十種七萬八千五百一卷　清乾隆內府寫本
葛壯節公增輯兩淛海洋圖橅本一卷　清光緒十年彩繪本
人體經穴臟肺圖一卷　清五色彩繪本
浙東鎮海得勝全圖一卷　清光緒刻彩繪本
天文祥異賦十卷　明抄彩繪本

2. 抄本
2.1 影抄本
離騷集傳　清影宋抄本
澠水燕談錄　明柳僉影宋抄本
類篇　明毛氏汲古閣影宋抄本

鮑參軍集　清毛氏汲古閣影宋抄本
極玄集　清毛氏汲古閣影宋抄本
吳越備史五卷補遺一卷雜考一卷　明錢受徵輯　清影抄明萬曆二十七年錢達道刻本

2.2　抄本

晟舍鎮志八卷首一卷　清倪寶樑輯　抄本
課餘隨錄十一種三十八卷　清亢樹滋編　清抄本
明文海四百八十二卷　清黃宗羲輯　清初抄本
篁里竹枝詞三十首　清徐士燕撰　清同治抄本
林居尺牘不分卷　明祁彪佳撰　明祁氏遠山堂抄本
張文定公全集七十卷　明張邦奇撰　四明張氏抄本
萬卷樓遺集六卷　明豐坊撰　張氏約園抄本
趙氏家藏集八卷　明趙文華撰　清雪廬抄本
適園雜著一卷　明陸樹聲撰　清道光十八年懷璞齋抄本
女科問答要旨三卷　宋薛辛著　清乾隆三十七年查氏硯秋書屋抄本
劍溪謾語七卷　明管大勳撰　張氏約園抄明萬曆刻本
光緒庚子辛丑上諭一卷　滋蘭室抄本

3. 稿本

3.1　稿本

筮儀象解不分卷　明陳洪綬撰　稿本
詩序疏一卷　清劉寶楠撰　稿本
毛詩正字考不分卷　清沈炳垣撰　稿本
經史答問不分卷　清朱駿聲撰　稿本

以上爲著者手稿本，著錄爲"稿本"，版本附注項中附注"手稿本"。

汲古閣集四卷　明毛晉撰　稿本（謄清稿本，江蘇省常熟市圖書館藏）

稿本在版本項中只表述爲"稿本"，如能考訂某年號或具體年份的稿本，則作"某某年稿本"；如清代人稿本，其版本著錄不作"清稿本"，只著錄爲"稿本"，"清"只在版本統計中體現。

3.2　寫樣稿本

山左書畫志略　清秦溪纂輯　清寫樣稿本（陳先行《明清稿抄校本鑒定》）
幽湖百詠一卷　清沈濤撰　寫樣稿本
財星照二卷　寫樣稿本
說文校議議三十卷　清嚴章福撰　清末豫恕堂寫樣稿本
豫恕堂叢書二十一種五十三卷　清沈善登編　清光緒刻朱印本及寫樣稿本
獨寤園叢抄四種　清沈善登編　寫樣稿本

［淳熙］新安志十卷　宋羅願纂修　清光緒十四年寫樣稿本（浙江圖書館藏）

三、印本

1. 刻本

1.1　朝代+刻本

京本點校附音春秋經傳集解三十卷　晉杜預撰　唐陸德明釋文　宋刻本

大乘本生心地觀經八卷　唐釋般若譯　遼刻本
南豐曾子固先生集三十四卷　宋曾鞏撰　金刻本
尚書注疏二十卷新雕尚書纂圖一卷　蒙古刻本
資治通鑑二百九十四卷　宋司馬光撰　元刻本
新刻易旨一覽四卷　明薛時雍撰　明刻本
金沙江全圖一卷　清刻本

1.2　朝代初/末+刻本

北史一百卷　唐李延壽撰　明初刻本
詩志二十六卷　明范王孫撰　明末刻本
牘雋四卷　明蕭士珂輯　清初刻本
樵歌三卷　宋朱敦儒撰　清末刻本

1.3　朝代＋年號＋刻本

十三經解詁六十三卷　明陳深輯　明萬曆刻本
周易直解十二卷　清陳枚撰　清順治刻本
周易廣義六卷　清潘元懋撰　清康熙刻本
像象管見九卷　明錢一本撰　明萬曆四十二年刻本
武林紀略二卷　明黃鳴俊撰　明崇禎十二年刻本
幸魯盛典四十卷　清孔毓圻、金居敬等纂修　清康熙二十八年刻本
古易音訓三卷　宋呂祖謙撰　清宋咸熙輯　清嘉慶七年刻本
南潯鎮志十卷首一卷　清范來庚撰　民國二十一年刻本

如刊刻時間持續跨朝代、跨年號、跨若干年等，兩個時間之間均用"至"連接，如"明崇禎至清順治刻本"、"清康熙至雍正刻本"、"清乾隆四年至八年刻本"等。

徑山藏　明萬曆十七年至清康熙五臺、嘉興、徑山等地刻本
大方廣佛華嚴經合論一百二十卷　唐李通玄撰　明隆慶二年至萬曆元年釋明得刻本
六家文選六十卷　梁蕭統輯　明嘉靖十三年至二十八年袁褧嘉趣堂刻本

如刊刻時間是兩個時間點，則時間點之間用頓號"、"連接。

文獻通考三百四十八卷首一卷　元馬端臨著　明嘉靖馮天馭刻萬曆、崇禎遞修本
三禮述注七十一卷　清李光坡撰　清乾隆八年、三十二年清白堂刻本
孫真人備急千金要方九十三卷目錄二卷　唐孫思邈撰　明嘉靖二十二年喬世定小丘山房刻萬曆二十五年、三十五年重修本

1.4　朝代+刻書者+刻本

白虎通德論二卷　漢班固撰　明俞元符刻本
南村輟耕錄三十卷　明陶宗儀撰　明玉蘭草堂刻本
新刊銅人鍼灸經七卷新編西方子明堂灸經八卷　明山西平陽府刻本

1.5　朝代+年號+刻書者+刻本

一切如來心秘密全身舍利寶篋印陀羅尼經一卷　後周顯德三年吳越國王錢弘俶刻本
一切如來心秘密全身舍利寶篋印陀羅尼經一卷　宋開寶八年吳越國王錢俶刻本
陽明先生年譜三卷　明錢德洪撰　明嘉靖四十三年周相、毛汝麒刻本
呂氏春秋二十六卷　漢高誘注　元至正嘉興路儒學刻本
卞里志六卷　明呂兆祥重修　明崇禎二年呂聖符刻本
歷代名臣奏議三百五十卷目錄一卷　明黃淮、楊士奇等輯　明永樂內府刻本

五朝聖訓一百二十卷　清乾隆五年內府刻本

真文忠公續文章正宗二十卷　宋真德秀撰　明嘉靖二十一年晉藩刻本

異方便淨土傳燈歸元鏡三祖實錄二卷　清光緒二十三年廣陵藏經禪院刻本

如刻書者是兩個或三個的，則用頓號"、"列舉，三個以上的則著錄主要刻書者加"等"字。

文苑英華一千卷　宋李昉等輯　明隆慶元年胡維新、戚繼光刻本

淮南子二十八卷　漢劉安撰　明嘉靖九年王鑾刻萬曆十一年甘來學、黃克纘重修本

禮記省度四卷　清彭頤撰　清康熙十一年金陵抱青閣、文治堂、孝友堂刻朱墨套印本

重修政和經史證類備用本草三十卷　明成化四年原傑、雷復等刻本

司馬溫公文集八十二卷　宋司馬光撰　明崇禎元年吳時亮等刻清康熙四十七年蔣起龍等重修本

1.6　朝代+年號+刻書地+刻書者+刻本

揚子太玄經十卷　漢揚雄撰　明趙如源輯注　說玄一卷　宋司馬光撰　明天啟六年武林書坊趙世楷刻本

新刻太醫院纂集醫教立命元龜七卷　明朱儒撰　明萬曆十八年閩建潭城書林余成章刻本

1.7　個人/家刻本

如能確認爲著者自己寫樣上板刊刻的書，或有著者自己出資主持刊刻的書，可以定爲自刻本，著錄時不使用"自刻"，而用"著者姓名+刻本"描述。家刻本使用堂號、家塾名稱等，或表述爲"某氏＋刻本"，不用"家刻本"。

四書考二十八卷四書考異一卷四書備考引目書目一卷　明陳仁錫撰　明崇禎七年陳仁錫刻本（此書《中國古籍善本書目》著錄爲"明崇禎七年自刻本"。書前有甲戌陳仁錫《四書備考敍》云："不願藏之名山，亟而付之梨也。梨固應其大年已。"可知此爲陳仁錫個人所刻之書，其版本著錄爲"明崇禎七年陳仁錫刻本"）

毛氏故訓傳定本三十卷　清段玉裁撰　清嘉慶二十一年段氏七葉衍祥堂刻本

墨子十五卷　明李贄輯　明郎兆玉評　明天啟郎氏堂策檻刻本

二南訓女解四卷　清王純撰　清嘉慶二十一年王氏刻本

1.8　朝代+時間+重修/遞修/增補/增刻/後印/補刻/續修/補版/影刻本

三國志六十五卷　晉陳壽撰　劉宋裴松之注　清刻本（此書據汲古閣原刻本翻刻而成，翻刻一般不予著錄，僅著錄該書實際刊刻情況）

北齊書五十卷　唐李百藥撰　宋刻宋元明遞修本

宋書一百卷　梁沈約撰　明萬曆二十二年南京國子監刻清初重修本

東林同難錄一卷　明楊坤等輯　東林同難列傳一卷附傳一卷　清繆敬持輯　清雍正六年江陰繆氏耕學草堂刻道光五年葉氏水心齋重修本

新唐書二百二十五卷　宋歐陽修、宋祁等撰　元大德九年建康路儒學刻明清國子監遞修本

宋史四百九十六卷目錄三卷　元脫脫等撰　明成化七年至十六年朱英刻嘉靖萬曆南京國子監遞修本

馬端肅公奏議十四卷　明馬文升撰　明刻清修本

萬充宗先生經學五種十九卷　清萬斯大撰　清乾隆二十年至二十六年辨志堂刻嘉慶元年印本

列女傳十六卷　漢劉向撰　明萬曆汪氏刻清乾隆四十四年鮑氏知不足齋印本

關聖帝君聖蹟圖誌五卷　清盧湛撰　清康熙三十二年刻嘉慶二年補刻本

涑水司馬氏源流集略八卷　明司馬晰輯　明萬曆十五年司馬祉刻三十五年司馬露增修本

[萬曆]朔方新志五卷　明楊壽、黃機纂修　明萬曆四十五年刻清順治增補本

[隆慶]長洲縣志十四卷藝文志十卷　明張德夫、皇甫汸纂修　明張鳳翼、錢允治等續修　明隆慶五年刻萬曆二十六年續修本

[康熙]和州志三十卷　清夏瑋、楊九思纂修　清王暄續修　清康熙二十三年增刻本

會稽三賦一卷　宋王十朋撰　明南逢吉注　明尹壇補注　明萬曆三年彭富刻重修本

岱史十八卷　明查志隆撰　明萬曆十五年戴相堯刻清順治康熙重修本

困知記二卷續二卷三續一卷四續一卷補續一卷附錄一卷　明羅欽順撰　明刻清嘉慶十三年補版印本

鐘鼎款識一卷　宋王之厚輯　清嘉慶七年阮元積古齋影刻宋拓本

孟子雜記四卷　明陳士元撰　明隆慶陳士元浩然堂刻萬曆十一年重印本

鬳齋考工記解二卷　宋林希逸撰　宋刻元延祐四年重修後印本

藏園九種曲十三卷　清蔣士銓撰　清乾隆刻煥乎堂後印本

1.9　朝代＋刻書者＋刻＋朱墨/三/四/五/六/彩色套印本（只有序跋或序跋末之刻印為朱為藍者，不作套印本）

史記抄九十一卷　明茅坤輯　明泰昌元年閔振業刻朱墨套印本

會稽三賦四卷　宋王十朋撰　明天啓元年凌氏刻朱墨套印本

國語九卷　明烏程閔齊伋裁注　明萬曆四十七年閔氏刻三色套印本

三經評注六卷　明萬曆四十五年閔齊伋刻套印本

詩經四卷小序一卷　明鍾惺評點　明凌杜若刻三色套印本

御選唐宋文醇五十八卷　清高宗弘曆輯　清乾隆三年武英殿刻四色套印本

世說新語六卷　南朝宋劉義慶撰　梁劉孝標注　宋劉辰翁、宋劉應登、明王世懋評　明凌瀛初刻四色套印本

古文淵鑒六十四卷　清徐乾學等輯　清康熙二十四年內府刻五色套印本

劉子文心雕龍二卷　梁劉勰撰　明楊慎、曹學佺等批點　注二卷　明梅慶生撰　明閔繩初刻五色套印本

鑒古齋墨藪四卷附一卷　清汪鞏蔚等輯　民國十七年陶氏刻五色套印本

杜工部集二十卷　唐杜甫撰　清道光芸葉盦刻六色套印本〔書中集有明清五大家評批，分別用不同顏色套印，有王世貞（紫色）、王慎中（藍色）、王士禛（朱、墨色）、邵長蘅（綠色）、宋犖（黃色）。後又有光緒二年粵東盧坤翰墨園刻本，也是六色套印〕

1.10　朱/藍印本

周易參同契解箋三卷　明張文龍解　明朱長春箋　明萬曆四十年刻朱印本

金石韻府五卷　明朱雲撰　明刻朱印本

南朝史精語十卷　宋洪邁輯　清光緒三十一年繆氏刻對雨樓叢書朱印本

洛陽伽藍記五卷　北魏楊衒之撰　集證一卷　清吳若準撰　清光緒二十九年李葆恂說劍齋朱印本

唐宋元名表二卷　明胡松輯　明嘉靖二十一年刻藍印本

唐音十卷　元楊士弘輯　明刻重修藍印本

竹洲文集二十卷　宋吳儆撰　明弘治六年吳雷亨刻藍印本

刻金進士臨場近義不分卷　明金蘭撰　明天啓六年程元梧、江元氣刻藍印本

洪武正韻十六卷　明樂韶鳳、宋濂等撰　明嘉靖二十七年衡藩刻藍印本

2. 活字 / 磁版印本

會通館印正緝補古今合璧事類前集六十九卷後集八十一卷續集五十六卷　宋謝維新輯　別集九十四卷外集六十六卷　宋虞載輯　明弘治十一年華氏會通館銅活字印本

會通館印正緝補古今合璧事類前集六十九卷後集八十一卷續集五十六卷　宋謝維新輯　別集九十四卷外集六十六卷　宋虞載輯　明安國安氏館銅活字印本

太平御覽一千卷目錄十五卷　宋李昉等輯　明萬曆二年周堂等銅活字印本

欽定古今圖書集成一萬卷目錄四十卷　清蔣廷錫、陳夢雷等輯　清雍正四年內府銅活字印本

西巡盛典二十四卷　清董誥等纂修　清嘉慶十七年武英殿銅活字印本

四書便蒙十九卷　宋朱熹章句　清道光林春祺福田書海銅活字印本

暨陽答問四卷　清蔣彤撰　清道光二十二年洗心玩易之室木活字印本

嵊州開元周氏宗譜□□卷　清乾隆五十二年追遠堂木活字印本

粟香室文稿一卷　金武祥撰　清光緒木活字印本

拳教析疑說一卷義和拳教門源流考書後一卷　清勞乃宣撰　清末木活字印本

遯盦叢編　吳隱輯　民國二年西泠印社木活字印本

仙屏書屋初集詩錄十六卷後錄二卷　清黃爵滋撰　清道光二十六年翟金生泥活字印本

南疆繹史勘本三十卷首二卷　清溫睿臨撰　繹史摭遺十卷　清李瑤纂　清道光九年泥活字本（南疆繹史勘本牌記題"轉輪藏定本仿宋膠泥版印法"；繹史摭遺牌記題"道光九年秋借吳山廟開局暨易程文炳排版"）

校補金石例四種十七卷　清李瑤編　清道光十二年李瑤泥活字印本

新安俞氏統宗譜十九卷　明俞肇光纂修　明萬曆四十四年活字印本

慈溪黃氏日鈔分類八十八卷　宋黃震撰　清乾隆活字印本

平寇志十二卷　清彭孫貽撰　清初活字印本

能改齋漫錄十八卷　宋吳曾撰　清臨嘯書屋活字印本

欽定詩經樂譜全書三十卷　清永瑢等撰　清乾隆武英殿聚珍版朱墨套印本

周易說略八卷　清張爾岐撰　清康熙五十八年徐氏真合齋磁版印本

3. 鈐印本 / 拓本

集古印譜一卷　明顧從德輯　明隆慶鈐印本

古印選四卷　明陳鉅昌輯　明萬曆三十三年鈐印刻本

印存初集四卷　明胡正言輯　清順治四年胡氏十竹齋鈐印刻本

四香堂印餘八卷　清巴慰祖篆刻　清巴樹穀輯　清鈐印本

西泠八家印選三十卷　丁輔之輯　清光緒三十一年丁仁拓鈐藍印本

明清名人刻印彙存十二卷　葛昌楹、胡淦輯　宣和印社拓鈐印本

抵鵲印賞一卷　清光緒鈐印剪貼本

金石瑣存一卷　清姚燮輯　拓本

詒莊樓磚錄不分卷　王修輯　拓本

4. 鉛印本

儒史略一卷　清余炳文撰　清光緒三十二年京師學務處官書局鉛印本

鑪藏道里最新考一卷　清張其勤撰　清光緒三十三年鉛印本

南洋勸業會審查得獎名冊一卷　清宣統二年上海商務印書館鉛印本

古易音訓三卷　宋呂祖謙撰　清宋咸熙輯　清嘉慶七年刻本

古今說部叢書第一集　　國學扶輪社編　　清宣統二年上海國學扶輪社鉛印本

鳴沙山石室秘錄一卷　　羅振玉撰　　民國誦芬室鉛印本

5. 石印本

欽定書經圖說五十卷　　清孫家鼐等纂輯　　清光緒三十一年石印本

歷代名臣言行錄二十四卷首一卷　　清朱桓編輯　　清光緒三十一年上海文盛堂書局石印本

山東河務行政沿習利弊報告一卷附山東黃河全圖　　清高裕瑞編輯　　清孫松齡核定　　清宣統二年山東調查局石印本

消暑隨筆四卷　　清潘世恩撰　　清宣統三年上海海左書局石印本

甌北詩抄二十卷　　清趙翼撰　　清宣統三年上海掃葉山房石印本

李長吉集四卷外卷一卷　　唐李賀撰　　清宣統元年上海掃葉山房石印朱墨套印本

6. 影印本

王氏書畫苑　　明王世貞輯　　明詹景鳳補輯　　民國十一年泰東圖書局影印本

楝亭藏書十二種　　清曹寅輯　　民國十年上海古書流通處據清康熙刻本影印本

岱南閣叢書　　清孫星衍輯　　民國十三年上海博古齋據清孫氏刻本影印本

四部叢刊　　張元濟等輯　　民國八年上海商務印書館影印本

四庫全書珍本初集　　中央圖書館籌備處輯　　民國二十三年至二十四年上海商務印書館據文淵閣本影印本

續古逸叢書　　張元濟等輯　　民國十一年至一九五七年上海商務印書館影印本

三輔黃圖六卷　　民國二十四年上海商務印書館據元余氏勤有堂刻本影印四部叢刊三編本

四、補充說明

1. 版本補配

版本補配指古籍中主體版本已經確定，其中有一卷或幾卷用不同版本的同一種書補配齊的版本情況。一般以整卷著錄，若只有少數缺葉補配，一般不在本字段著錄，可在版本附注項中說明。

例1：明儒學案六十二卷師說一卷　　清黃宗羲撰　　清康熙三十二年賈樸刻本　　卷三補配清刻本卷四至八、十四至十七、三十一至三十三補配清莫晉、莫階刻本　　浙江圖書館藏

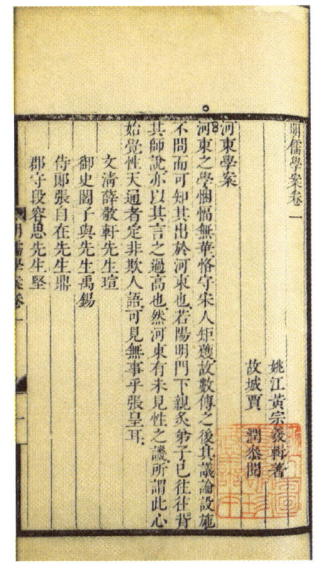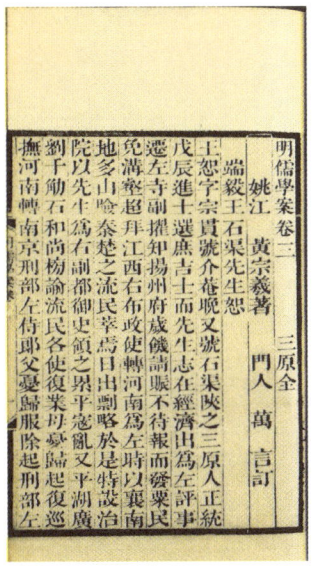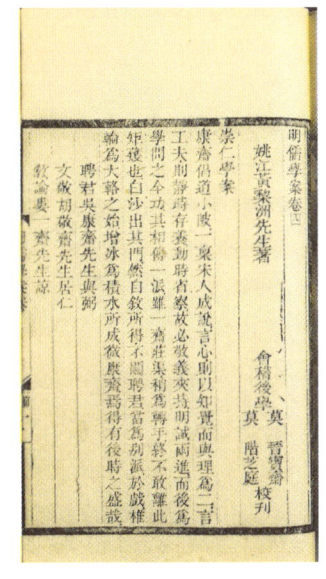

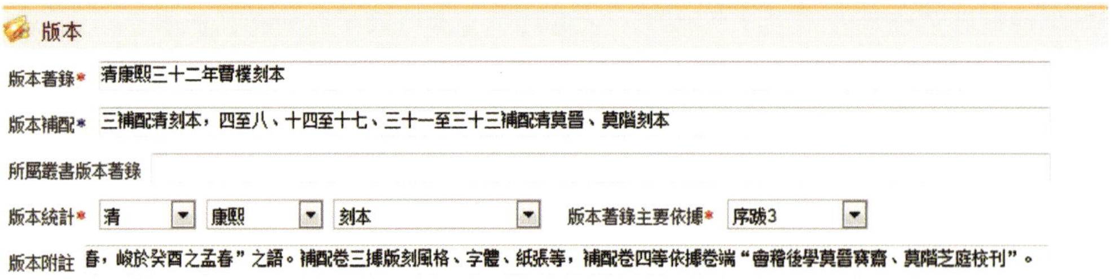
版本
版本著錄* 清康熙三十二年曹棟刻本
版本補配* 三補配清刻本，四至八、十四至十七、三十一至三十三補配清莫晉、莫階刻本
所屬叢書版本著錄
版本統計* 清 康熙 刻本 版本著錄主要依據* 序跋3
版本附註 春，峻於癸酉之孟春”之語。補配卷三據版刻風格、字體、紙張等，補配卷四等依據卷端“會稽後學莫晉寶齋、莫階芝庭校刊”。

圖3-79　版本補配著錄一

例2：歐陽文忠公新唐書抄二卷五代史抄二十卷　明茅坤批評　明天啟刻本　浙江圖書館藏

此書卷十二第十二葉係清人潘亦雋補抄，此單葉抄配情況不予著錄，但可在版本附注項中說明。

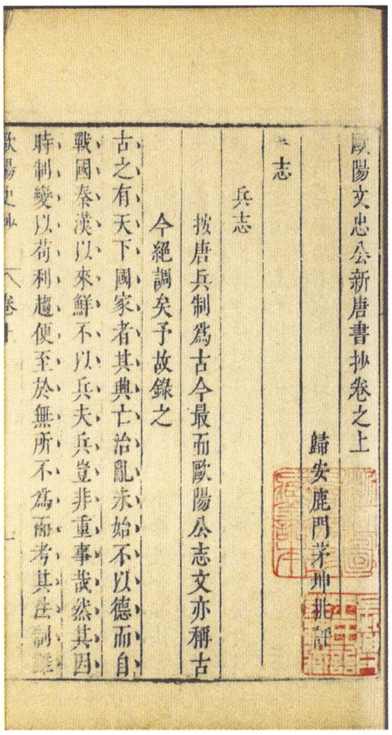
歐陽文忠公新唐書抄卷之上
歸安鹿門茅坤批評
志
兵志
按唐兵制爲古今最而歐陽公志文亦稱古今絕調矣予故錄之
古之有天下國家者其興亡治亂未始不以德而自
戰國秦漢以來鮮不以兵夫兵豈非重事哉然其因
時制變以苟利趨便至於無所不爲而考其法制雖

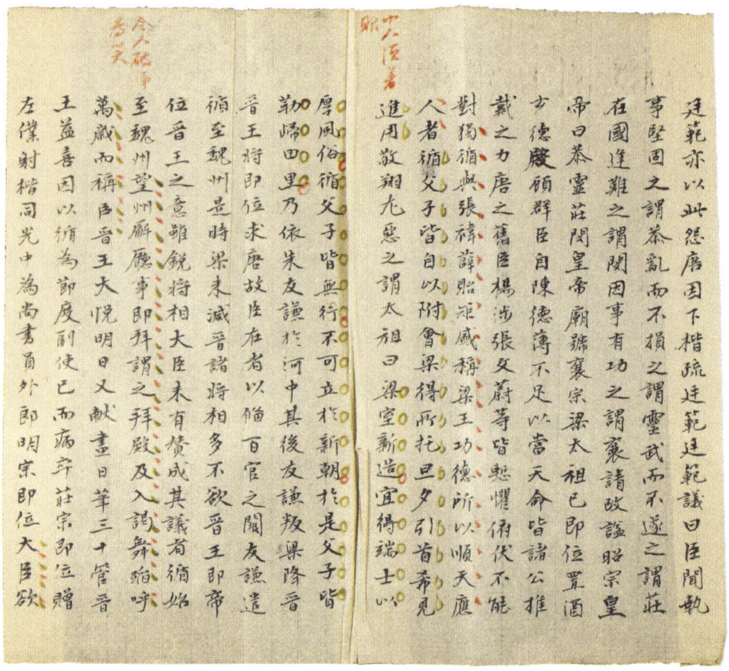

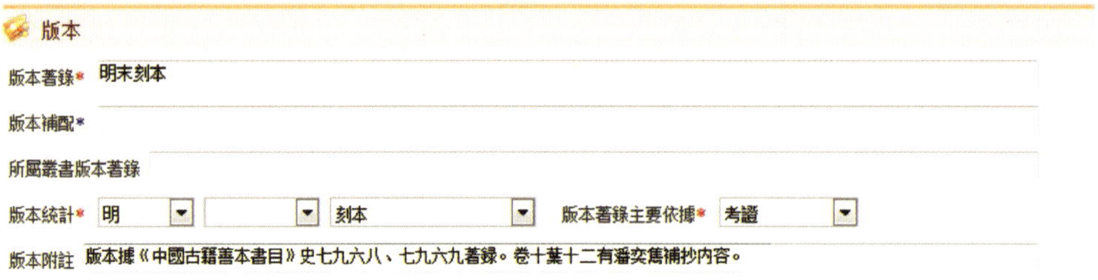
版本
版本著錄* 明末刻本
版本補配*
所屬叢書版本著錄
版本統計* 明 刻本 版本著錄主要依據* 考證
版本附註 版本據《中國古籍善本書目》史七九六八、七九六九著錄。卷十葉十二有潘奕雋補抄內容。

圖3-80　版本補配著錄二

2. 叢書版本

叢書版本，一般比照《中國古籍善本書目》《中國叢書綜錄》相同版本著錄，如據其他目錄著錄者，也要注明著錄依據。

因批校題跋等因素單獨著錄的叢書零種，除需著錄該零種版本以外，還需在"所屬叢書版本著錄"中著錄整部叢書的版本，該零種如有單獨的刊刻時間，則需在其版本著錄中體現出來。

例：禮記注疏六十三卷　漢鄭玄注　唐孔穎達疏　唐陸德明音義　明崇禎十二年毛氏汲古閣刻十三經注疏本　清謝章鋌批校並跋　浙江圖書館藏

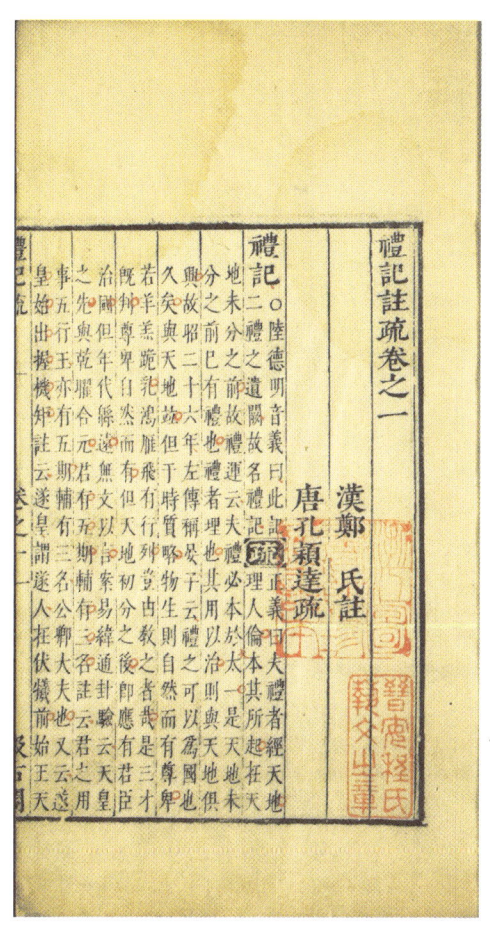
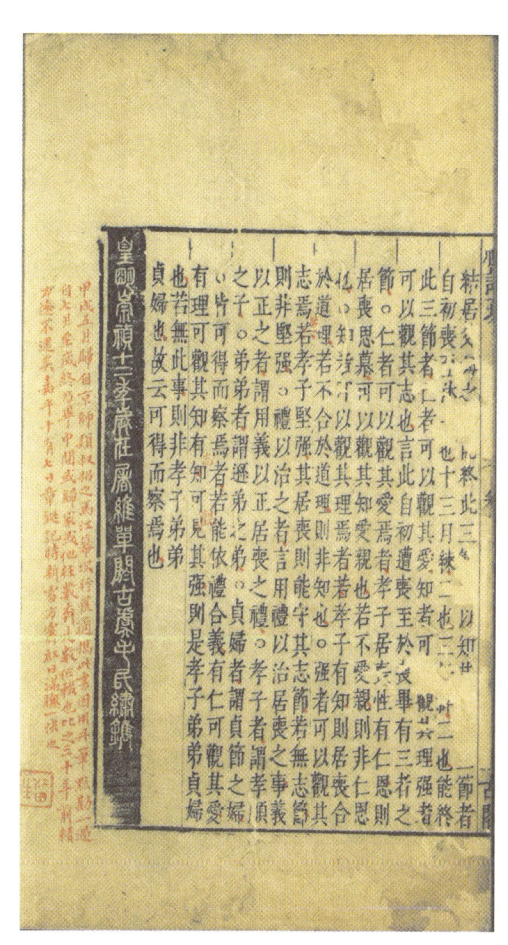

圖3-81　叢書零種版本著錄

3. 版本統計

版本統計主要設計用於統計平臺數據中版本時代及類型，只需著錄朝代、年號和版本類型三項即可，無需具體的刊刻年、刊刻地、刊刻者等。

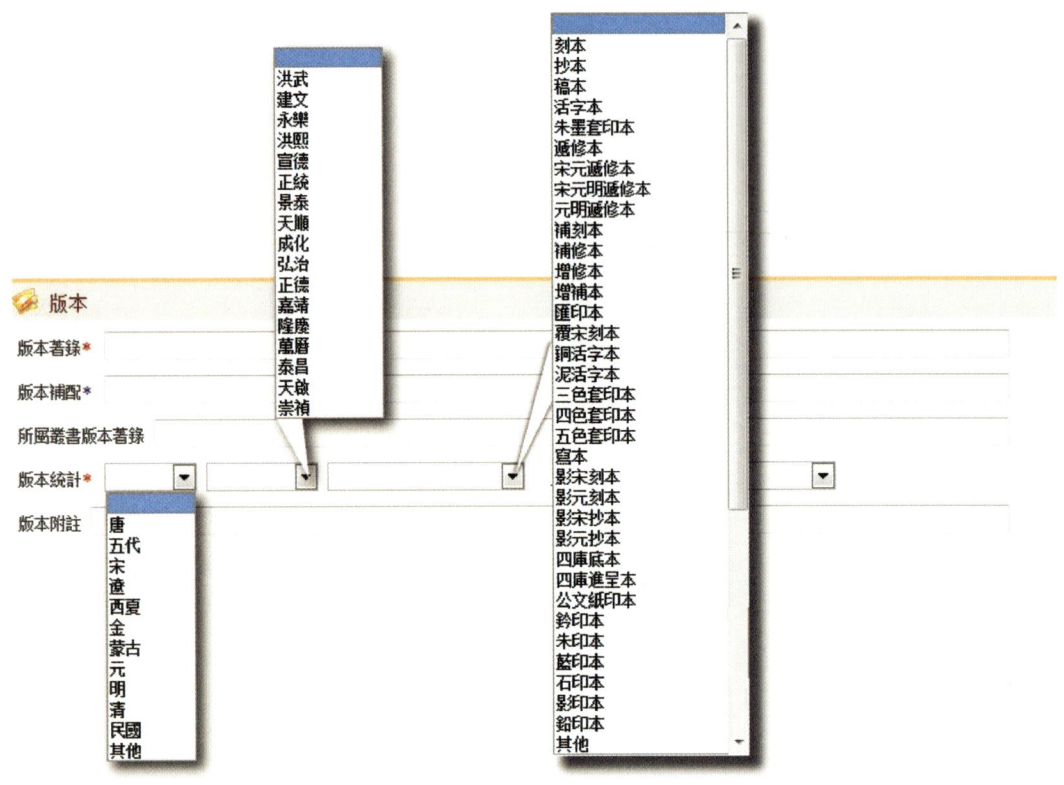

圖3-82　版本統計著錄

著錄該字段有幾點需要注意：

如版本時間跨朝代或年號者，選擇最早者著錄。如"清康熙至雍正刻本"，版本統計時間爲"清"、"康熙"。

版本類型按刻本、寫本、抄本、稿本等基本版本類型著錄，使用平臺著錄下拉菜單。如有補抄、配補部分，統計依據古籍主體部分版本類型。

4. 版本依據

版本鑒定是一個綜合考慮各方面因素的過程，必有所依據。此字段著錄判斷該書版本的最主要依據，並在附注項予以詳細說明，因此，此字段著錄需與"版本附注"項相對應。

如依據牌記確定版本者，則在下方"署記/牌記/題記/木記/條記/注記"字段著錄，無需在附注項說明（詳見下文）。

如依據揭示刻書有關情況的序跋或書中行文，則需在"版本附注"項中摘抄相關的詞句，同時提供書影（詳見書影有關章節）。

如據各方面情況綜合考證確定版本，則需在"版本附注"項中詳細說明依據及其內容。

如本書無明確證據或牌記、序跋等缺失者，可參照《中國古籍善本書目》《中國叢書綜錄》等著錄，版本依據由著錄者填寫，並在"版本附注"項中說明所參照書目的頁碼或條目編號。

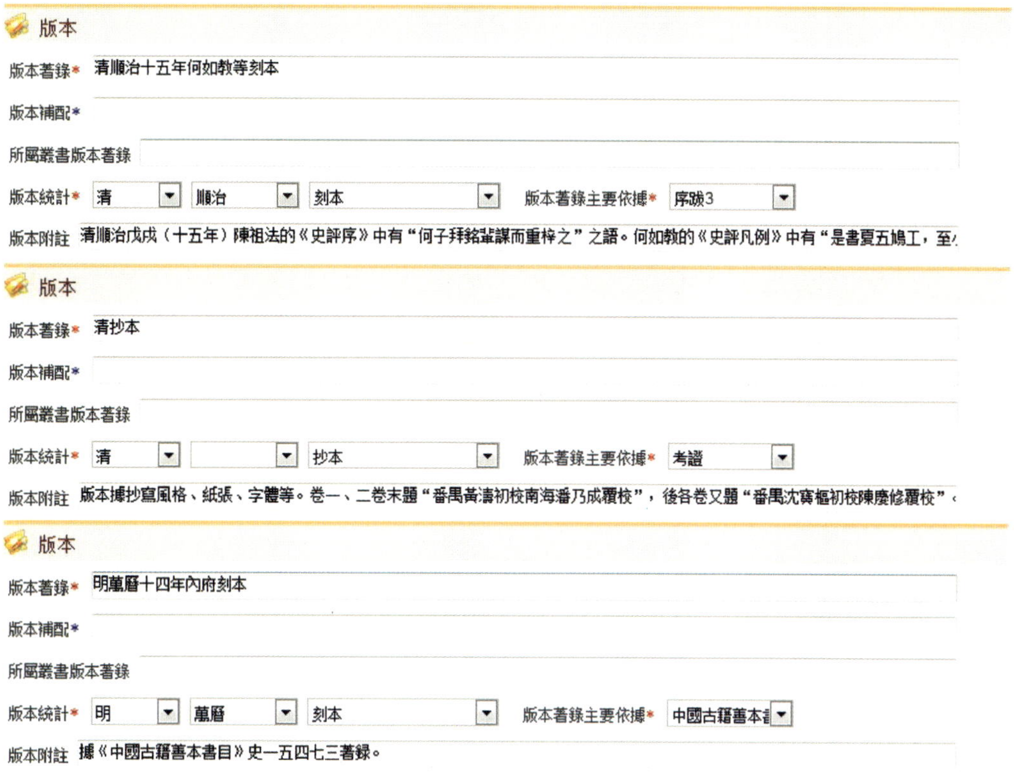

圖3-83 版本依據與版本附注著錄

除上述與版本鑒定相關信息以外，凡與版本有關的內容，都在"版本附注"項中予以著錄，如紙張、墨色、字體、刻書風格以及避諱、齋號等等。

五、牌記

"牌記"是判定版本最直接的依據之一。"牌記"是個統稱，具體可包括署記、牌記、題記、木記、條記、注記等，其內容涉及該書刊刻、流傳等信息。如有多個牌記，通過點擊該字段右上角"+"增加著錄。

該字段著錄時應注意：

1. 牌記"文字按照行文順序從上往下、從右往左著錄，換行用" / "表示，不留空格，不使用標點。

2. 著錄時如出現異體字、俗字，首先據實著錄，如因計算機字庫等原因無法在平臺上輸入，則使用規范繁體字代替，並在牌記附注項中予以說明。

3. 如果內封葉兩面都有牌記，則分兩塊著錄。

例1：聯新事備詩學大成三十卷　元林楨輯　明正統九年劉氏翠巖精舍建安刻景泰三年重修本　浙江圖書館藏

此書有三塊牌記，著錄時逐條填寫。第一塊在《朱文霆叙》末尾，叙述版本情況，其釋文著錄爲"正統甲子劉氏/翠巖精舍新刊"；第二塊在目錄卷尾，內容較多，詳述刊刻本書緣由，其釋文著錄爲"坊中舊刊詩學如大成集成繁而/且冗叢珠珎珠囊等編簡而又畧/益兩病焉本堂求到是編則去衆/編之駮而集諸家之粹於叙事故/事總名之以事類摭唐宋名賢佳/句而去重複採元朝羣英警聯而/增新奇標出周秦漢晉唐等易以/白字以見各代之名門目整備事／聯足贍視之他本玉石判然幸鑒／大明正統八年孟冬翠巖精舍重刊"；第三塊位於書尾，說明重修情況，其釋文著錄爲"景泰壬申重行校正"。

第三塊牌記左邊還有幾行印記，這個是書商所鈐木戳，與版本關係不大，不作爲牌記處理。

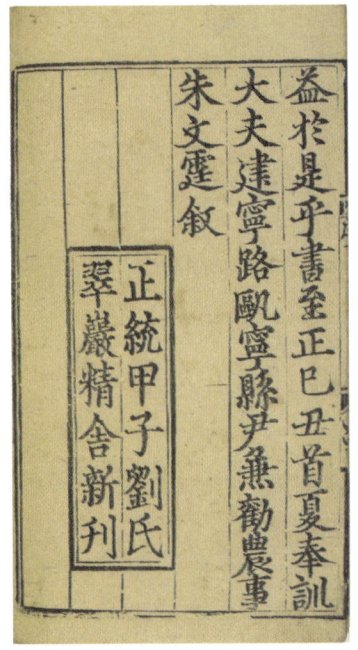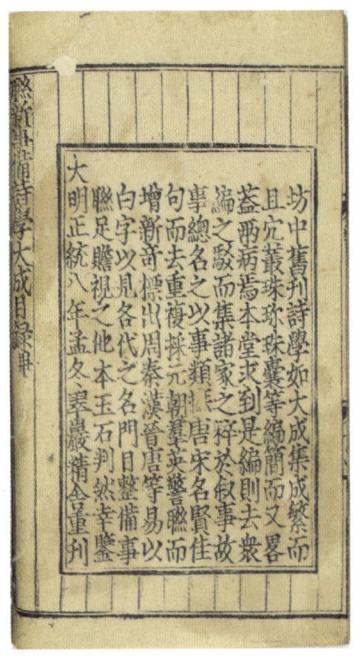

圖3-84　牌記著錄一

例2：說文字原集註十六卷附表一卷表說一卷　清蔣和撰　清乾隆五十三年刻本　浙江圖書館藏

此書書前有內封（書名頁），其內容也作牌記著錄，其釋文著錄爲"乾隆戊申夏日鐫／無錫蔣醉峰著／說文字原／集註／本衙藏板"。

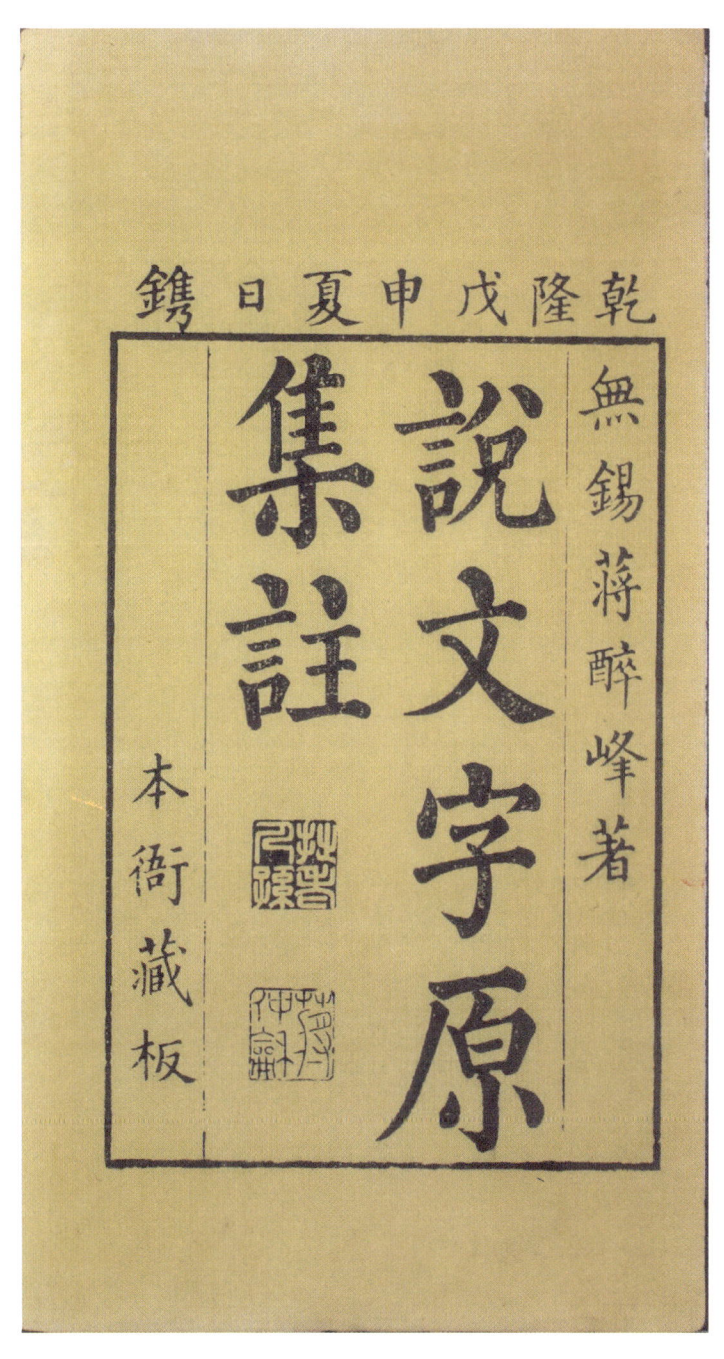

署記/牌記/題記/木記/牌記注記位置　內封

署記/牌記/題記/木記/牌記注記內容　乾隆戊申夏日鐫/無錫蔣醉峰著/說文字原/集註/本衙藏板

署記/牌記/題記/木記/牌記注記附注　"集註"二字下有陰、陽文方印各一方，"拙老人孫"，"蔣仲鮮"。

圖3-85　牌記著錄二

例3：新刊性理大全七十卷首一卷　明胡廣等撰　明嘉靖三十一年雙桂書堂刻本　浙江圖書館藏

此書牌記位於卷七十卷末，框外飾以蓮花、荷葉。其釋文著錄為"嘉靖壬子孟秋/雙桂書堂新刊"。

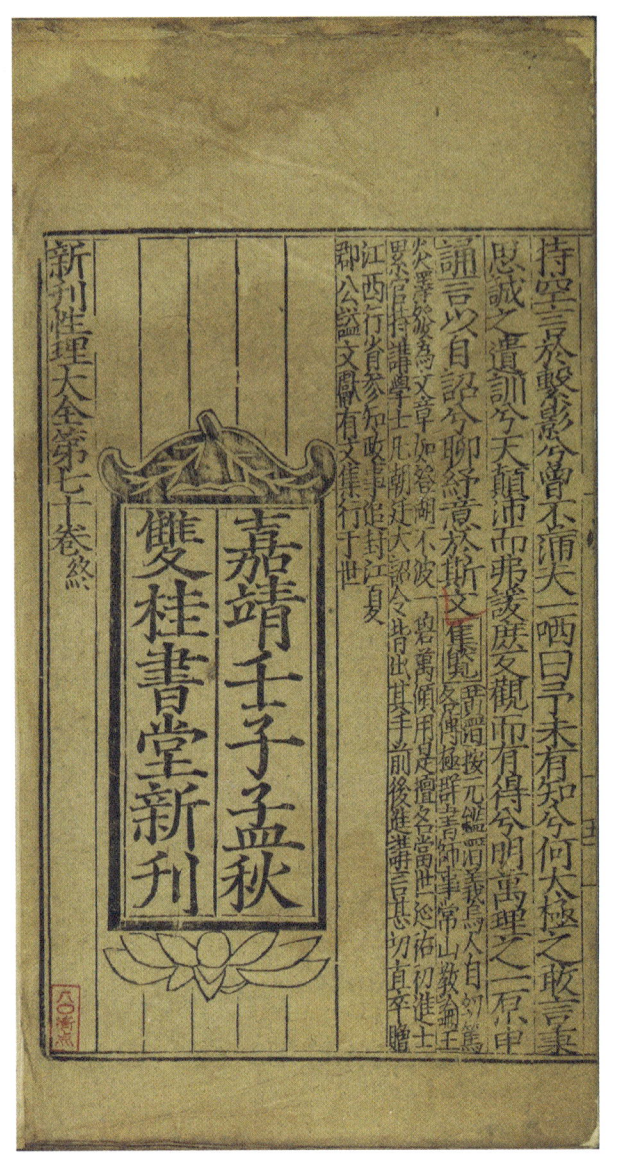

圖3-86 牌記著錄三

例4：爾雅注疏十一卷　晉郭璞注　宋邢昺疏　明崇禎元年古虞毛氏汲古閣刻十三經注疏本　武慕姚題記　浙江圖書館藏

此書係毛氏汲古閣所刻《十三經注疏》之一，牌記位於書尾，以陰文篆書鎸題，其釋文著錄爲"皇明崇禎改元歲在著/雝執徐古虞毛氏繡鎸"。

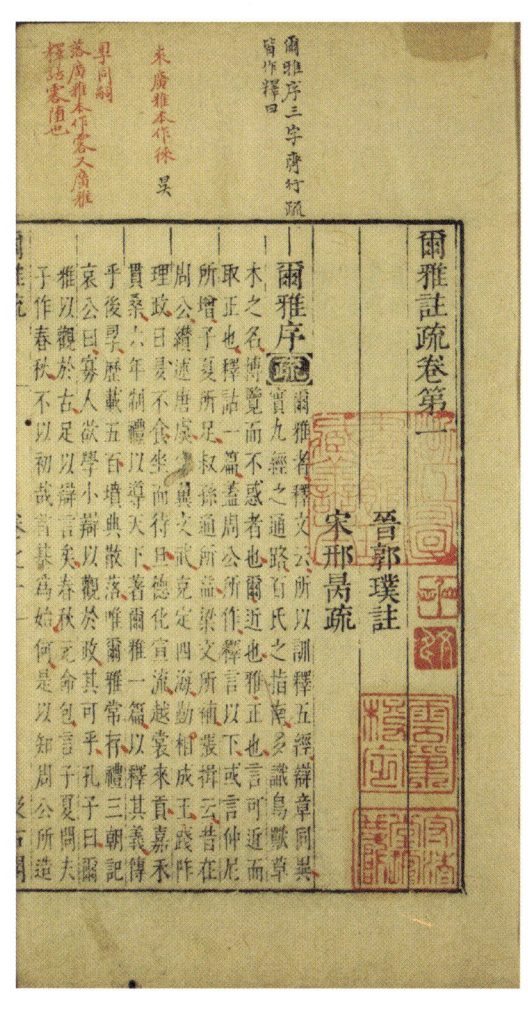
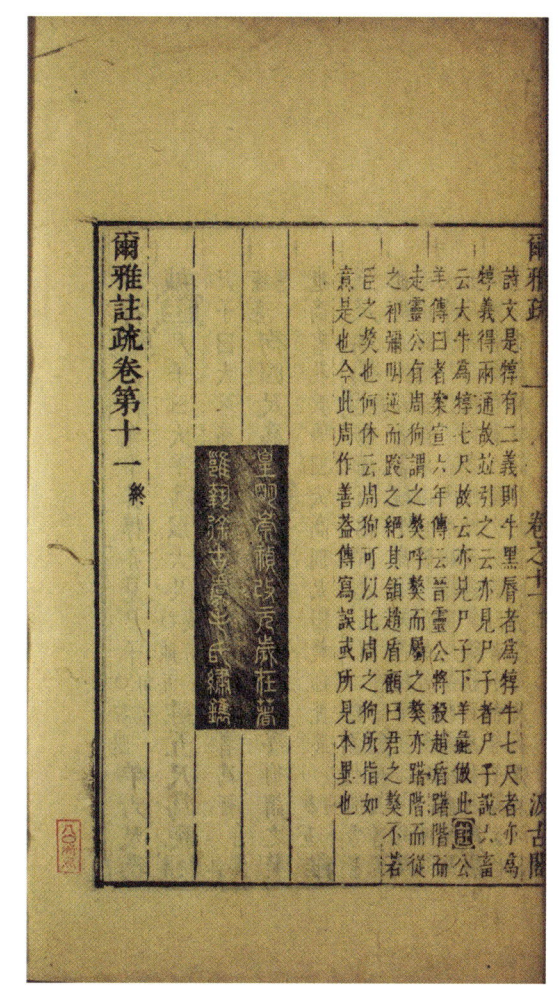

署記/牌記/題記/木記/條記/注記位置　卷十一卷末▼

署記/牌記/題記/木記/條記/注記內容＊　皇明崇禎改元歲在著雝執徐古虞毛氏繡鐫

署記/牌記/題記/木記/條記/注記附注

圖3-87　牌記著錄四

例5：重校正唐文粹一百卷　宋姚鉉輯　明嘉靖三年徐焴刻本　浙江圖書館藏

此書牌記位於目錄卷末，類似題記一行，無外框，其內容著錄爲"嘉靖甲申歲太學生姑蘇徐焴文明刻於家塾"。

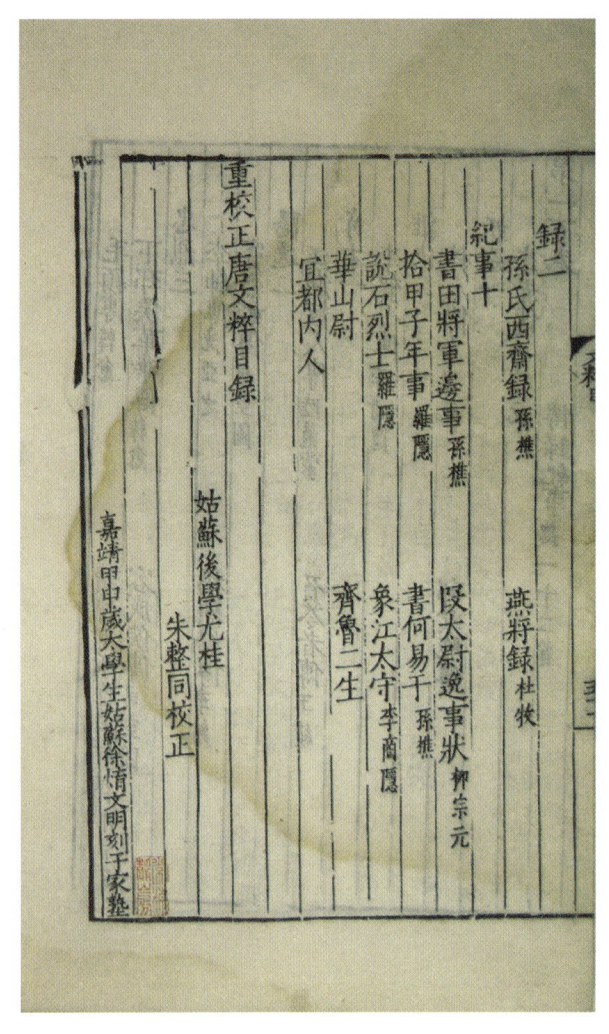

圖3-88　牌記著錄五

第八節　版式

版式著錄包括版框、行數、字數、邊欄、書口、魚尾、書耳等。

一、版框

1. 版框測量

古籍版框尺寸測量，首選正文首卷首葉；如該葉缺失，則選取下一葉，并在"版式附註"項中說明，以此類推。

1.1 高與寬

版框"高"度：尺子緊貼版框右邊線，以版框上下邊線外沿爲準測量。

版框"寬"度：尺子緊貼版框上邊線，從書口至版框右邊線外沿爲準測量。

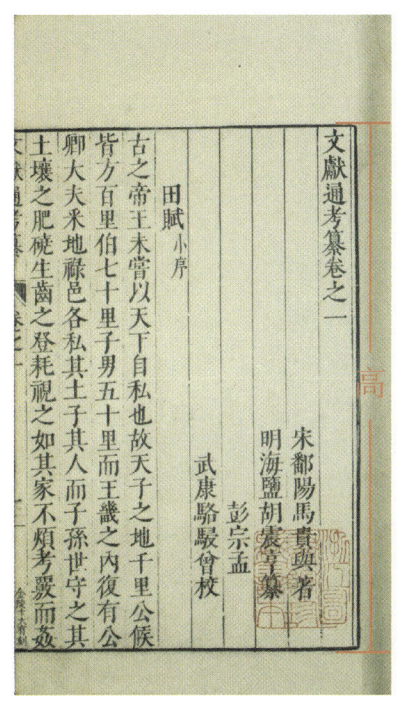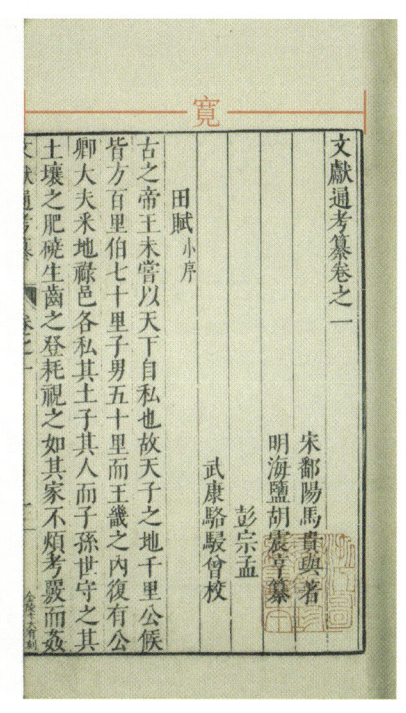

圖3-89　版框測量示意圖一

半葉整版者，其版框"寬"度也按照上述標準測量。

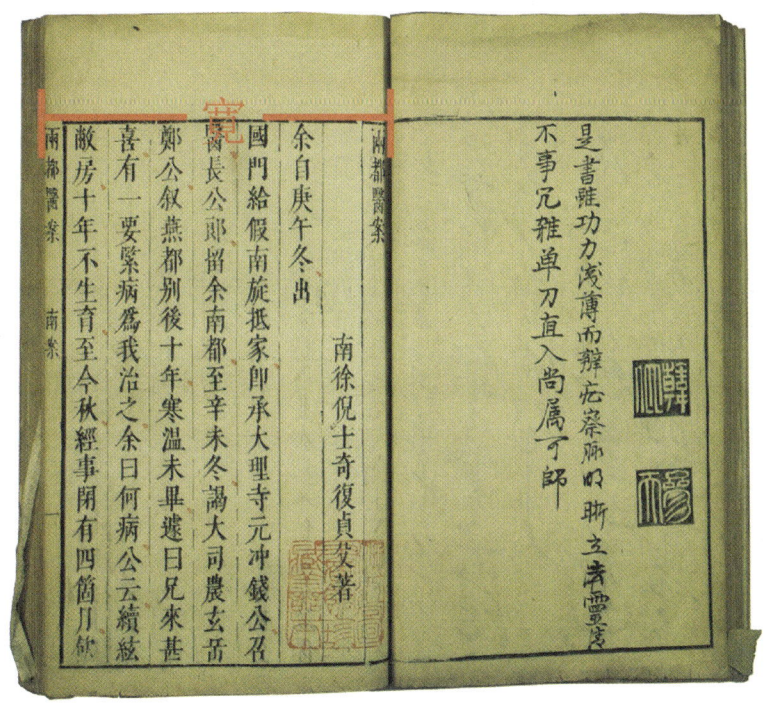

圖3-90　版框測量示意圖二

1.2　計算單位

版框尺寸大小以"厘米"爲單位，數據精確到小數點後一位；如測量數據爲整數，在小數點後加零。如：19.6×14.4cm、20.5×14.1cm，14.7×9.0cm。

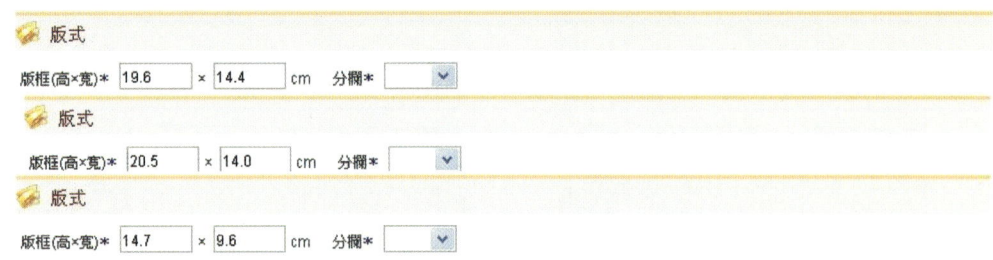

圖3-91　版框測量計算單位

2. 分欄版框

如有分欄，無論版框內部結構如何，都以整體進行測量，並在附注項分別說明上、下欄數據。分欄的字數只統計正文一欄每行字數。

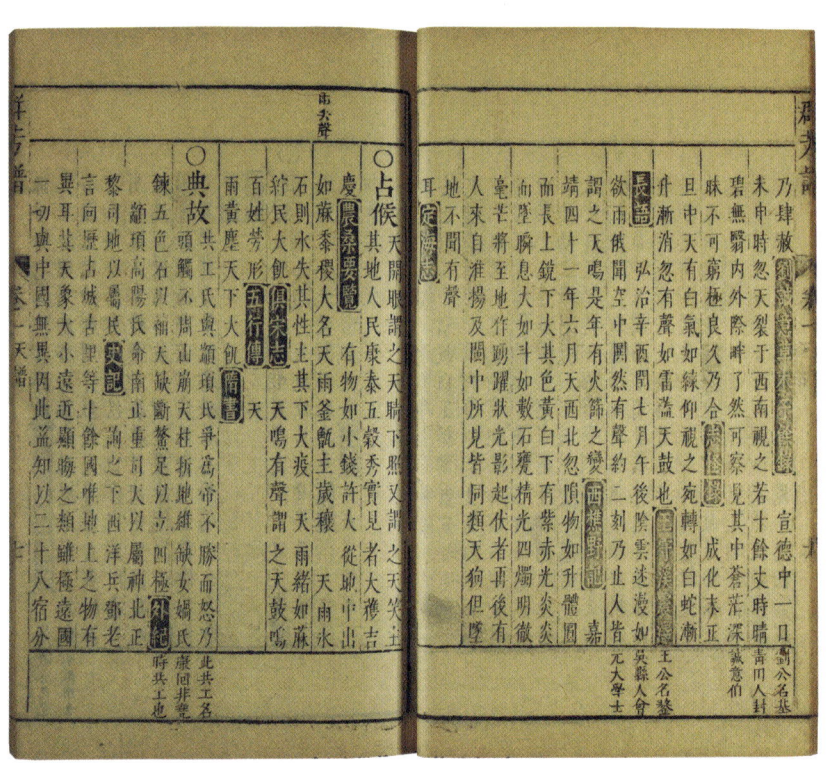

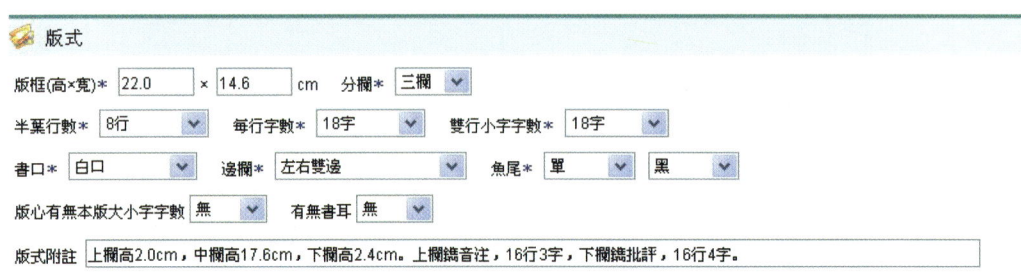

圖3-92　分欄版框測量圖

3. 叢書版框

叢書及彙編書情況比較特殊，有些書各個子目之間的版框尺寸有差異，因此，如叢書及彙編書有此情況時，其版框尺寸不著錄，各子目版框尺寸分別在各自子目附注項中著錄。

4. 卷軸裝版框

卷軸裝的書籍，如敦煌寫經等，版框尺寸只需測量、著錄高度。

經摺裝的佛經、道藏等，一般只著錄其版框"高"。

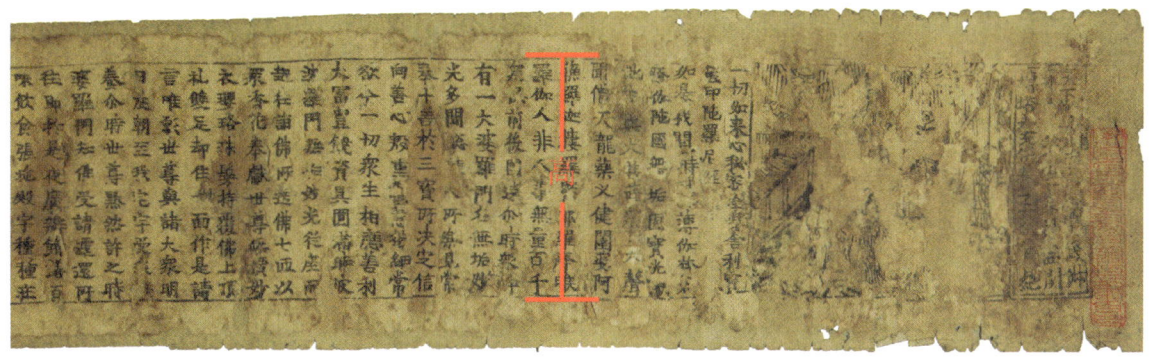

圖3-93　版框測量示意圖三

二、行數

1. 行數統計

按照正文每半葉統計著錄，用阿拉伯數字填寫。

2. 行數著錄

每葉行數不一者，著錄為"×行至×行"；各葉行數不一、不易統計者著錄為"不等"。

3. 夾行與眉評

夾行句讀圈點、書眉評語等特殊情況，應在版式附注中描述。書眉評語，其每行字數也在版式附注中說明。

例：史記纂不分卷　明凌稚隆輯　明萬曆七年凌稚隆刻本　浙江圖書館藏

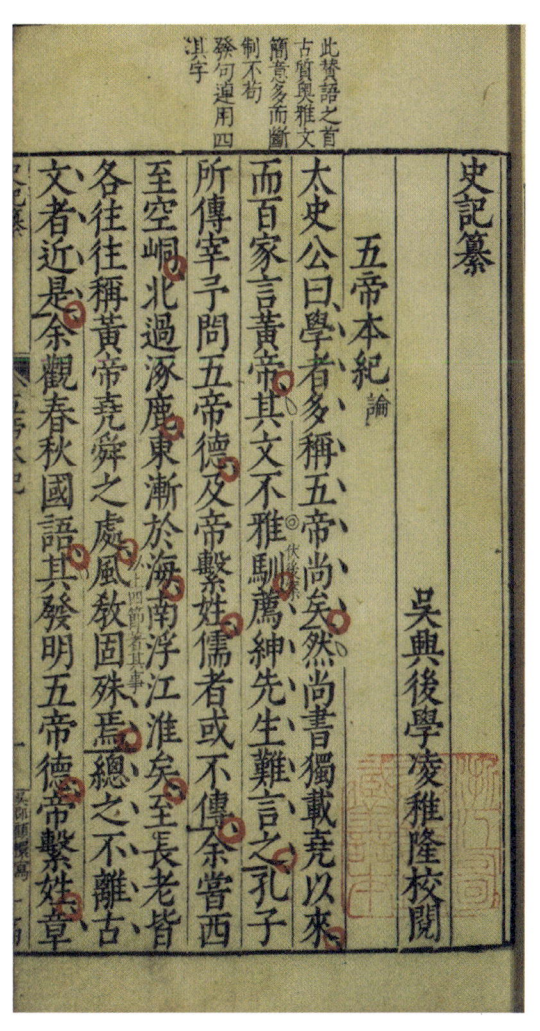

圖3-94　行數著錄

4. 經摺裝／卷軸裝行數

經摺裝佛經、道藏行數一般著錄一個經摺之內的行數。

卷軸裝書籍，如敦煌寫經等，行數無需著錄，只需著錄每行字數。

例：普寧藏（存九種）　元至元六年至二十六年杭州路餘杭大普寧寺大藏經局刻本　浙江圖書館藏

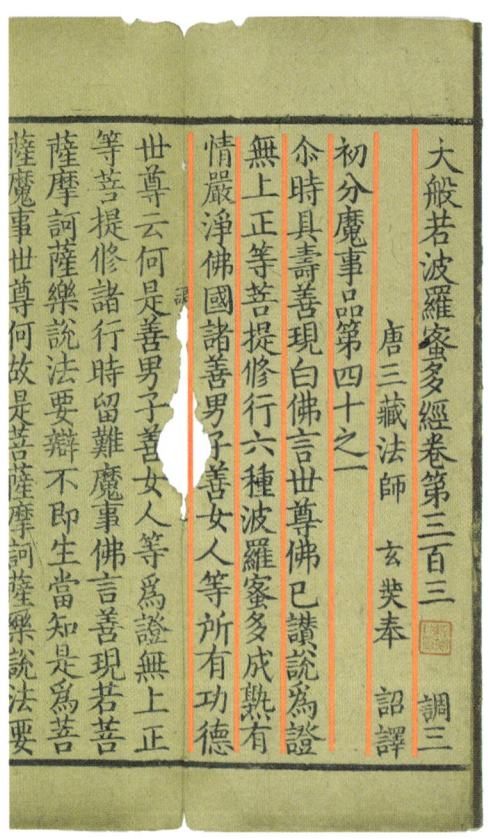

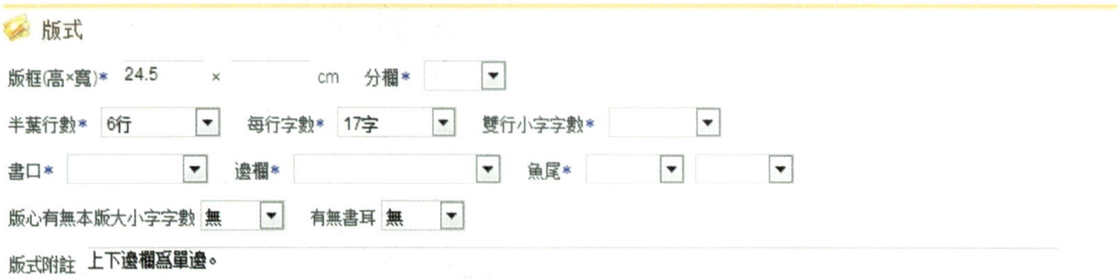

圖3-95　經摺裝版式著錄

三、字數

1. 字數統計

按照正文每行滿行實有大字字數統計著錄（有空字補齊，頂格超出版框者不計），用阿拉伯數字填寫。

2. 字數著錄

每行字數不一者，著錄爲"×字至×字"；各行字數不一、不易統計者著錄爲"不等"。

雙行小字與大字同者不著錄爲"同"，而是按照每行滿行小字字數統計著錄具體數字。每行小字字數不一者，著錄爲"×字至×字"；各行字數不一、不易統計者著錄爲"不等"。

若是單行小字、單行中字則在版式附注項中著錄。

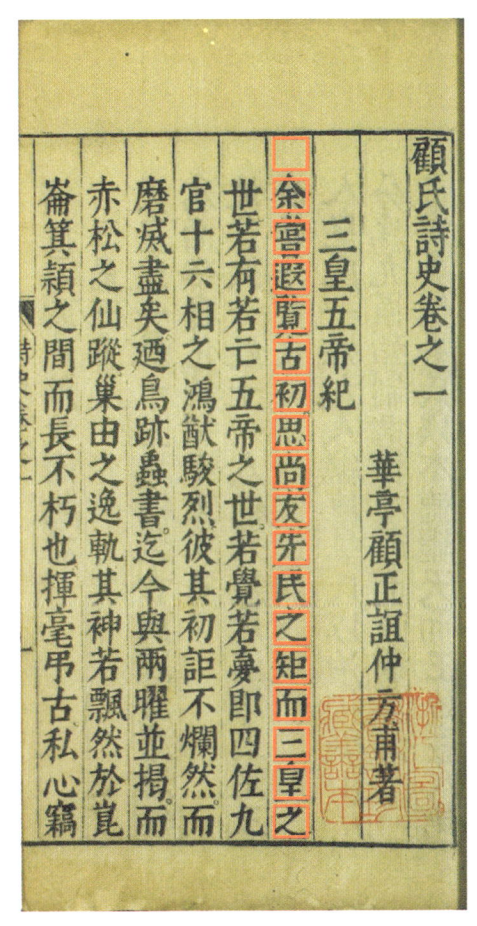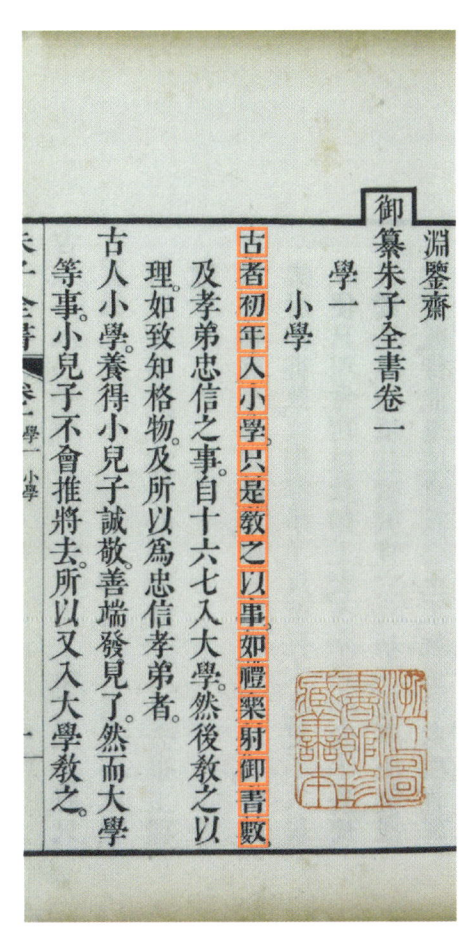

圖3-96　每行字數統計

3. 稿抄本行款

如有界行者，按刻本例計算；如無界行，但是書寫整齊，也按刻本例計算；如既没有界行，文字排列也不整齊，則著錄爲"行數字數不等"。

4. 叢書行款

叢書及彙編書情况比較特殊，有些書各個子目之間的行款也有差異。因此，如叢書及彙編書有此情況時，其行款不著錄，各子目行款分別在各自子目附注項中著錄。

5. 版心大小字數

有些古籍版心上下鐫有該版所刻大小字數，用於刻版工人計算報酬所用。如有，則在該字段選擇著錄"有"。其他處鐫有本版大小字數的，在版式附注中說明。

四、書口

1. 書口名稱
根據書口是否有用於對摺書葉準繩的線條，分爲"黑口"和"白口"。

2. 書口著錄
平臺中著錄黑口時，根據線條的位置，又分爲"上下黑口"、"上黑口"、"下黑口"等。

圖3-97　書口著錄

如該書以朱色或藍色印刷（印本），或使用紅格稿紙或藍格稿紙（稿抄本），書口有線條者，一律稱"黑口"，顏色在版式附注項中說明。

圖3-98　朱印、藍印書口著錄

3. 書口附注
若爲線黑口（細黑口）則需在附注項中說明。

例1：郝氏九經解（存一種）　明郝敬撰　明萬曆四十三年至四十七年京山郝氏刻本　浙江圖書館藏

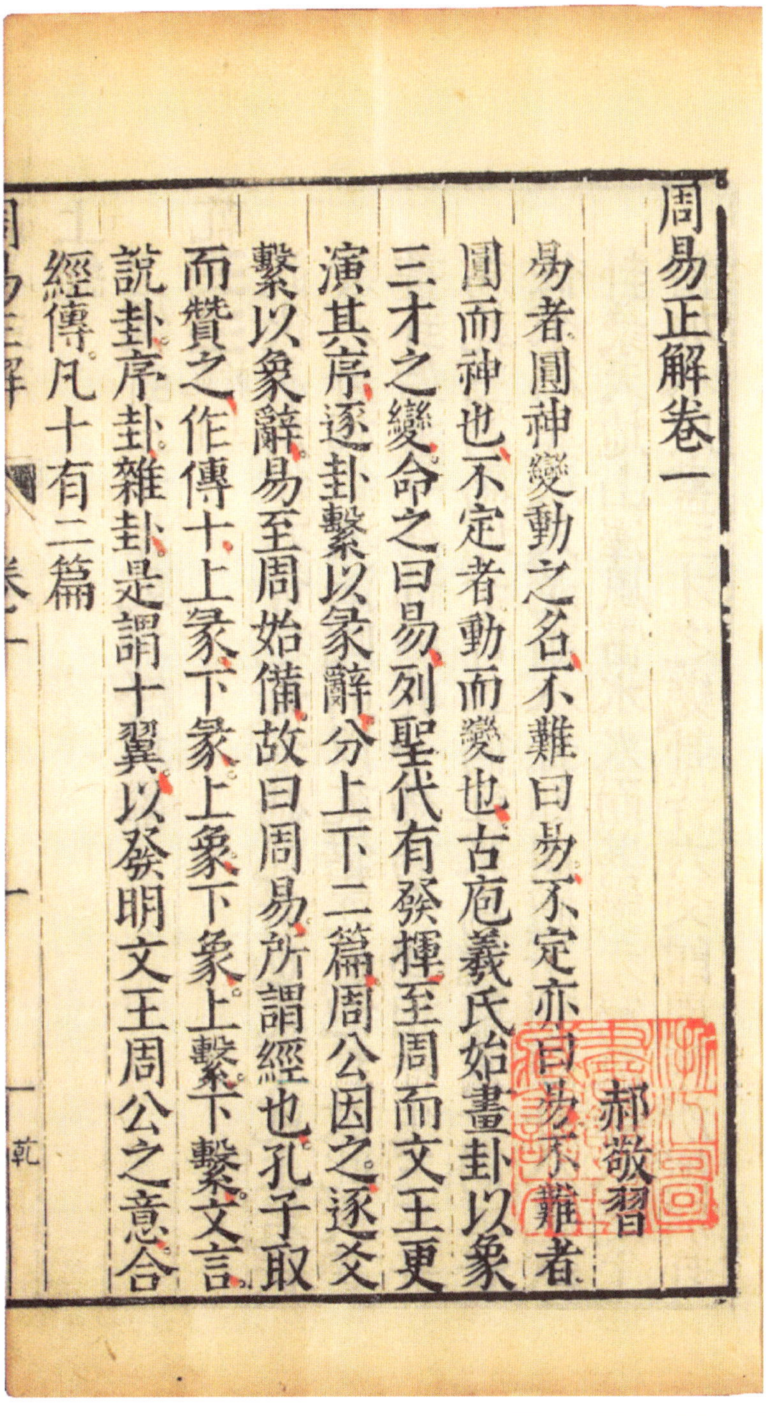

版式

版框(高×寬)* 22.0 × 14.6 cm　分欄*

半葉行數* 10行　每行字數* 21字　雙行小字字數*

書口* 下黑口　邊欄* 四周單邊　魚尾* 單 黑

版心有無本版大小字字數 無　有無書耳

版式附註 細黑口。

圖3-99　細黑口著錄

例2：中吳紀聞六卷　宋龔明之紀　明末毛氏汲古閣刻本　浙江圖書館藏

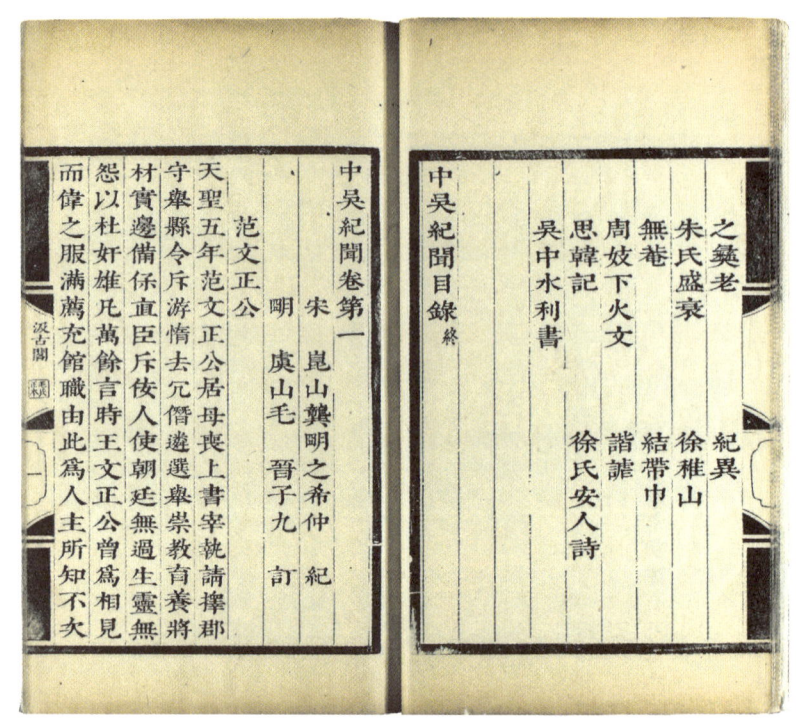

圖3-100　大黑口著錄

五、邊欄

邊欄根據整葉情況進行著錄。

1. 常見邊欄

常見邊欄類型有：左右雙邊、四周雙邊、四周單邊、四周單邊雙邊兼有。常見類型可通過平臺該字段下拉菜單進行選擇。

圖3-101　邊欄著錄

2. 特殊邊欄

特殊邊欄類型有：卐字欄、竹節欄、花欄、博古欄等等。這些類型需在該字段下拉菜單"其他"項，自行填寫。

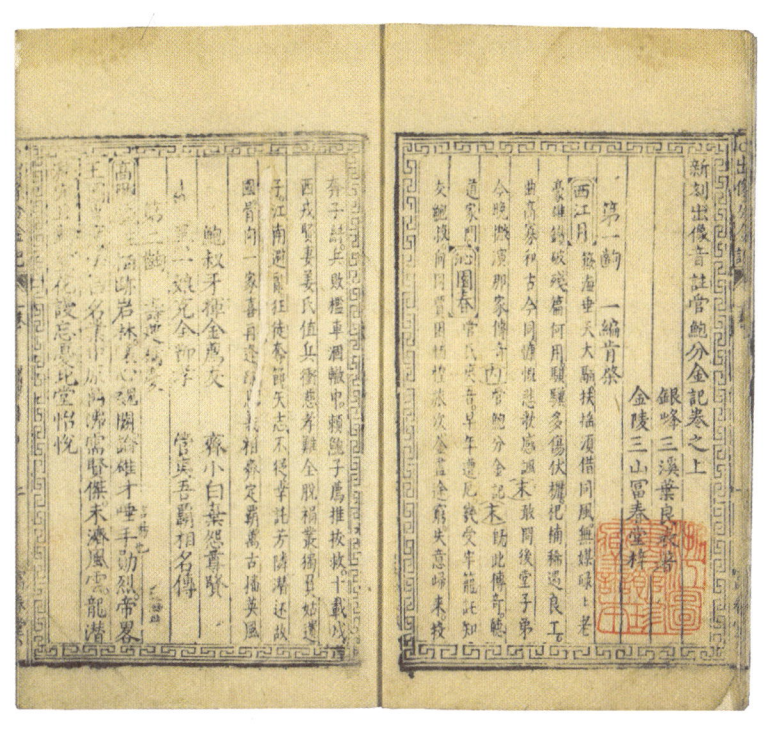

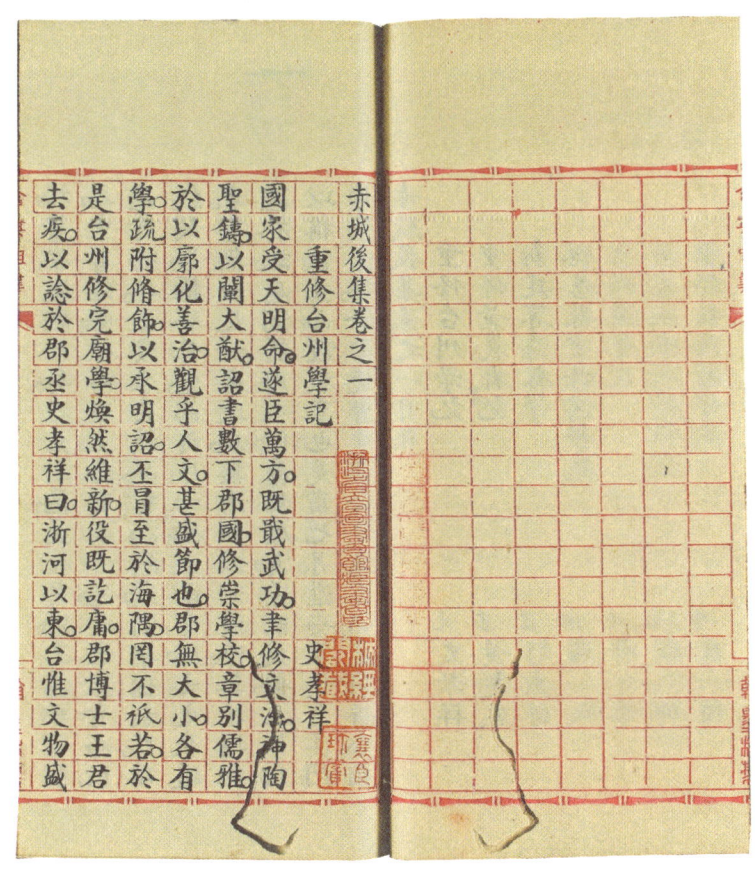

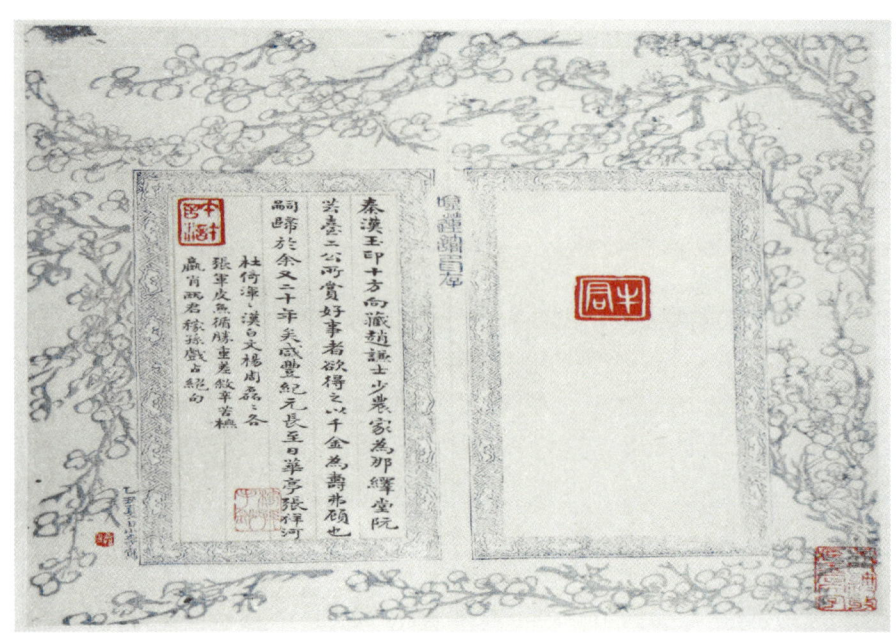

圖3-102　特殊邊欄著錄

3. 手繪欄線

如敦煌寫經等，其版框欄線係手繪而非印刷，與一般書籍邊欄不同，故這類書籍的邊欄不用著錄，相關情況在附注中說明即可。如有鉛繪欄線，則在附注項中注明"有鉛繪欄線"。

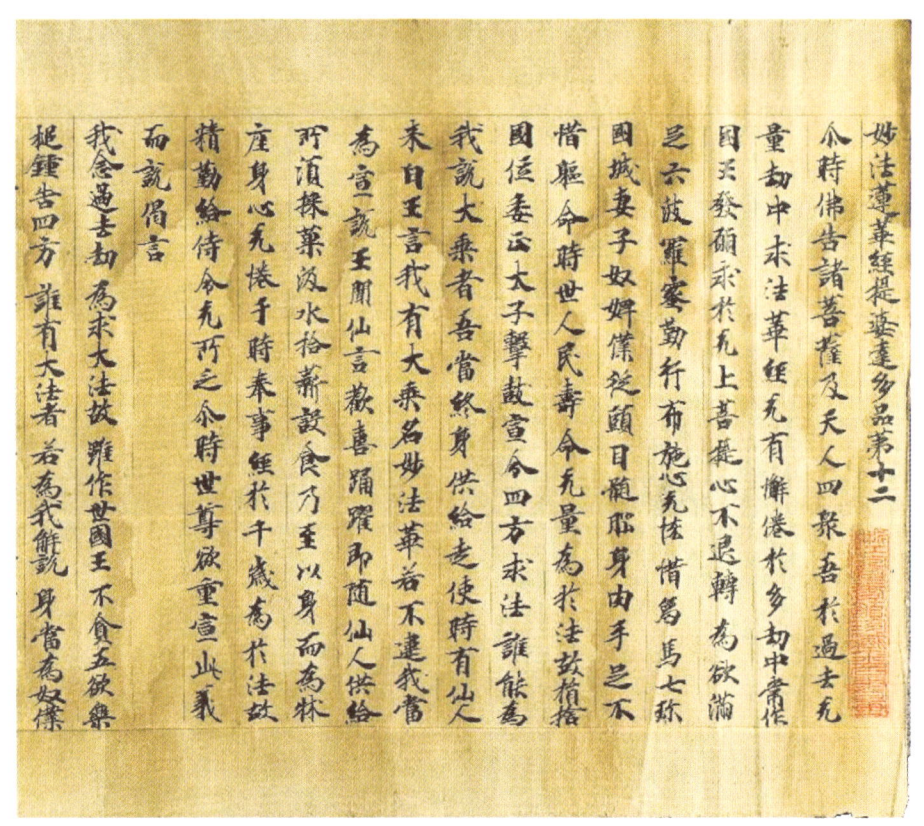

圖3-103　鉛繪欄線著錄

六、魚尾

平臺著錄時，先著錄數量（單、雙、三或更多）。如單魚尾再著錄花色（白、黑、花或其他）；如兩個及以上魚尾，先著錄魚尾方向，再著錄花色。

與書口一樣，根據魚尾是否鏤空或留有墨釘，來區分白魚尾和黑魚尾。如該書以朱色或藍色印刷（印本），或使用紅格稿紙或藍格稿紙（稿抄本），魚尾留有墨釘者，一律稱"黑魚尾"，顏色在附注項中說明。

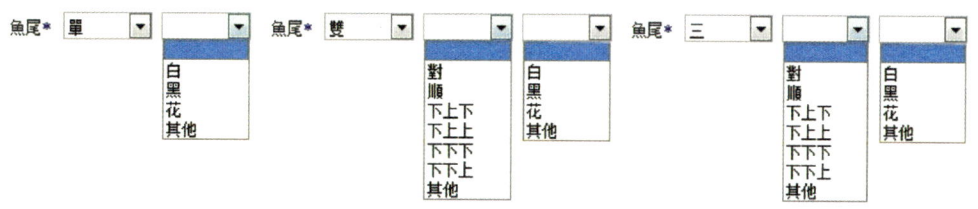

圖3-104　魚尾著錄

七、書耳

有些古籍在版框外沿邊欄（常在左上）刻有小長方框，用以題寫小題或其他內容，稱爲"書耳"。如有，則在該字段選擇著錄"有"，并在附注項中說明書耳內容。若沒有則選擇"無"。

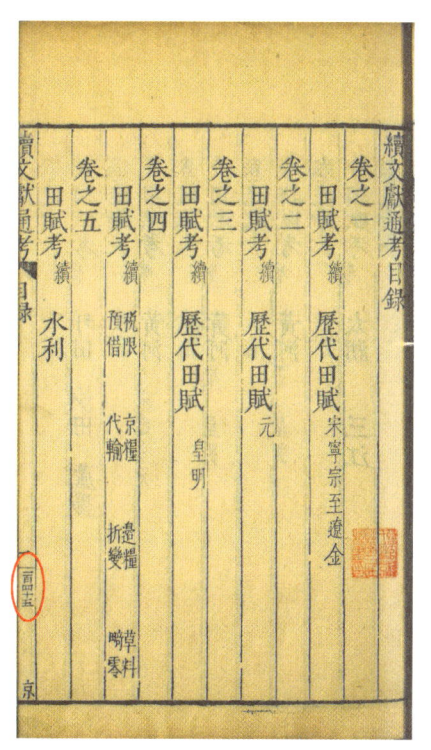 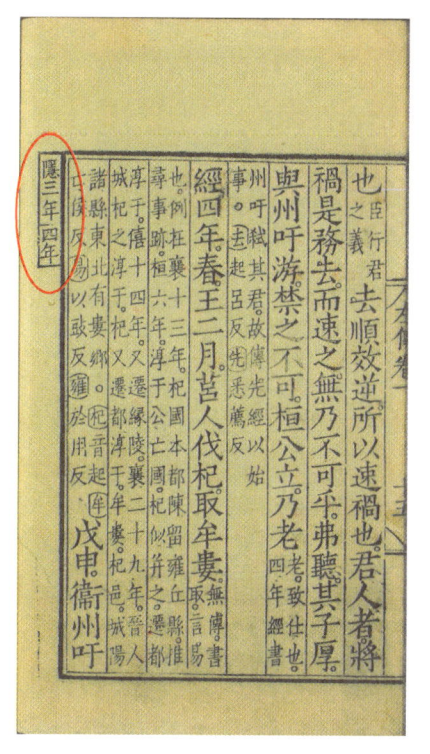

圖3-105　版心字數與書耳

第九節　裝幀・裝具

一、裝幀

1. 裝幀形式

裝幀形式以書籍呈現的實際狀況著錄。如經前人改裝者，按現有裝幀形式著錄，裝幀附注中說明原有形式。如佛經經摺裝改爲線裝，則著錄線裝，附注原爲經摺裝。

1.1　常見形式

線裝、經摺裝、梵夾裝、金鑲玉、毛裝、包背裝、卷軸裝、蝴蝶裝、冊葉裝等。

1.2　特殊形式

如有，用户選擇該字段下拉菜單"其他"選項，自行填寫。

2. 開本

2.1　開本測量

開本數據測量以原書所用紙幅大小爲準，沿書籍邊緣測量，以"厘米"爲單位，精確到小數點後一位。

2.2　金鑲玉開本

"金鑲玉"裝的開本測量"金"（即原書）的尺寸，"玉"的部分在"裝幀附注"項中說明。如明崇禎刻本《新鐫全像通俗演義隋煬帝豔史八卷四十回》爲金鑲玉裝，原書開本尺寸爲23.6×16.6cm，金鑲玉開本尺寸爲26.8×16.6cm，在裝幀附注項中說明。

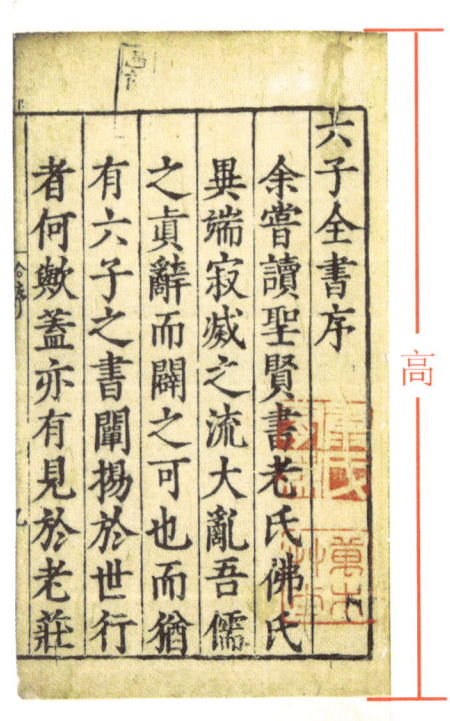

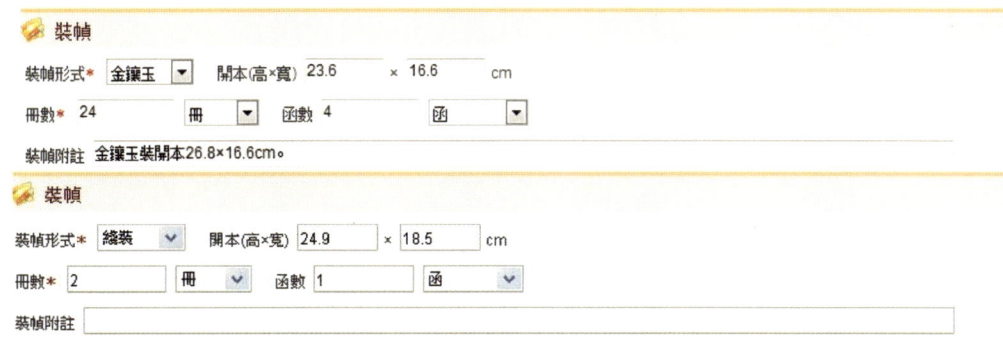

圖3-106　開本測量與著錄

3. 冊數

以現有實存冊數與函數著錄，不論數量多寡。卷軸裝書籍冊數單位用"卷"。

二、裝具

平臺中著錄的"函"泛指所有的裝具，並非僅指布質的函套，也包括木製的夾板、書匣等其他裝具。

裝具數量據客觀情況著錄，用阿拉伯數字＋計量單位的格式填寫，計量單位在該字段下拉菜單中選擇。若無裝具，則在裝具附注項中填"無裝具"。

如有多種不同材料或形式的裝具，均需著錄，通過點擊該字段右上角"+"增加著錄。

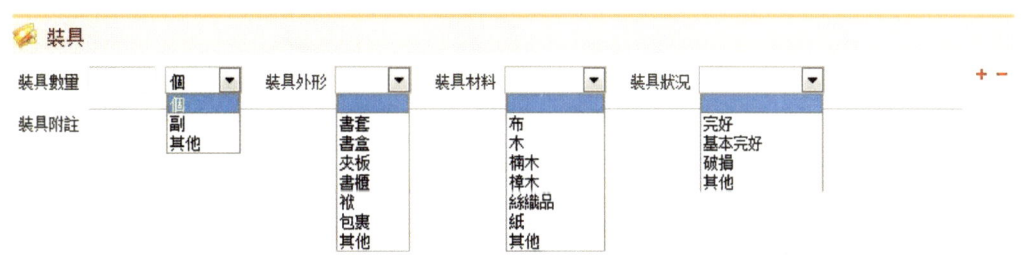

圖3-107　裝具著錄

第十節　序跋

序跋位於書首或書尾，涉及本書內容、撰輯緣由及刊刻情況的文字，屬於原書組成部分。序跋字段所要著錄的內容有"名稱"、"名稱依據"及其著者有關情況。如有多篇序跋，點擊該字段右上角"+"增加著錄。

1. 序跋名稱

序跋名稱著錄原則為"盡可能照錄"。首先依據篇首原題名稱著錄；如原題無或該序跋首葉殘缺，則據版心所題著錄；上述客觀所題皆無，再由用戶擬題。

擬題的格式為"著者姓名＋'序'或'跋'"，如該序跋既無名稱，也無著者姓名，則著

圖3-108　序跋著錄一

錄爲"佚名序"或"佚名跋"。

2. 名稱依據

序跋名稱如據原題著錄，則選擇"照錄"；如據版心等處著錄，則選擇"照錄"，在序跋附注項中說明"名稱據版心題"。

如以序跋著者姓名+"序"或"跋"、"佚名序"或"佚名跋"著錄者，則選擇"擬題"。

卷軸裝、册葉裝等前附引首，如與著者同時代則作序跋處理，如屬於後人裝池時所題，則作批校題跋處理。

3. 序跋著者、著作方式

客觀著錄著者朝代/國別、人名。著錄規則參照本章第四節"著者"著錄。

序跋著作方式據實客觀著錄。如原題無著作方式，則統一擬題爲"撰"。

序跋時間按照原書所題客觀著錄，錄至年份（含干支和太歲等紀年）即可。如原序跋中未提及時間，則無需填寫。

4. 序跋附注

與"序跋"相關的解釋性文字，使用完整的描述句與規範的標點符號。

序跋著者署款含時間、籍貫、字號及序後刻有印章附注於此。格式爲"序末/跋尾原題"。要求：

（1）序著者在該序題名次一行者著錄爲：原題"……"。

（2）在序末者著錄爲：序末原題"……"。

（3）在跋末尾者著錄爲：跋尾原題"……"。

（4）序末跋尾刻有作者印章的按印章規則（詳見本章第十三節）著錄在序末跋尾後面。

（5）序末跋尾有書寫者的，與序者信息分別著錄，用句號隔開。

如該書舊序、跋已歸入卷首、卷末、附錄等内容，除有關考證信息外，無需在序跋項著錄。

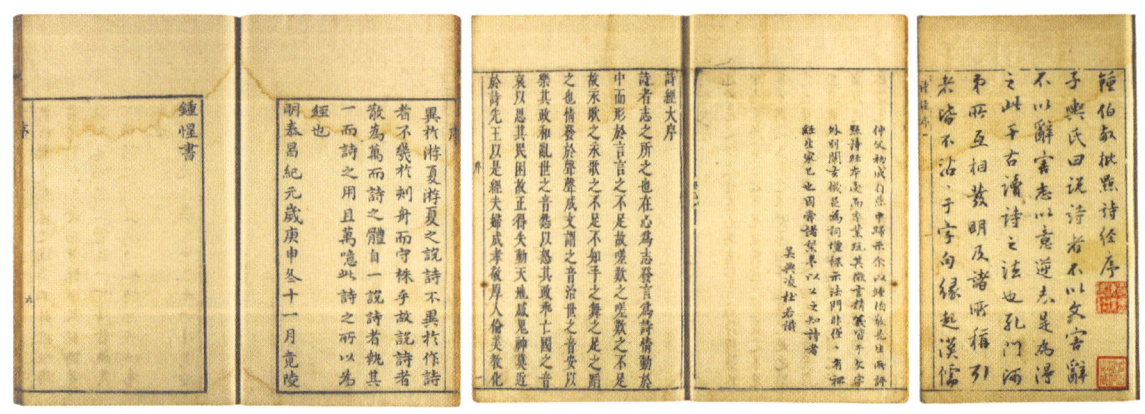

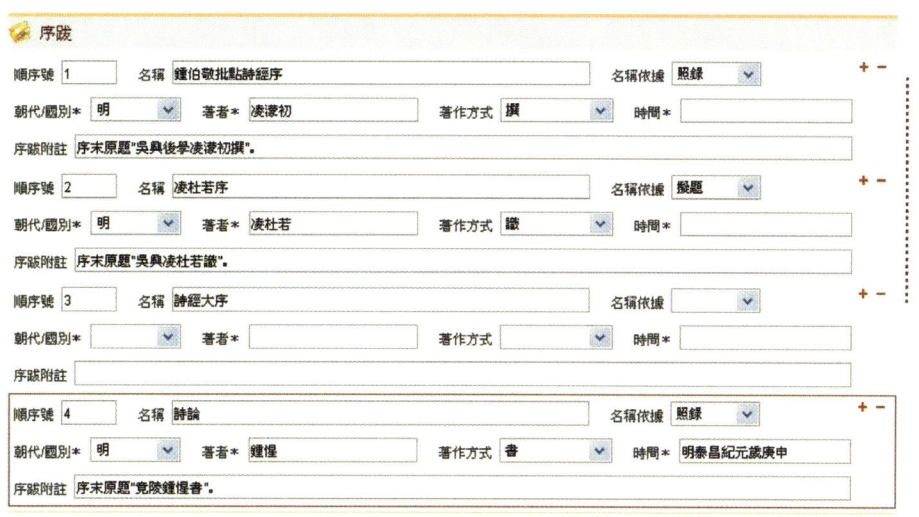

圖3-109　序跋著錄二

第十一節　刻工

　　刻工著錄內容爲刻工姓名及首次出現位置，如有多個刻工，通過點擊該字段右上角"+"增加著錄。

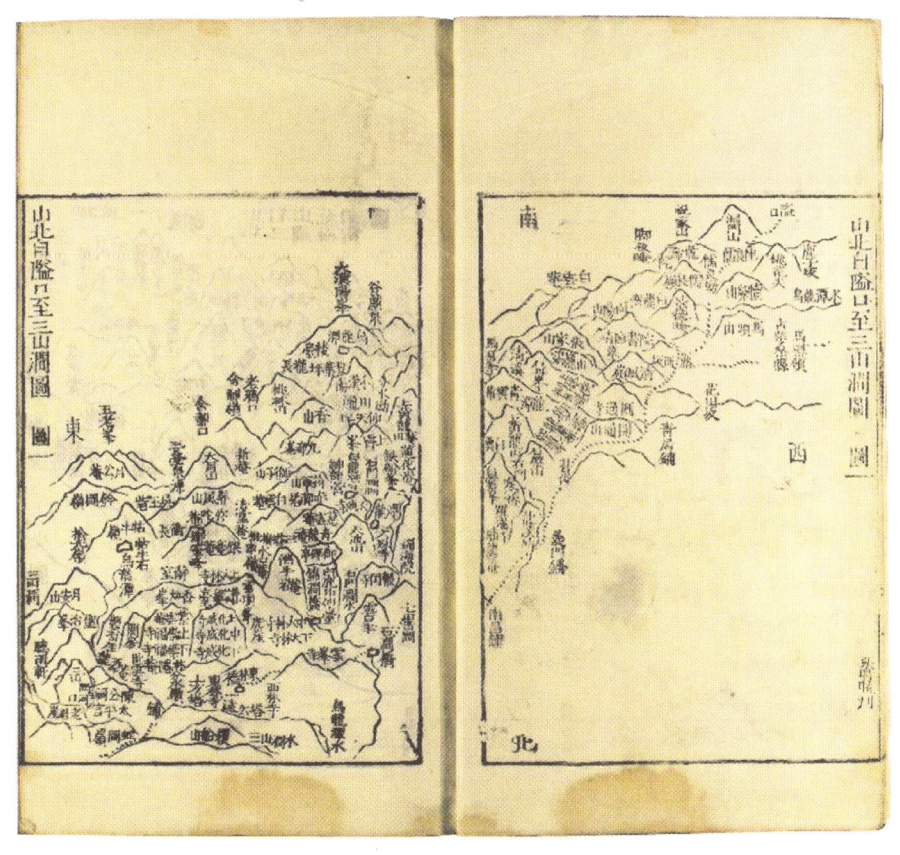

圖3-110　刻工在圖中例

1. 姓名

刻工姓名（包括單字姓、名或代號等）據原書版心所題客觀著錄，同一刻工只著錄一次（首次在書中出現時）。

有些刻工在前幾塊版上只刻了單字的名或姓，後面的版上刻了全名，著錄時先著錄單字，後以圓括號標注全名，並在相應的"刻工附注"中說明"卷×葉×作××（全名）"。

如有寫工，亦需著錄，填寫在附注項中。

方志、輿圖等刻工姓名常在插圖中。其他插圖繡像的繪者常在圖中四角鐫刻姓名，此類繪者，著錄規則同刻工。方志、輿圖等繪圖者若在編輯姓氏中出現，則著錄於著者項中。

2. 位置

著錄刻工第一次出現的位置，使用"阿拉伯數字＋計量單位"的格式填寫，即"×卷×葉"，計量單位在下拉菜單中選擇。

遞修本刻工著錄，刻工名位置按正常順序著錄，如版心鐫有重修時間等信息，則在刻工附注中著錄。

3. 附注

著錄與"刻工"相關的解釋性文字，如版心下鐫有刻工籍貫或刊刻形式等，使用完整的描述句與規範的標點符號。

玉海二百卷辭學指南四卷詩考一卷詩地理考六卷漢藝文志考證十卷通鑑地理通釋十四卷周書王會補注一卷漢制考四卷踐阼篇一卷急就篇四卷小學紺珠十卷姓氏急就篇二卷六經天文編二卷周易鄭康成注一卷通鑑答問五卷　宋王應麟撰　元至元六年慶元路儒學刻元明清遞修本　浙江圖書館藏

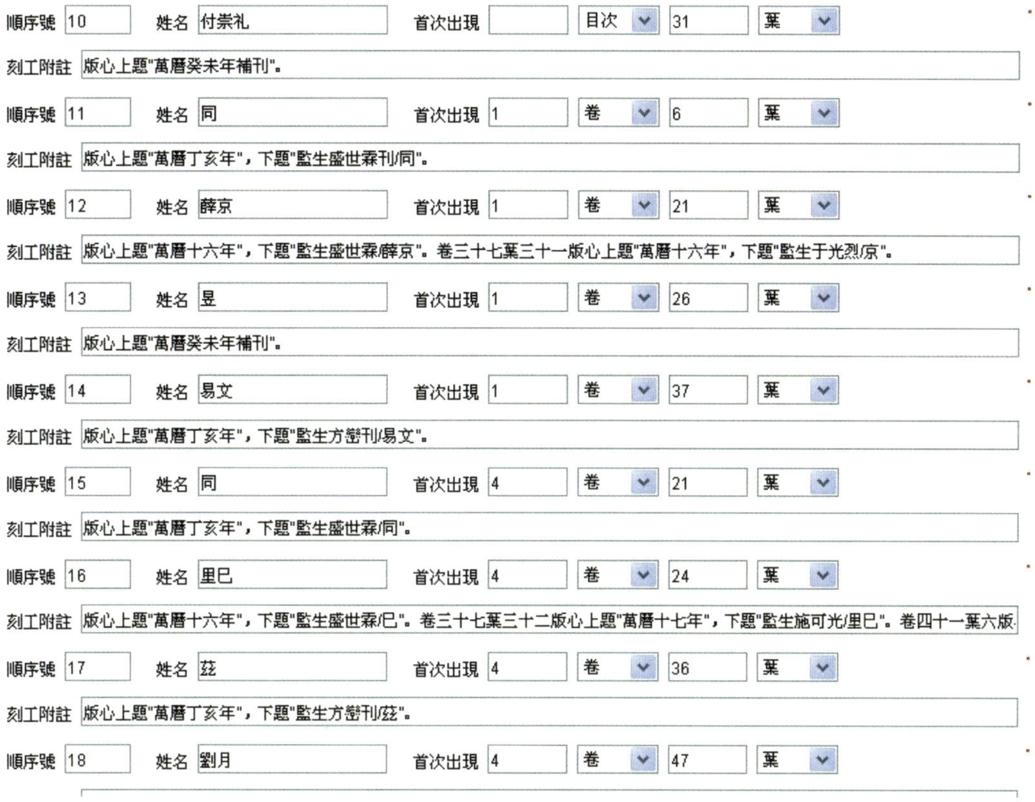

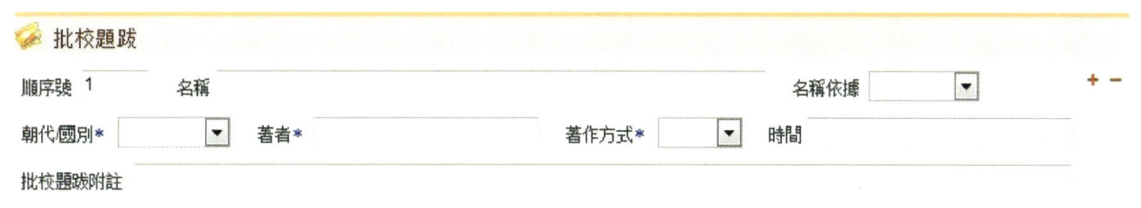

圖3-111　刻工著錄釋例

第十二節　批校題跋

批校題跋係指後人題寫在書上的文字，并非原書組成部分。批校題跋字段所要著錄的内容爲"名稱"、"名稱依據"及其著者相關情况。

圖3-112　批校題跋著錄界面

1. 名稱及依據

批校題跋原題一般没有名稱，多由編目者擬定，以"著者朝代+著者姓名+著作方式"著録。如該批校題跋無著者姓名，則著録成"佚名批校"、"佚名題"、"佚名跋"等。名稱依據則著録爲"擬題"。

2. 著者及著作方式

客觀著錄著者朝代/國別、姓名。著錄規則參照第三章第四節。

批校題跋的著作方式根據具體內容擬定。一般而言，在天頭空白處對本書句段所作解釋、對勘等的文字，稱爲"批"；對書中文句所作校改，稱爲"校"；在書前或書尾評介全書內容或流傳過程，并有一定篇幅的文字，稱爲"題跋"；在書前、書尾或書中題寫購書、藏書或其他與此書相關的簡略文字，稱爲"題記"或"題款"；在書前、書尾或書中題寫"某某人某日觀"一類的文字，稱爲"觀款"；在封面上題寫書名，稱爲"題簽"；對碑拓、石刻、錢布等進行文字識別，稱爲"釋文"；若使用傳統文學評點方式對原文本進行圈點，則稱爲"圈點"；將他人或他本上的批校題跋抄錄於別本上，稱爲"過錄"。

序跋時間按照批校題跋原題客觀著錄，一般錄至年份即可。如原批校題跋中未提及時間，則無需填寫。

如一書中有同一人的多種不同著作方式的批校題跋，可以合併著錄。若是有不同人的批校題跋，著錄的原則是以著作方式爲建立條目之標準。

若已定爲稿本，著者本人的批校題跋無需再在此著錄。

3. 批校題跋附注

著錄與"批校題跋"相關的解釋性文字，使用完整的描述句與規範的標點符號。

如有多篇批校題跋，點擊該字段右上角"+"增加著錄塊。

例：東林同難錄一卷　明楊坤等輯　東林同難列傳一卷附傳一卷　清繆敬持輯　清雍正五年江陰繆氏耕學草堂刻道光五年葉氏水心齋重修本　清周星詒跋　清傅以禮題識並校　浙江圖書館藏

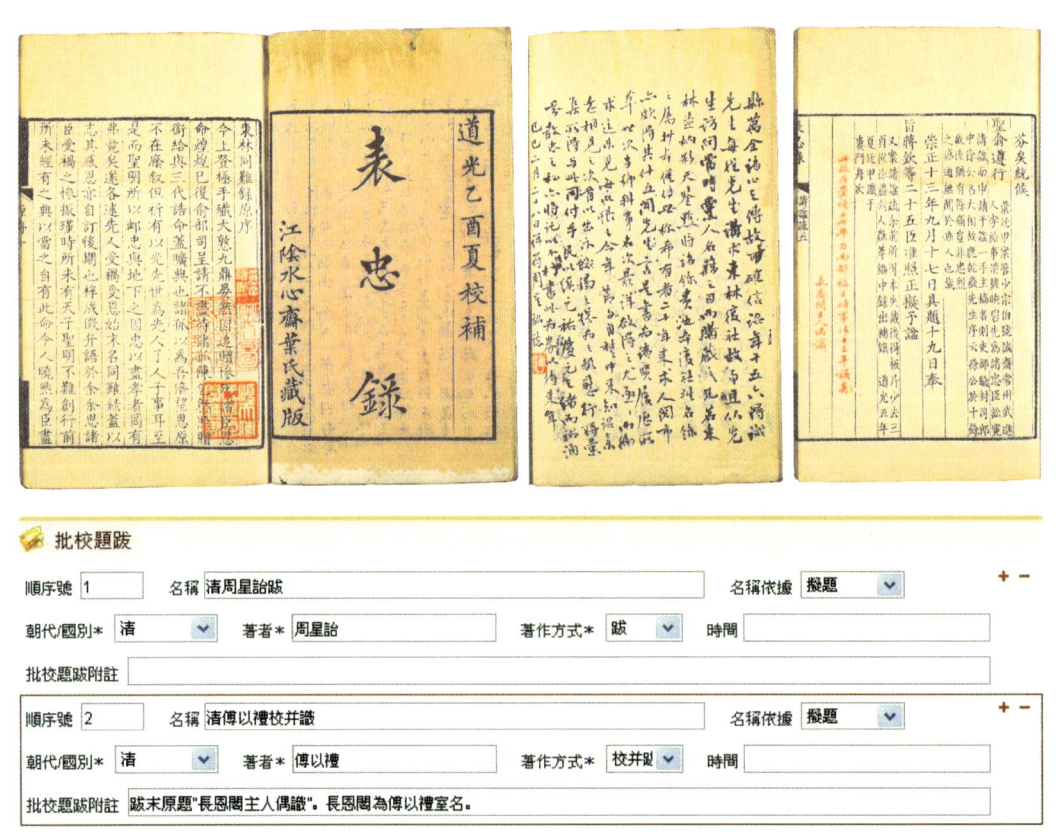

圖3-113　批校題跋著錄釋例

第十三節　鈐印

鈐印要著錄的內容有位置、形狀、類型、釋文、印主有關情況等。

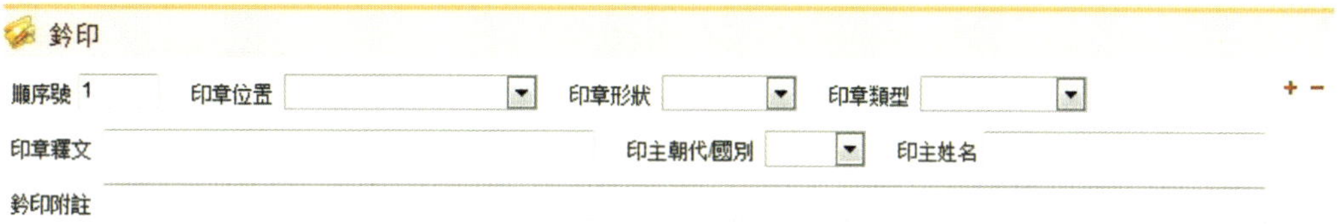

圖3-114　鈐印著錄界面

1. 印章位置

印章位置據實際情況著錄，可點下拉菜單選擇著錄。如有多個印章，一般遵循從前往後、從下往上的順序著錄，不同位置的同一印章只著錄最早出現的一次。

多個印章的著錄，點擊該字段右上角"＋"增加著錄塊，可無限增加；如要去除某條印章著錄信息，則點擊該字段右上角"－"號即可刪除。

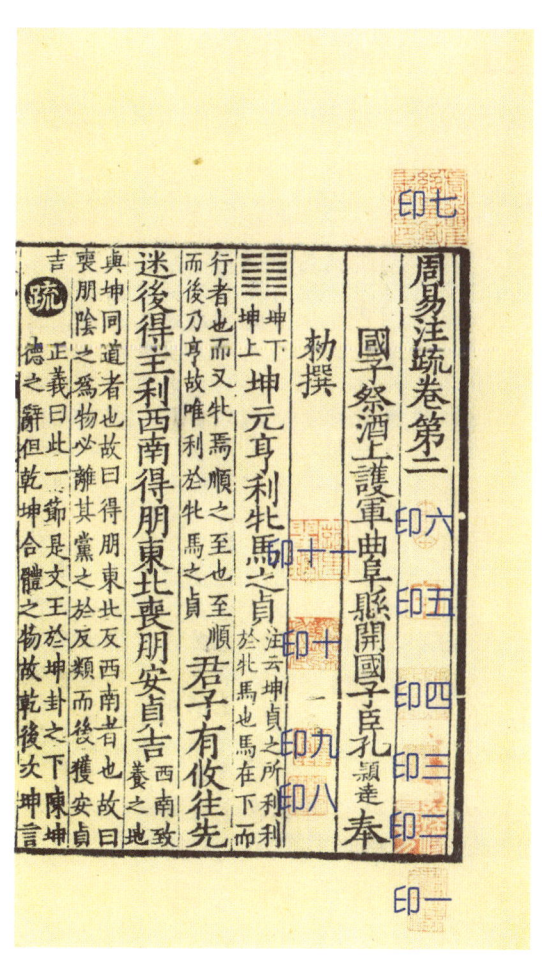

圖3-115　多個印章著錄順序

2. 印章形狀及類型

印章的主要形狀有：方、圓、長方（包括豎長方和橫長方）、橢圓（包括豎橢圓和橫橢圓）、隨形（即隨印材的自然形狀，不作修飾）、肖形、連珠（指兩個或兩個以上文義有關聯的印面刻製於同一平面上的印章，有二連珠、三連珠、四連珠等）。

方形　　圓形　　豎長方形　　豎橢圓形　　隨形　　肖形　　連珠形

印章主要類型有：陰文、陽文和陰陽文合璧。

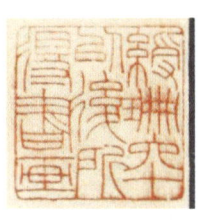  

陽文　　　　　陰文　　　　陰陽文合璧

圖3-116　印章形狀與類型

3. 印章釋文

印章釋文據實客觀著錄，遵循從右往左、從上往下的順序著錄，換行用"/"表示，不空格，不使用標點符號。

印章中如有殘缺或個別無法識別的文字，用"□"替代。如某一印章所有的印文都無法識別，則全部以"□"替代，並準確標識印章位置，同時提供相應的書影。

図3-117　印章釋文例

4. 印主朝代／國別、姓名

印主朝代／國別、姓名據實客觀著錄，著錄規則參照第三章第四節"著者"著錄。印主不詳者在附注中用"印主時代姓名不詳"說明。

5. 鈐印附注

"鈐印附注"著錄與"鈐印"相關的解釋性文字，使用完整的描述句與規範的標點符號。

6. 印章真僞

如鑒定鈐印爲僞印，印章釋文仍然著錄，在鈐印附注項中說明"僞"。如不能確定，則在鈐印附注項中注明"疑僞"。除有確鑿證據外，一般不宜斷爲僞印。

第十四節　附件・文獻來源

一、附件

所謂附件，是指與古籍的主體配合使用，而形式上（如裝幀形式）又與主體脱離的附屬部分。

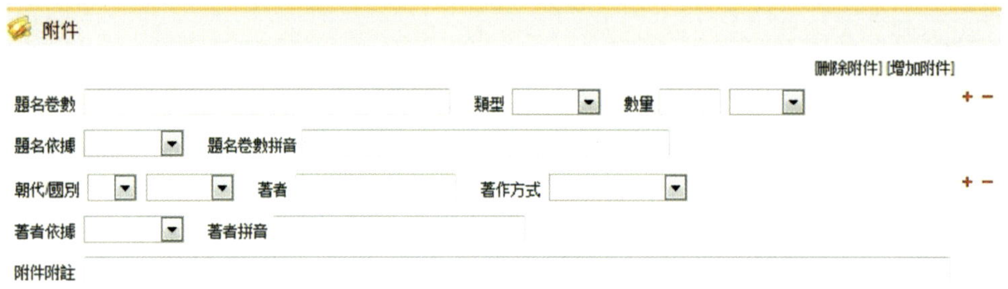

圖3-118　"附件"著録界面

1. 題名卷數

附件題名主要依據正文卷端所題著録。如正文卷端所題不足以準確反映全書内容或缺失，可酌取書内其他各卷卷端、目次、凡例、序跋、版心、牌記、内封、原題、封面等所題題名著録，或以約定俗成之題名、通行習見之異書名著録。具體規則參考第三章第三節"題名卷數"。

2. 類型、數量

附件類型通過點擊下拉菜單選擇著録。
數量使用"阿拉伯數字＋計量單位"的格式著録，計量單位在下拉菜單中選擇。

3. 著者著録

附件著者朝代/國别、人名據實客觀著録，規則參考第三章第四節"著者著録"。
著作方式據實客觀著録。如附件無著作方式，一般著録爲"撰"，或根據内容擬定。

4. 附件附注

著録與"附件"相關的解釋性文字，使用完整的描述句與規範的標點符號。

二、文獻來源

圖3-119　"文獻來源"著録界面

文獻採訪登記號著錄該書到達本館（單位）時所作的編號（或財產登記號）。

財產轉移方式通過點擊下拉菜單選擇著錄。

與"文獻來源"相關的解釋性文字著錄在"文獻來源附注"中，使用完整的描述句與規範的標點符號。

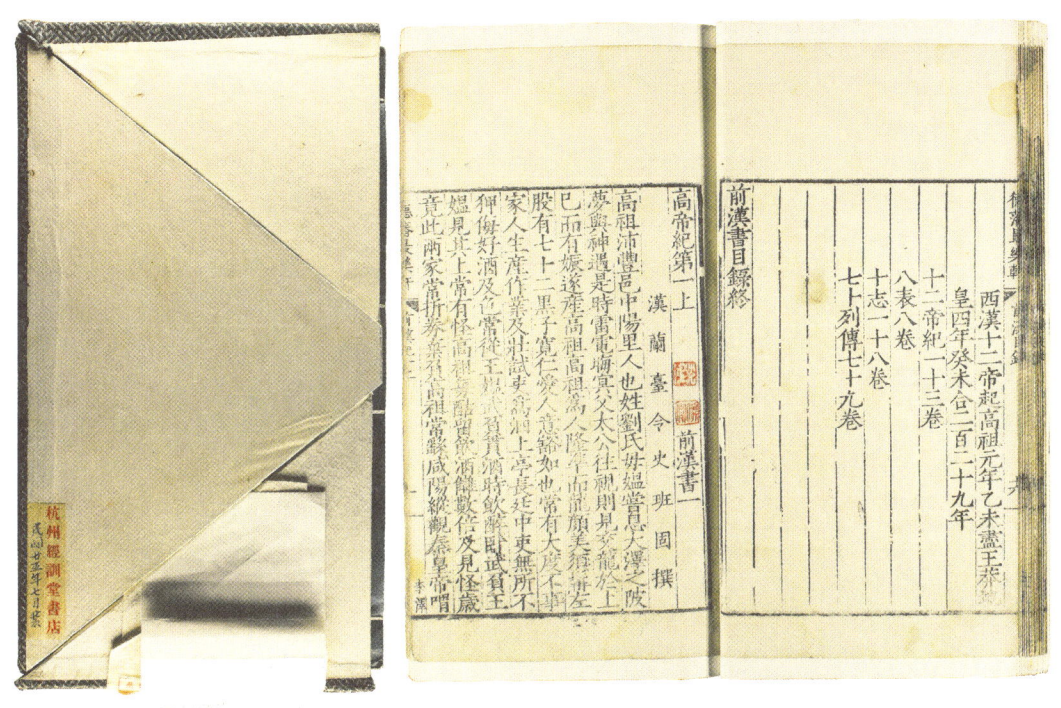

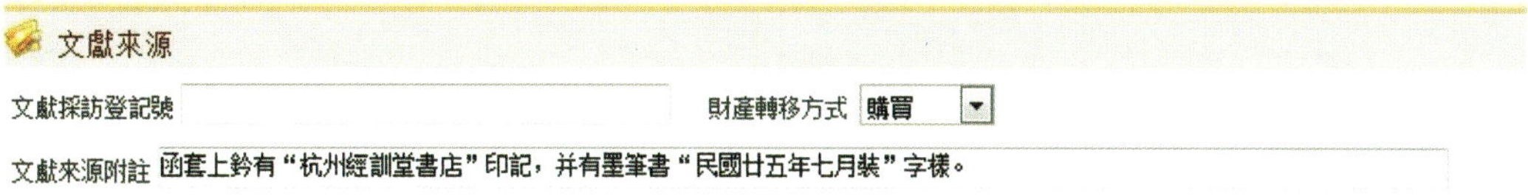

圖3-120　"文獻來源"著錄釋例

第十五節　修復歷史

本字段主要著錄一書曾經修復的時間、單位、修復者姓名和修復方式。

圖3-121　"修復歷史"著錄界面

如該書歷史上曾經多次修復，點擊該字段右上角"+"增加著錄塊，按時間先後順序填寫歷次修復情況。曾經有過多少種修復方式，即增加多少個著錄塊。

與"修復歷史"相關的解釋性文字在"修復歷史附註"中著錄，使用完整的描述句與規範的標點符號。

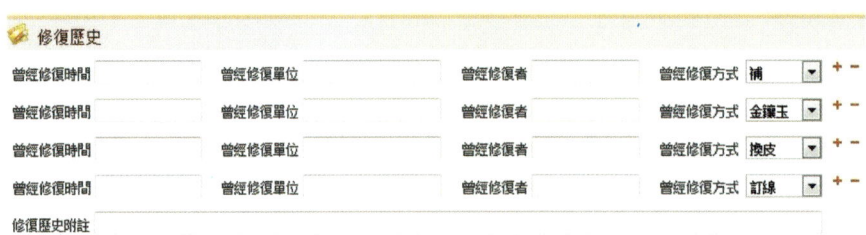

圖3-122　"修復歷史"著錄釋例

第十六節　叢書及彙編書子目

與一般的單行本古籍著錄比較，普查平臺系統對古籍叢書及其他各部類中彙編書籍（即有子目者）的著錄有不同的要求。不僅要求著錄叢書的整體信息，還要求著錄子目信息。

叢書及彙編書整體著錄的內容（叢書零種在沒有確切證明爲彙印前的單行本，則必需以叢書著錄），如題名卷數、著者等，與前文有關著錄規則一致，具體參考《中國叢書綜錄》相同版本著錄。叢書整體著錄完畢後，點擊頁面下方的"著錄叢書子目"按鈕，即可進入子目信息著錄頁面。叢書子目的著錄內容主要是題名、著者、版本等主要項目。

圖3-123　"叢書及彙編書子目"著錄界面

一、子目標識

叢書子目順序號由系統自動生成，同級子目即以自然數排序；如是子級子目，則以小數點後數列來表示某一子目下的次級子目序號。

"子目分區"是指某些叢書輯錄者按照一定的類別或其他標準分成若干部分，并冠以名稱。有的叢書以"經、史、子、集"四部分，有的叢書以輯錄時間先後順序如"第×編"、"卷×"等分，有的則以天干地支等分，可參考《中國叢書綜錄》。下舉幾例：

1.《百川學海》，宋左圭輯，全書以天干十字分爲十集，則其"子目分區"著錄爲"甲集"、"乙集"、"丙集"等。

2.《說郛》，元陶宗儀輯，全書以卷次分爲一百卷，則其"子目分區"著錄爲"卷一"、"卷二"、"卷一百"等。

3.《夷門廣牘》，明周履靖輯，全書以内容區分，設十三類，標以"藝苑"、"博雅"、"尊生"、"書法"等。則其"子目分區"著錄爲"藝苑"、"博雅"、"尊生"、"書法"等。

4.《申報館叢書》，清尊聞閣主人輯，清光緒申報館鉛印本。此書分爲"正集"、"續集"、"餘集"，"正集"下又分古事紀實類、近事紀實類、近事雜誌類，"續集"下又分掌故類、談藝類等小類——則其子目分區需反映出多層關係——著錄爲"正集·古事紀實類"、"續集·談藝類"等。

5.《五朝小說大觀》，明人所輯，民國十五年上海掃葉山房石印本。此書分"魏晉小說"、"唐人百家小說"、"宋人百家小說"、"皇明百家小說"等四部分，前三部分下又分小類。"魏晉小說"下有"傳奇家"、"志怪家"等九類，"唐人百家小說"下有"偏錄家"、"紀載家"等四類，"宋人百家小說"下有"偏錄家"、"瑣記家"等三類。

"子目分區"并非所有叢書都有，一般在綜合類叢書中比較多見，因此，如原書無此分區者，則此字段無需著錄。

例1：百子全書　民國八年上海掃葉山房石印本

此書分"儒家類"、"兵家類"、"法家類"、"農家類"、"術數類"等九個分區（詳見《中國叢書綜錄·總目》第695—696頁）。

圖3-124　叢書子目分區著錄一

例2：綠窗女史　明秦淮寓客輯　明刻本

此書分"閨閣部"、"宮闈部"、"緣偶部"、"冥感部"等十大類，其下又分小類（詳見《中國叢書綜錄·總目》第58—60頁）。著錄子目分區時—大小分區都要體現出來—以間隔號"·"區分。

圖3-125　叢書子目分區著錄二

二、子目題名、著者及版本著錄

叢書及彙編書的題名、著者及版本信息，可參考《中國叢書綜錄》《中國古籍善本書目》等權威工具書所收相同版本書目的著錄。著錄的規範及要求與單行本的著錄一致。

叢書的刊刻時間都比較長，其版本時間往往都是一個比較長的時間段，但是有些叢書的部分子目會有具體的刊刻年代，在著錄該子目時應注意著錄其特定的版本時間。

例：徐位山先生六種　清徐文靖撰　清雍正乾隆志寧堂刻本　浙江圖書館藏

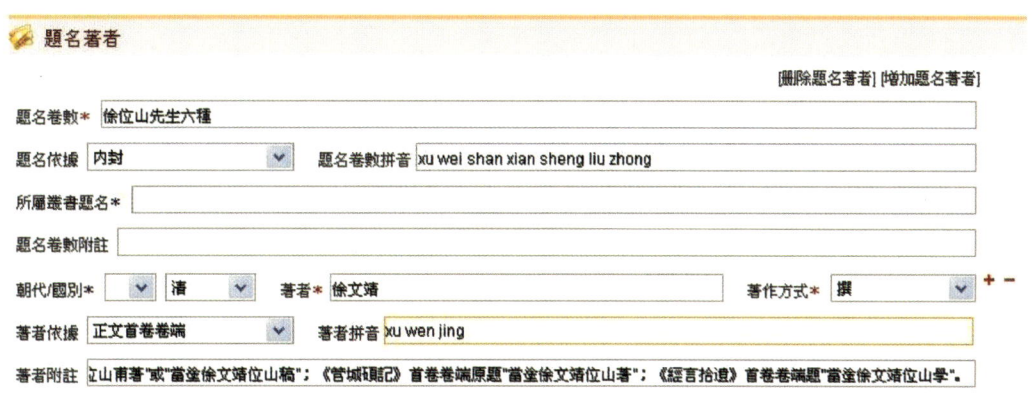

圖3-126　叢書總題名與子目著錄

三、插入同級子目和次級子目

有些叢書及彙編書的子目結構相對比較複雜，某一子目下同時又有若干次級子目，有些甚至有三級、四級子目。在普查平臺中進行這類叢書的著錄時，除了客觀信息的著錄以外，還要求體現出各級子目之間的等級、結構關係。因此，在著錄過程中增加叢書子目時，還需注意該子目是前一個子目的同級子目還是其子級子目。

1. 同級子目的插入

同級子目的插入有三處操作入口：

1.1　著錄完一條子目時，在其頁面下方有"增加同級子目"，按此即進入同級下一子目的著錄頁面。

圖3-127　增加同級子目方法一

1.2　在"子目"列表中，可點擊頁面下方的"增加子目"，進入同級下一子目的著錄頁面。

圖3-128　增加同級子目方法二

1.3　在"子目"列表中需插入其後的那條子目右側"操作"欄中，點擊"插入同級"，也可進入同級下一子目的著錄頁面。

圖3-129　增加同級子目方法三

2. 次級子目的插入

子級子目的插入有兩個操作入口：

2.1　當著錄完一條子目時，在其頁面下方有"增加子級子目"，按此即進入已完成子目的下一級子目的著錄頁面。

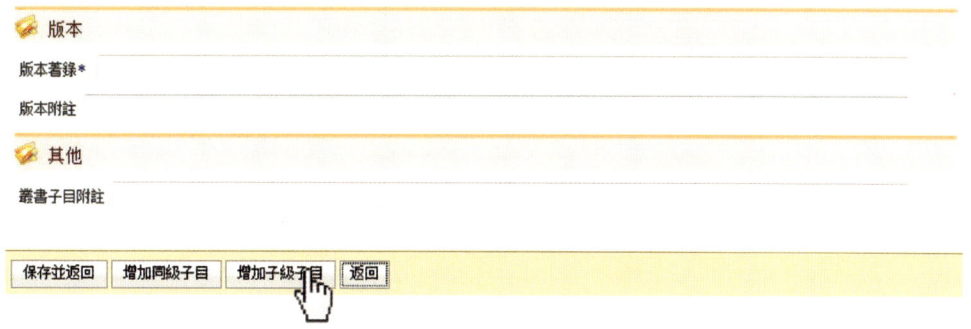

圖3-130　增加子級子目方法一

2.2 在"子目"列表中,找到需要插入次級子目的那條子目,在其右側"操作"欄中,點擊"插入子級",也可進入該子目的子級子目著錄頁面。

圖3-131 增加子級子目方法二

四、叢書"附××"子目

有些叢書,在某子目後會"附"某一種或幾種書,在對該"附"子目進行著錄前,應先區別:該"附"子目是前一種子目的附錄,還是與前一種子目併列。

判斷的依據首先是該叢書的總目錄。如總目錄上,"附"子目比前一子目低一格排列,則該"附"子目是前一子目的附錄,與前一子目著錄爲一個子目;如"附"子目與前一子目頂格對齊排列,則該"附"子目與前一子目是同級關係,應作爲單獨的子目進行著錄。

例1:白芙堂算學叢書 清丁取忠輯 清光緒二十二年石印本 嘉興市圖書館藏

據該書總目,子目《算書廿一種》後有附《八線對數表》(卷端題名爲《八線對數類編》),與《算書廿一種》頂格對齊排列,故應作爲《算書廿一種》的同級子目著錄。

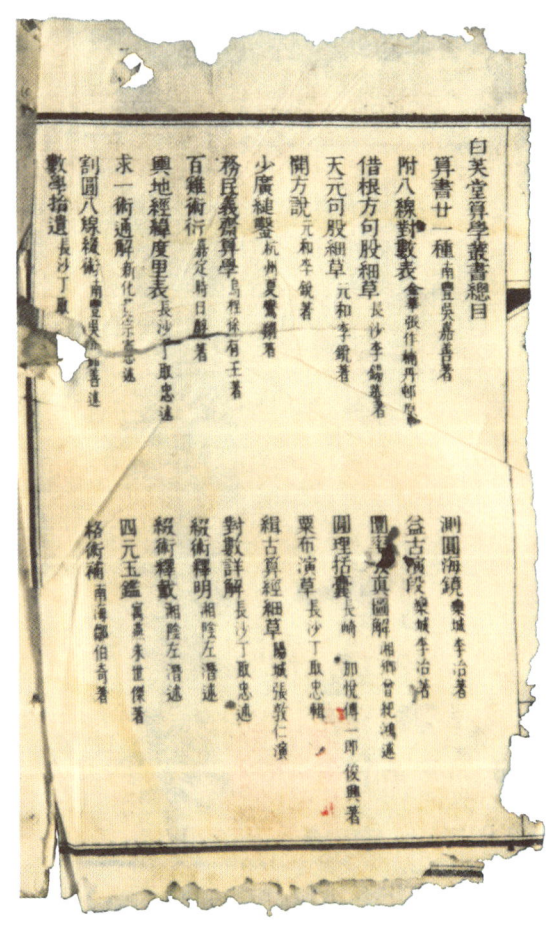

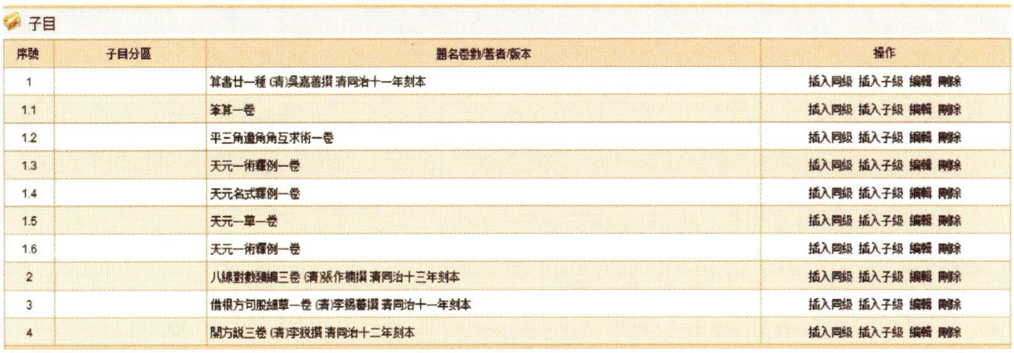

圖3-132　叢書附子目著錄一

如原書總目無或缺失，則根據《中國叢書綜錄》判斷。如在《中國叢書綜錄》的子目結構中顯示，"附"子目比前一子目低一格排列，則該"附"子目是前一子目的附錄，與前一子目著錄爲一個子目；如"附"子目與前一子目頂格對齊排列，則該"附"子目與前一子目是同級關係，應作爲單獨的子目進行著錄。

例2：顧氏家集　顧燮光輯　民國十八年會稽顧氏金佳石好樓排印本

玉笥山房要集四卷附文一卷　（清）顧廷綸撰

北征日記一卷　（清）顧廷綸撰

附

瀠水聯唫圖題詩彙存一卷續編一卷　（民國）顧燮光輯

鶴巢詩存一卷　（清）顧淳慶撰

介卿遺艸一卷　（清）顧家樹撰

鶴巢老人語錄一卷　（清）顧淳慶撰

衍洛圖說一卷　（清）顧淳慶撰

學醫隨筆一卷　（清）顧淳慶撰

孟晉齋文集五卷外集一卷附錄一卷　（清）顧壽楨撰

周列士傳一卷　（清）顧壽楨撰

漱塵室集詩四卷文一卷　（民國）顧迪光撰

〔參見《中國叢書綜錄·總目》第469頁右〕

此書子目2《北征日記》後附《瀠水聯唫圖題詩彙存》，係顧廷綸所撰，顧燮光彙輯，《中國叢書綜錄》以低《北征日記》一格排列，應視爲《北征日記》的附加內容，與《北征日記》著錄爲一個子目。

圖3-133　叢書附子目著錄二

第四章 古籍定級

第一節 古籍定級概說

一、古籍定級

中國是一個文明古國，有悠久的歷史和燦爛的文化。中華傳統文化的重要載體——古籍，也世代相繼，綿延不絕，其數量之多，古人常以"浩如煙海"、"汗牛充棟"來比喻。然而，自古及今，古籍頻遭水火、兵燹等天災人禍，幸免厄運而流傳至今者，百不及一，尤顯珍貴。

綜觀傳世古籍，因產生時代先後，有宋槧元刊之別；就所載內容差異，有價值高低之分；據寫印技藝不同，有精美粗劣之異。受當前主客觀條件和因素的影響，古籍保護工作需要分級分批、有重點和針對性地開展。因此，研究古籍傳本的特徵與異同，辨別古籍傳本的真偽與優劣，進而確定古籍傳本的級別等次，纔能最終真正實現對古籍的科學保護、合理利用。

二、定級依據

古籍定級主要按照文化部制訂、頒布的《古籍定級標準》（WH/T 20—2006）執行。該標準於2006年8月5日發佈，并於同年10月1日正式實施。《古籍定級標準》的制訂，參照了文化部2001年第19號令發佈的《文物藏品定級標準》和《一級文物定級標準舉例》中記述善本古籍藏品定級的有關精神，同時參照編纂《中國古籍善本書目》時提出的鑒別善本古籍的"三性原則"和"九項條件"（兩者簡稱"三性九條"），并考慮全國現存善本和普通古籍的實際情況。

目前，該標準正進行修訂，擬申報國家標準，普查平臺定級依據即按照修訂版的條目設置。

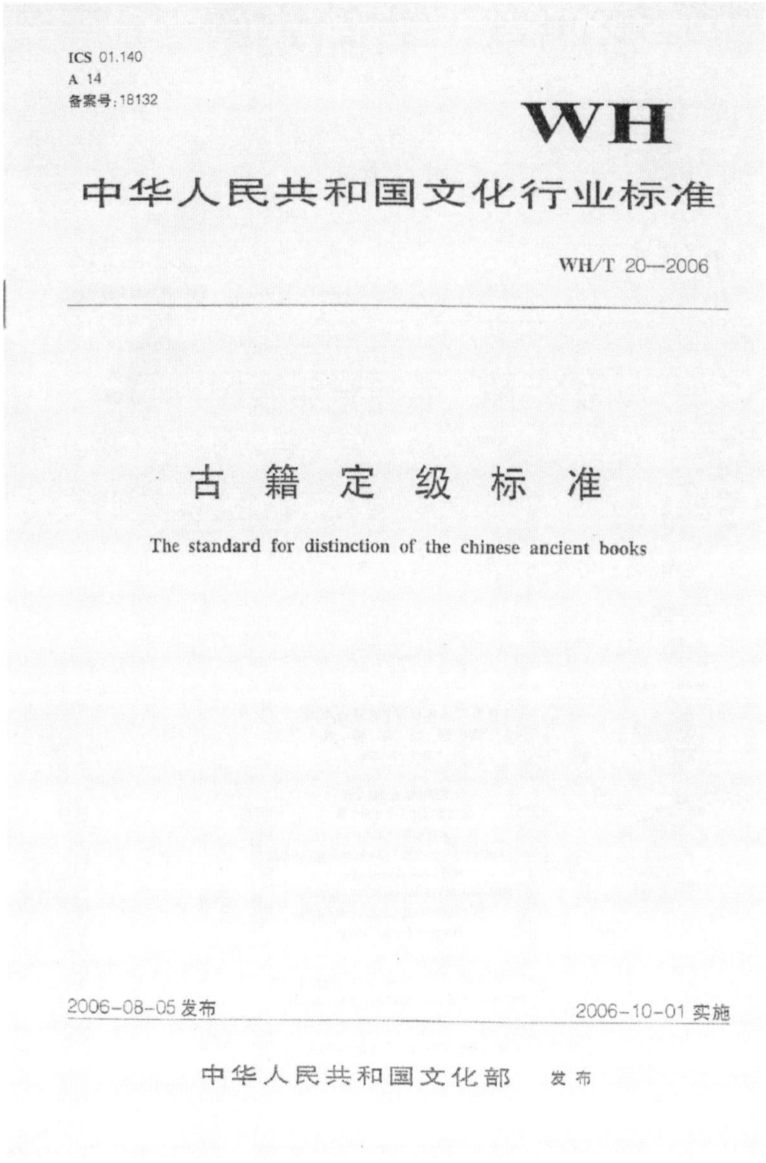

ICS 01.140
A 14
备案号：18132

WH

中华人民共和国文化行业标准

WH/T 20—2006

古籍定级标准

The standard for distinction of the chinese ancient books

2006-08-05 发布　　2006-10-01 实施

中华人民共和国文化部　发布

圖4-1　《古籍定級標準》（WH/T 20—2006）

三、定級原則

1. 三性原則

所謂“三性”，是指歷史文物性、學術資料性和藝術代表性。“三性原則”即從這三方面的性質來衡量一部古籍的價值，從而確定其等級。

“歷史文物性”是指古籍版印、抄寫的時代較早而具有歷史文物價值。“學術資料性”除了指經過精校細勘，文字上訛誤較少和經過前代學人精注精疏的稿本、寫本、抄本、印本以外，還應包括那些在學術上有獨到見解，或有學派特點，或較有系統集衆說，或反映某一時期、某一領域、某一人物、某一事件的資料，比較稀見的稿本、寫本、抄本、印本。“藝術代表性”主要指那些能反映我國古代各種印刷技術的發明、發展和成熟水準，或是在裝幀上能反映我國古代書籍各種裝幀形制的演變，或是用紙特異、印刷精良，能反映我國古代造紙工藝的進步和印刷技術水準的古籍。

一部書籍的產生，需要具備三個條件：書稿、紙張、雕版印刷（或抄寫）技藝。書稿的內容如何，決定了該書文獻價值的高低；雕印、紙張的年代遠近，決定了該書文物價值的高低；雕版刷印（或抄寫）技藝的高下，決定了該書藝術價值的高低。因此，在傳世古籍中，凡具備三性價值，或其中之一、之二者，均可據以定級。

2. 不唯時限原則

在確定古籍的級別時，按版本年代來確定等級比較容易把握，因此，"歷史文物性"即"時限"是一個重要的原則，但是不能把歷史文物價值（時限）作爲唯一的依據。例如，某部古籍如按歷史文物價值（時限）衡量，應屬下一級別；而按學術資料價值或藝術價值（不唯時限）衡量可列入上一級別者，即可將其定爲上一級別。

3. 等次上靠原則

在古籍定級中，每一級下又分若干等次。若某一書具有特殊價值，如在流傳過程中所形成的記錄諸如題跋、校勘及印記等，在原定的等級基礎之上，應上靠一個或兩個等次。具體如下：

3.1 依據題識上靠等次

① 著名藏書家和學者撰寫的題識；或一般藏書家和學者撰寫的題識，確有價值者，可以上靠等次；

② 佚名撰寫的題識，或過錄他人題識者，一般不予上靠。

3.2 依據校勘上靠等次

① 著名藏書家或學者校勘之書；一般藏書家或學者校勘之書，既精且審者，可以上靠等次；

② 佚名校勘之書，或過錄他人校語之書，一般不予上靠。

3.3 依據鈐印上靠等次

① 有歷代著名官、私藏家鈐印的古籍；歷代一般官、私藏家鈐印的古籍，刀工考究，印泥上佳者，可以上靠等次；

② 鈐有無名氏閑章、劣印、僞印的古籍，一般不予上靠。

4. 等次下調原則

與"等次上靠原則"相反，如某一書的書品與殘全程度屬下乘者，應在原定的等級基礎上下調一個或兩個等次。

具體如下：

4.1 根據書品好壞下調等次

① 一書如被鼠嚙或蟲蛀，品相差者，應下調等次；

② 一書如品相較好，雖有摺角、斷線或水浸，一般不予下調。

4.2 根據殘全程度下調等次

① 一書或缺冊、或散葉，成爲殘帙者，應下調等次；

② 一書或缺葉、或撕破，雖微殘而全書較爲完整者，一般不予下調。

第二節　普查平臺定級著錄

當一部古籍客觀信息著錄完成後，點擊頁面下方的"定級"按鈕，即進入該書定級著錄頁面。定級頁面上有兩部分內容，上部分是"定級結果"，下部分是"定級依據"。"定級結果"除了"附注"欄以外，其他各項不能手動填寫，而是通過在下部分的"定級依據"中選擇相應的定級條例來完成。

圖4-2　定級著錄頁面

下面舉例說明。

例1：欒城集五十卷欒城後集二十四卷欒城第三集十卷　宋蘇轍撰　明活字印本

根據《古籍定級標準》，"明代活字印本、具有代表性的套印本"定爲一級丙等。因此，在定級頁面下部分"定級依據"中相應的條目前勾選，上部分的"定級級等"和"定級依據"中便會顯示出相應的信息。

圖4-3　定級著錄一

例2：初學記三十卷　唐徐堅等輯　明嘉靖十年安國桂坡館刻本

根據《古籍定級標準》，"明嘉靖元年（公元1522年）至隆慶六年（公元1572年）刻印、抄寫的古籍"定爲二級乙等。因此，在該書的定級頁面下部分"定級依據"中3.2.2條前選擇確認，上部分的"定級級等"和"定級依據"中便會顯示出相應的信息。

圖4-4　定級著錄二

第五章　古籍定損

第一節　古籍定損概說

一、古籍定損

實施全國古籍普查的一個重要目的，就是弄清我國目前現存古籍的破損情況，根據普查所瞭解到的古籍破損情況，制訂統一、有效的古籍修復計劃，盡可能地延長現存古籍的保存時間。

由於文獻的重要程度不一，古籍的破損情况也是千差萬别，需要根據古籍各種破損類型及破損程度區别對待。因此，對破損古籍進行分類并合理定級，爲制定修復保護計劃提供準確數據，對科學保護古籍，集中力量搶救、修復瀕危古籍具有重要意義。

文化部制訂并頒布的《古籍特藏破損定級標準》（WH/T 22—2006）是古籍定損的主要參考數據。

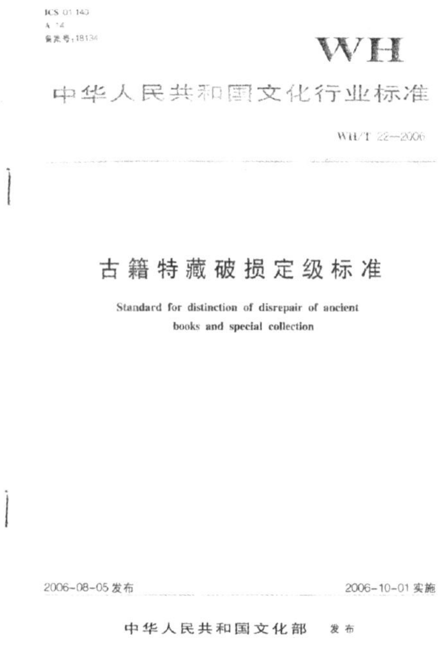
ICS 01.140
A 14
备案号：18134

WH

中华人民共和国文化行业标准

WH/T 22—2006

古籍特藏破损定级标准

Standard for distinction of disrepair of ancient books and special collection

2006-08-05 发布　　2006-10-01 实施

中华人民共和国文化部　发布

圖5-1　《古籍特藏破損定級標準》（WH/T 22—2006）

二、定損原則

古籍破損的表現形式有很多種，但就其破損性質而言只有兩類：一類是由於紙張內部原因引起的損害，另外一類是紙張外部原因引起的損害。

紙張內部原因引起的損害，主要表現為紙張的酸化、老化，此類古籍大多外觀基本完整，紙張受損情況不易被發現。而紙張外部因素造成的損害特徵明顯，也極易發現，例如蟲蛀、鼠齧、黴變、缺損等，非常直觀，容易發現和判斷。

這兩類性質不同的破損所造成的後果也是不一樣的：蟲、鼠等外部因素對書籍造成的損害是相對局部的、靜止的；而酸化、老化等紙張內部原因造成的破損則是整體的、動態的，它會持續影響到書籍的未來，且無法逆轉。

因此，古籍破損級別、等次的確定取決於古籍的破損原因和破損性質。

古籍破損定級以"冊"（卷軸裝書籍為"卷"）為單位進行操作。

另外，定損是針對當前所呈現或進行中的破損，如已經前人修復並停止繼續損害的破損，則不在定損範圍之內。

三、定損依據

在判斷古籍破損級別、等次時，主要的依據有古籍破損發生的類型、部位、單張破損面積和一冊古籍中破損書葉的數量。

古籍定損時，首先要考慮古籍的破損類型、原因和性質；其次是破損部位以及單張破損面積與破損書葉的數量；最後是古籍的裝幀形式。這三點之間相互聯繫，需要統籌考慮，缺少任何一個方面都將影響古籍破損級別、等次劃分的準確性。

在具體定損操作中，還有三種偏頗與失誤要儘量避免：

1. 單純依據單張書葉的破損面積定級

有的普查人員在給古籍定損時，看到有一張或幾張被蠹蟲蛀食得千瘡百孔的書葉，幾乎無法辨識文字，於是便將其破損級別定得很高。但實際情況是，在這一冊古籍中，普查人員所看到的蟲蛀非常嚴重的書葉總共只有3—5張，而其他的書葉基本完好。根據《古籍特藏破損定級標準》的相關標準，這種破損等級并不算高。因此，在給古籍定損時，一定要結合單張書葉的破損面積與破損書葉所占全書的比重來判定最終的破損級次。

2. 將嚴重老化的古籍定為較低的破損等級

書葉老化是一個整體、漫長和持續的破損過程，同時具有很強的隱蔽性。有時候從外觀上看，老化的古籍不一定很破，甚至沒有破損，但是古籍紙張的本質已經開始劣化，如機械強度喪失殆盡，變色焦脆、容易掉渣，嚴重的無法翻閱，後果十分嚴重，這樣的古籍應該立即進行搶救性修復。對於某些已經開始老化，但還沒有嚴重到碎裂程度的古籍，其定級要特別注意，切忌把這類古籍的破損級次降低。

3. 將不同裝幀形式的古籍同等對待

裝幀形式的不同，其修復所需要的技術含量和難度差別很大。比如修復破損程度相同的卷軸裝與冊葉裝的書籍，所用的時間會有明顯的差別，表現在蝴蝶裝和線裝古籍上的差別同樣也很明顯。因此，不同裝幀形式古籍的破損級次應該認真按《古籍特藏破損定級標準》上的規定，有區別地把握。

第二節　普查平臺定損著錄

著錄完普查數據後，點擊頁面底端的"定損"，進入該書的破損定級著錄頁面。

圖5-2　平臺定損初始頁面

點擊"定損"頁面下方的"新增定損"按鈕，即可按冊次順序開始進行定損著錄。

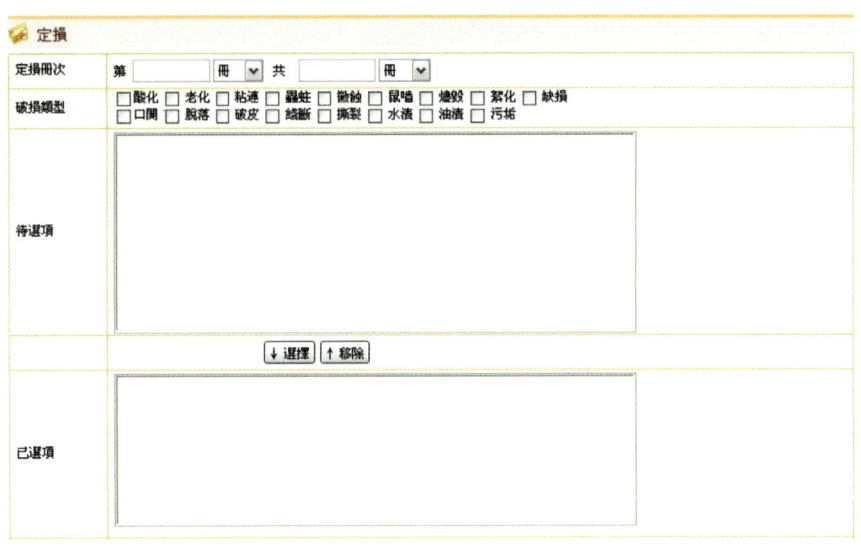

圖5-3　新增定損著錄頁面（局部1）

圖5-4　新增定損著錄頁面（局部2）

一、單冊單種定損著錄

舉例說明：某部古籍共10冊，其中第1冊書衣有破損，第2—5冊有較嚴重的蟲蛀現象，第6冊同時有黴蝕、鼠齧及脫落現象。

該書第1冊書衣有破損。首先填入"定損冊次"："第1冊，共1冊"。"破損類型"則在"破皮"前的方框中勾選。這時，下面的"待選項"框中會列出"破皮"的各種等級，供著錄人員選擇。

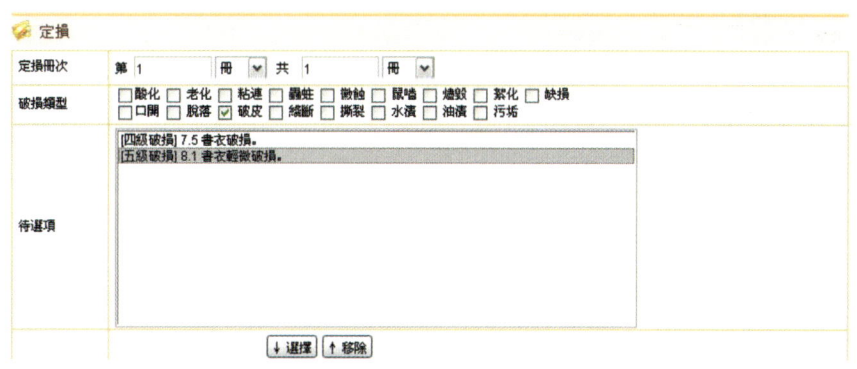

圖5-5　單冊單種破損類型選擇

如書衣破損不太嚴重，則點擊"待選項"中的"［五級破損］8-1書衣輕微破損"選項條，該選項條會有深色條框顯示已被選中（如上圖）。然後點擊"待選項"框的下方"↓選擇"按鈕，該選項條會自動移至下方的"已選項"框中，而"已選項"下方的"破損級別"會自動顯示出"五級破損"。

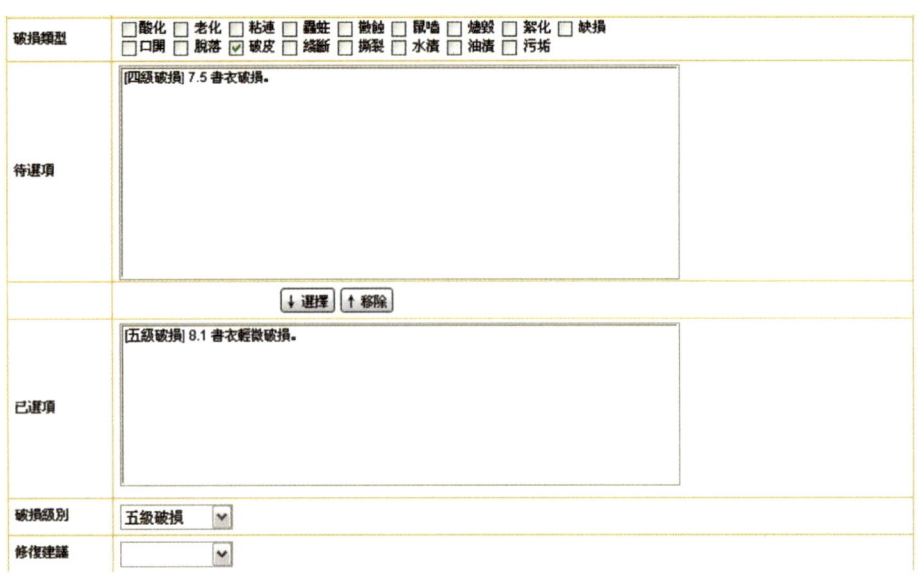

圖5-6 單冊單種破損級別選擇

"破損級別"下方的"修復建議"無須填定，可以點擊下拉式菜單進行選擇。"平臺"系統提供了7種修復建議可供選擇：急需修復、儘早修復、應該修復、暫緩修復、列入計劃、不需修復、其他。

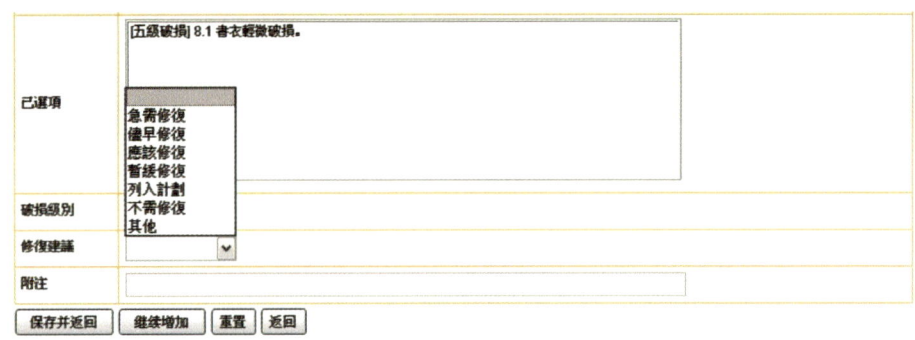

圖5-7 修復建議選項

關於"修復建議"，應根據破損的實際情況及對書籍的影響深遠程度來決定。如對於書籍的保存有較嚴重影響的破損，或破損本身雖然不大，但其變化仍然緩慢持續地進行中的，例如破損較嚴重的破皮，面積較大的黴蝕、老化等，應考慮選擇"急需修復"或"儘早修復"。

"應該修復"、"暫緩修復"、"列入計劃"是指雖有破損，但其破損程度不大，或者破損屬於靜止狀態，不會對未來造成深遠影響；同時，限於本單位或地區古籍修復能力或經費，無法對這類破損展開大規模修復的，如輕度撕裂、裝訂線稍有斷裂等。

"不需修復"是指某些破損不會對書籍的當前或未來造成不良影響的，如輕微的水漬，由於得到過妥善的處理，不會導致黴蝕等其他次生破損，則無需進行修復。

"其他"一欄可以自行填寫，如使用者認爲以上諸種情況都不適合選擇，則可以在此著錄。

最下面的"附注"一欄，用來填寫與定損相關的解釋性文字，凡以上各欄都不適合填寫、選擇，但與定損又不無關係的內容即可在此著錄。填寫這欄時，應使用完整、規範的語句及標點符號。

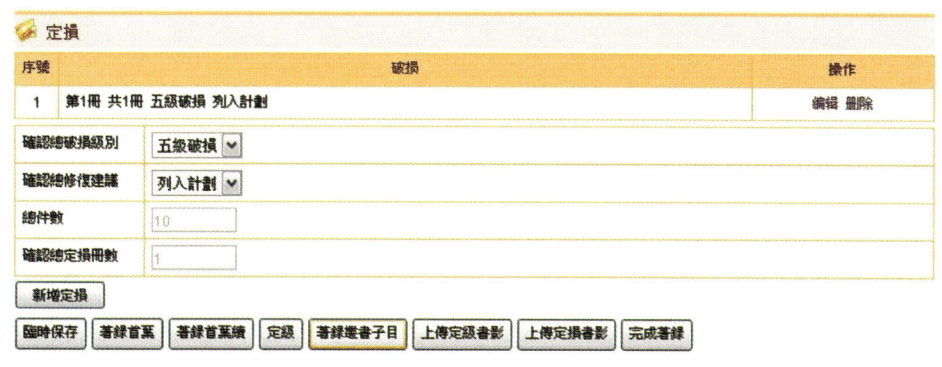

圖5-8　已完成定損冊次列表一

當某一或幾冊（件）的定損著錄完成後，可點擊頁面最下端"保存并返回"，便會回到定損初始頁面，只不過在頁面上端的清單中會顯示出已經定損的冊次信息，如圖5-8。然而，這部書的定損著錄尚未全部完成，如要繼續進行定損，有兩處可點擊進入：一是定損初始頁面下點擊下方的"新增定損"；一是在已完成的定損冊次的頁面下方點擊"繼續增加"。爲了提高著錄的效率，一般選擇第二種途徑繼續進行定損。

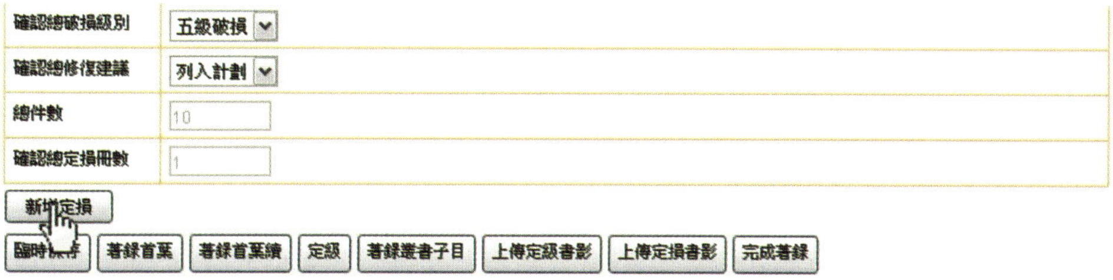

圖5-9　繼續進行定損途徑一

圖5-10　繼續進行定損途徑二

二、多冊單種／多種相同定損著錄

有時候，在一部書中有多冊發生相同類型、相同級別的破損情況，例如蟲蛀、黴蝕等。如上文所舉例子，第2—5冊都有較嚴重的蟲蛀現象。如果這幾冊書的蟲蛀破損級別不同，則應每冊單獨著錄；如果這幾冊書的蟲蛀級別恰好一樣，則可以將這幾冊集中進行著錄。下面即以第2—5冊具有相同級別的蟲蛀破損情況來進行著錄說明。

著錄人員在完成第1冊定損著錄後，點擊當前頁面下方的"繼續增加"，平臺出現又一新增定損著錄頁面，這時，第1冊的定損著錄消息已被平臺保存，無須回頭再去檢查是否會丟失。

在新的定損著錄頁中，首先還是填寫"定損冊次"，這裡應該填寫"第2—5冊，共4冊"。然後在"破損類型"—"蟲蛀"前勾選，這時在"待選項"中會出現蟲蛀破損類型的各種級別。

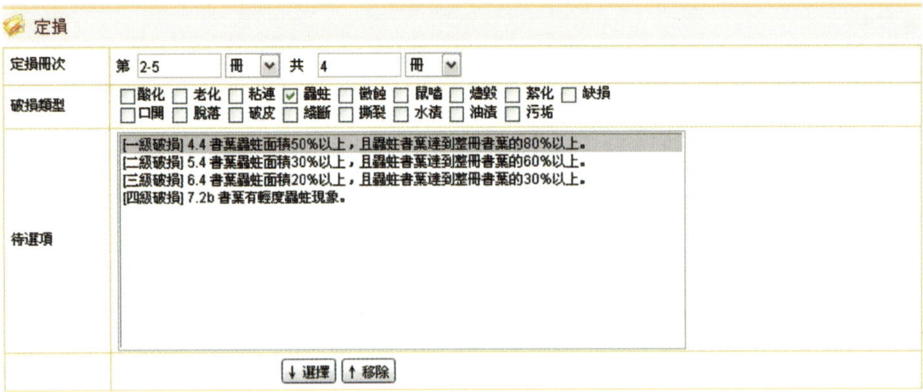

圖5-11　多冊單種破損類型選擇

假設第2—5冊的蟲蛀現象十分嚴重，全冊書葉都有蟲蛀現象，而單張書葉的蟲蛀面積已達到50%以上，應定爲一級破損。在"待選項"中點擊"［一級破損］4—4書葉蟲蛀面積50%以上，且蟲蛀書葉達到整冊書葉的80%以上"選項條，再點擊"待選項"下方的"選擇"按鈕，該選項便自動移至下方的"已選項"框中；同時，在"破損級別"中自動顯示出"一級破損"。由於該破損情況十分嚴重，其修復建議應選擇"急需修復"。

圖5-12　多冊單種破損級別選擇

點擊頁面最下端"保存并返回"，在定損初始頁面中會顯示當前已完成定損信息。

這時，用戶會注意到，在定損列表的下方還有一個四欄表格，這是設計者爲"平臺"系統用於自動統計全書破損情況而設計的，無須用戶填寫。

第一項"確認總破損級別"，根據定損清單中已完成的定損信息，會自動選擇最高的破損級別；第二項"確認總修復建議"，則根據定損清單中已完成的定損信息，按照"修復建議"中所設定的優先順序，自動選擇優先順序別最高的修復建議；"總件數"則是先前客觀著錄的冊件數消息的反應；"確認總定損冊數"會自動統計定損列表中已完成的定損冊數，因此，在著錄定損信息時，"定損冊次"中"共冊"一定要填寫正確。

圖5-13　已完成定損冊次列表

三、單冊多種定損著錄

在定損時，相對較繁瑣的情況是單冊多種破損類型，即在一冊中同時存在多種破損類型，這就需要使用者多次選擇破損類型及破損級別。

在完成上例第2—5冊的定損著錄後，著錄人員點擊"繼續增加"，進行第6冊的定損著錄。如前所述，第6冊的破損情況比較複雜，它同時有黴蝕、鼠嚙和脫落現象。下面就逐項進行著錄。

首先還是填寫"定損冊次"："第6冊，共1冊"。再選擇第一種破損類型："黴蝕"。在"待選項"框中選擇合適的選項條。假設該冊的黴蝕書葉占全冊的一半，單張受損書葉的黴蝕面積約爲20%，應定爲二級破損。點擊並選擇黴蝕二級破損的選項條。

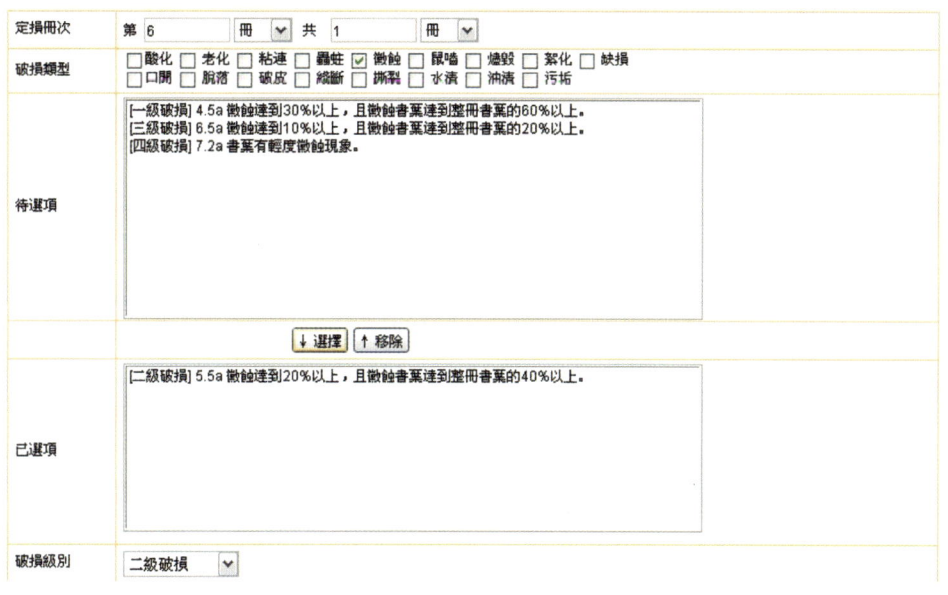

圖5-14　單冊多種破損類型定損著錄一

接着，選擇第二種破損類型："鼠齧"。在"待選項"中便出現了鼠齧的各種級別的破損選項條，而剛才所選的"黴蝕"各定損級別選項條已經消失。假設該冊的鼠齧情況不太嚴重，僅書脊有幾處咬痕，僅屬輕度破損，應定爲四級破損。點擊并選擇鼠齧四級破損的選項條，這時，在"已選項"框中便會出現二條定損信息條。點擊並選擇鼠齧四級破損的選項條。

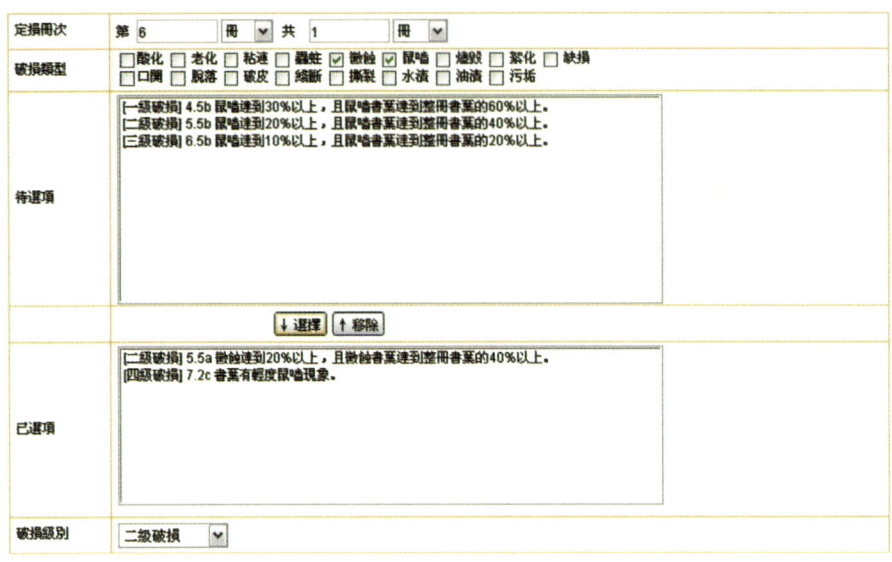

圖5-15　單冊多種破損類型定損著錄二

再選擇第三種破損類型："脫落"。假設該冊之前曾經修復，既有補紙，又在天頭地腳處接過鑲裱紙，經過長時間的翻閱及自然變化，用來粘貼補紙及鑲裱紙的漿糊開始失效，修復用紙都與原書葉剝離。勾選"脫落"，在"待選項"框中出現該破損類型的破損級別。由於"脫落"只有四級破損，"平臺"中將三種修復用紙的脫落析分開來。在該冊的脫落破損中，共有兩種修復用紙，因此，需要進行兩次點擊、選擇，分別將"［四級破損］7-3a由於漿糊失效導致補紙與書葉分離"和"［四級破損］7-3c由於漿糊失效導致鑲裱紙與書葉分離"移至"待選項"框中。

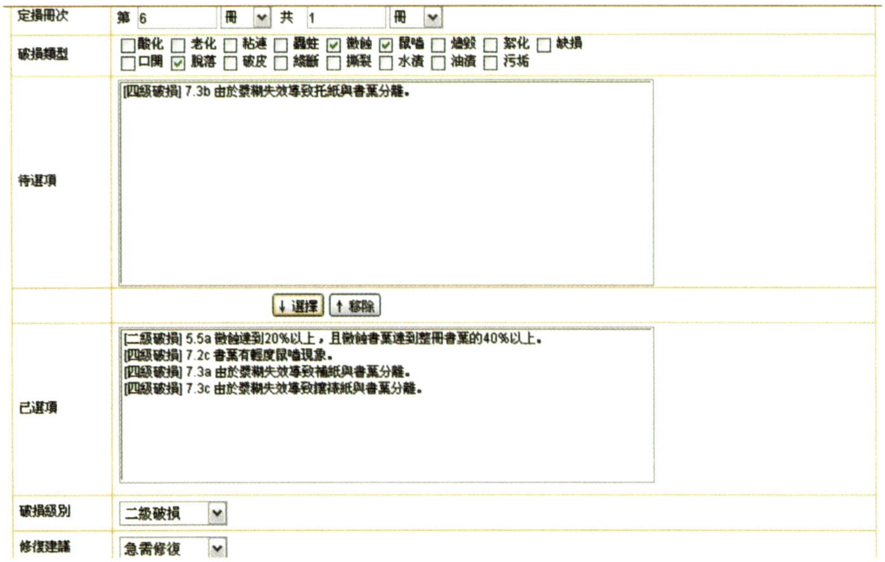

圖5-16　單冊多種破損類型定損著錄三

在單冊多種破損類型的定損著錄中，"修復建議"要在所有的破損類型定損完成之後再行考慮。當一冊古籍有多種破損類型時，其最終的"破損級別"是由平臺系統根據已著錄的定損信息，自動選擇該冊破損級別最高的一項作爲本冊的破損級別；同樣的道理，該冊的最終修復建議也是要選擇該冊各種破損定級中優先順序別最高的修復建議作爲本冊的最終修復建議，所不同的是，這需要著錄人員來進行選擇。

根據本冊的定損情況：黴蝕達到了二級破損，若不及時處理，黴菌會蔓延開來，同時會影響其他未受損書葉，且遭黴蝕的書葉機械強度大大降低，在讀者使用時不易翻閱，還會增加新的破損的風險，因此，建議應選"急需修復"；鼠齧的情況較好，基本不影響使用及短時期的保存，因此，可將其"列入計劃"；而脫落的情況雖說不上嚴重，但畢竟會影響使用，且有出現新破損的可能，如修復用紙丟失的風險還是比較大，所以應"儘早修復"。按照平臺所列的各種修復建議的優先順序，第6冊的最終修復建議應選擇優先順序別最高的"急需修復"。

這時，著錄人員已完成了全書的破損定級著錄，點擊"保存并返回"，回到最後的已完成定損清單頁面。

圖5-17　單冊多種破損類型定損著錄完成

頁面上方的定損清單顯示了所有冊次的定損信息，下方的統計清單中，系統自動確認了全書的最高破損級別、最終的修復建議以及破損的總冊數。這就爲該書今後制訂修復計劃提供了全面而明瞭的信息。點擊頁面下方的"臨時保存"，即完成了全書的定損工作。

四、定損信息修改

當使用者覺得原先的定損有些偏差，需要進行修改，"平臺"也提供了相應的可逆操作。例如，當著錄人員在覆核上文所做的定損時，覺得第1冊的破皮定爲五級破損太輕，該冊書衣雖然外觀看起來破損不嚴重，但是已嚴重酸化，稍一觸碰便會掉渣，過不了多久，內部的書葉便會裸露在外，需要對該冊的定損稍作修改。打開定損頁面（圖5-17），在需要修改的定損冊次列表的右端，分別有"編輯"與"刪除"按鈕。點擊第1冊定損列表右端的"編輯"，進入第1冊的定損著錄界面。

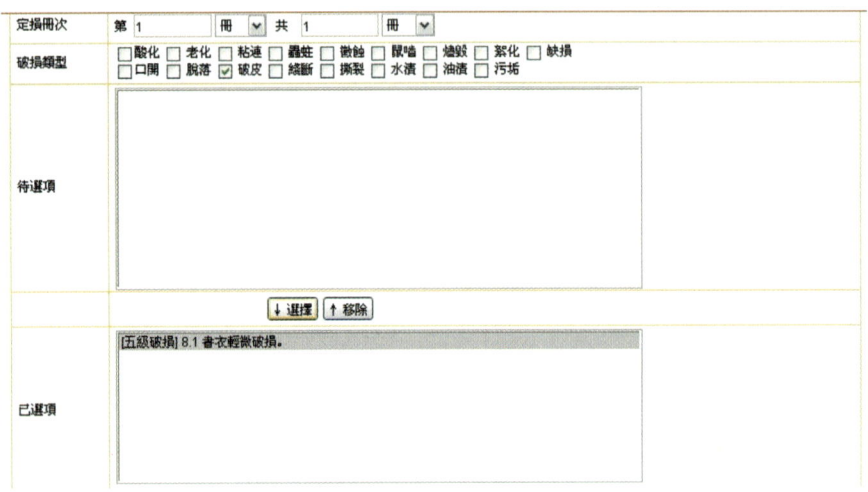

圖5-18　定損信息修改一

點擊選中"已選項"框中的定損選擇條，再點"已選項"框上方的"移除"按鈕，該選擇條會回到了上面的"待選項"框中，而"破損級別"中顯示爲空。

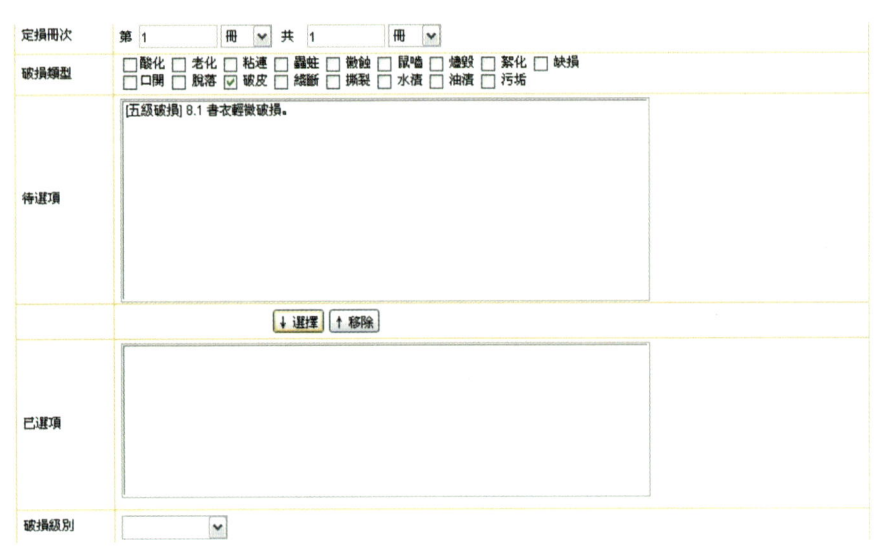

圖5-19　定損信息修改二

然後在"破損類型"表中，點擊去除"破皮"前的勾，重新進行勾選，"待選項"中又重新出現"破皮"所有級別的定損信息選擇條。

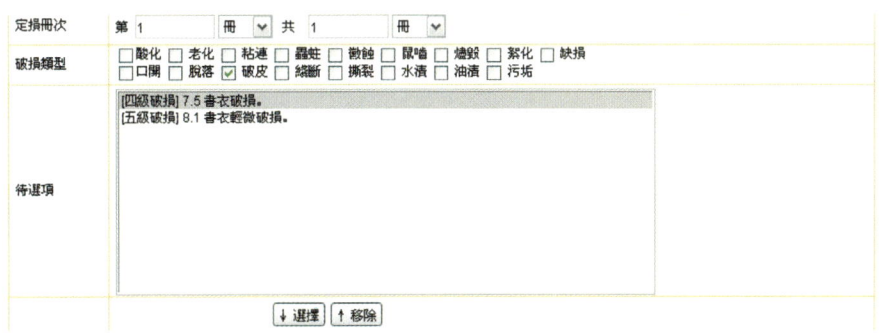

圖5-20　定損信息修改三

　　按照前面所演示的方法，對第1冊重新完成定損著錄，保存並返回定損初始頁面，即完成了定損信息修改工作。

圖5-21　定損信息修改完成

第六章　古籍普查書影著録

第一節　書影拍攝工具

一、書影拍攝所需器材

在古籍普查中，書影是一個十分重要的環節，有時甚至是關係到一條普查數據是否合格的關鍵。爲此，浙江省文化廳社會文化處和省古籍保護中心專門下文（《關於古籍保護普查設備配置標準的函》2010年12月31日印發），設定普查設備配置標準，對書影拍攝相關硬體設備提出具體的要求，規定最低須配備1200萬以上像素的數碼單反相機、省中心委托定製的書影拍攝架和色卡、標尺等書影拍攝配件，以提高全省古籍普查數據的準確性和規範性，尤其是保證書影採集品質。

1. 書影拍攝架

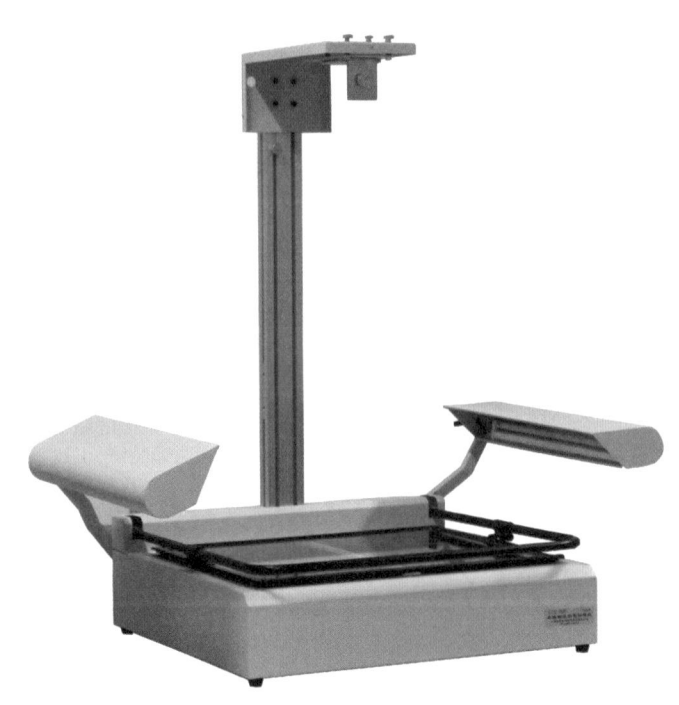

圖6-1　浙江省古籍普查書影拍攝架

主要技術參數：左右可自動調整升降絨面平臺（標準A2尺寸），相機固定位置可上下、左右移動，自動平衡緩衝壓稿玻璃（最佳厚度15厘米），均衡平布冷光源（雙側冷光源30W），鍍塑鋼板底座，增厚鋁合金支架；使用電源標準220V、50H。

利用拍攝架採集書影有幾個優點：相機固定，可防止因手持抖動等造成的畫面模糊；可調節并保持相機鏡頭平臺和稿臺平面（即被拍攝書頁平面）之間的平行，防止出現畫面的傾斜、扭曲等情況。

2. 數碼單反相機

圖6-2　佳能EOS 550D數碼單反相機

與普通數碼相機比較，單反相機具有更強的優勢：

首先，數碼單反相機可以更換鏡頭。有適合拍攝風光的廣角鏡頭，有適合拍攝人像的標準鏡頭，有拍攝體育比賽或演出的長焦鏡頭，有拍攝花卉、昆蟲等特寫題材的微距鏡頭。各種鏡頭都能在其適合的領域內保證最佳的光學素質。

其次，數碼單反相機都採用大尺寸的感光元件（CCD或者CMOS），單個像素的面積是普通卡片機的數倍之多，拍攝的圖像更細膩平滑，噪點更少，動態範圍更寬廣。尤其是在弱光下和高感光度拍攝時，兩者有天壤之別。

其三，數碼單反相機的對焦速度更快，快門時滯更小。普通卡片相機的快門時滯較大，當拍攝者按下快門後，拍攝到的圖像已經不是拍攝者所希望拍到的了。

其四，數碼單反相機具備更強大的後期處理能力。所有的數碼單反都支援RAW格式（原始數據格式），相比卡片相機上使用的JPG格式，後期處理範圍更廣，曝光、白平衡、飽和度、對比度、色調都能進行後期的精細調節，以最大限度地保證最後的成像品質。

3. 書影拍攝配件（色標卡、標尺）

與掃描器相比，數碼相機的成像效果易受外界因素影響，如燈光色溫，快門、光圈、白平衡等技術參數的設定等，都會影響畫面的亮度、色彩和清晰度等的品質。

TIFFEN Q-13校色板內含灰階卡（從白至黑共20個階調）及色彩校正卡（共17個標準色）各一套。色彩校正卡含標尺（20cm），使用時可將兩者裁開，分別放置在被攝書葉兩側。

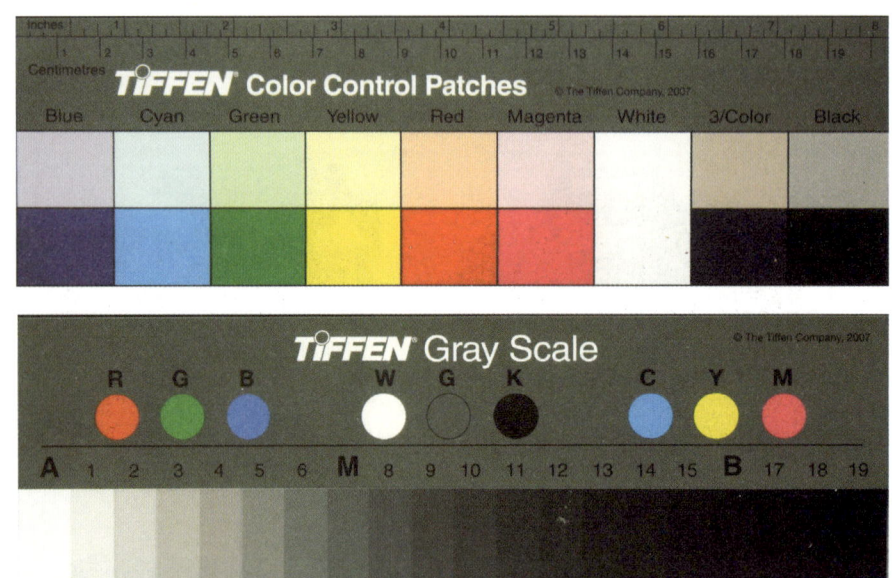

圖6-3　TIFFEN Q-13 色卡標尺

二、拍攝架使用方法

1. 固定相機

拍攝架上端爲相機固定支架（圖6-4）。先取出固定插片，與相機底部的三脚架接孔連接。連接時，應盡可能使插片有固定螺絲的一面，與相機鏡頭的中軸線保持平行，再插入固定插槽。

圖6-4　書影拍攝架相機固定支架

2. 調節平面

書影拍攝時要求相機鏡頭平面和書頁平面保持平等。相機固定後，鏡頭平面一般會有輕微的傾斜，這時需要通過固定支架頂端上的三顆螺絲來進行微調。

三、單反相機使用方法

單反相機的功能相比普通相機要強大許多，有許多拍攝技巧可以靈活使用，能獲得不同的拍攝效果，每一款相機的使用說明書上也都有詳細的介紹。古籍普查書影拍攝實際上并不需要用到太多的技巧，在單一的光源條件中，各項參數都可以預先設定好。本節主要介紹幾個操作中會涉及到的參數設定。

相機的模式轉盤包括了多種拍攝模式，概括起來有三類：基本拍攝、高級拍攝和短片拍攝。

書影拍攝需要採用高級拍攝模式，可採用"M"手動曝光、"AV"光圈優先自動曝光、"TV"快門優先自動曝光。下面以"M"手動曝光爲例，介紹幾項主要參數的設置。

圖6-5　書影拍攝架平面平行微調

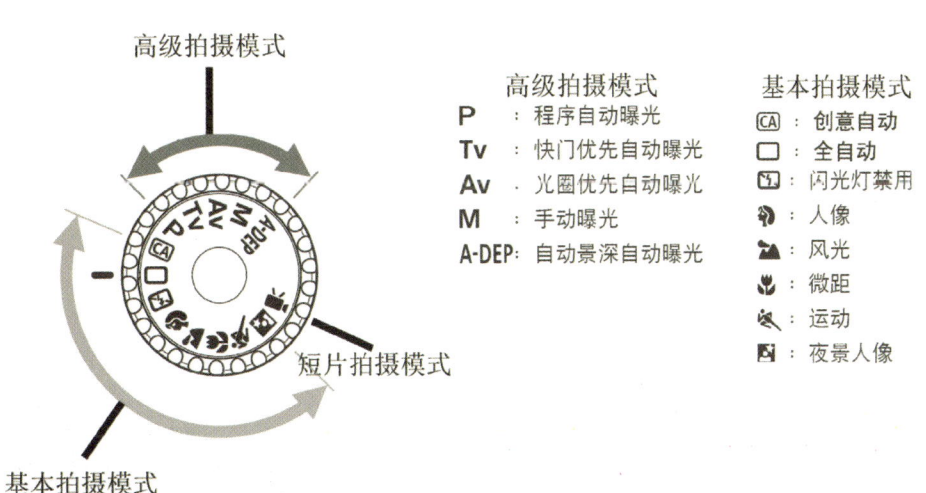

圖6-6　數碼單反相機拍攝模式

1. 白平衡（white balance，WB）

不同的光源發出的光的色調是不同的。不同光的色調是用色溫來描述的，單位是開爾文（K），它是這樣定義的：在常溫下把一塊理想的純黑色金屬物質加熱，隨着溫度不斷上升，物體會呈現出不同的顏色，人們把呈現不同顏色下的溫度稱色溫，以此標準來定義可見光的色調。萬里無雲的藍天的色溫約爲10000 K，陰天約爲7000—9000 K，晴天日光直射下的色溫約爲

5600K，螢光燈的色溫約爲4700 K，碘鎢燈的色溫約爲3200K，鎢絲燈的色溫約爲2600 K，日出或日落時的色溫約爲2000 K，燭光下的色溫約爲1000 K。

物體的顏色會因投射光線的光源不同而發生改變，在不同光線的場合下拍攝出的照片會有不同的色溫。例如，在鎢絲燈（白熾燈泡）照明的環境下拍出的照片可能偏黃，而在蔚藍天空下拍出來的景物會偏藍。在不同光源環境中，人眼對白色的認識是一樣的，這是因爲人眼可以進行自我適應，而相機的感光元件CCD沒有辦法像人眼一樣自動修正光線的改變，所以CCD必須通過修正白平衡，按當前的圖像特質調整紅、綠、藍三色的強度，以修正外部光線所造成的誤差。

圖6-7　Canon EOS 550D白平衡（WB）示意

一般數碼相機都會預設幾種不同光源的色溫，以適應不同的光源要求，如直射日光、陰影、多雲、白熾燈、螢光燈、閃光燈等幾種模式。拍攝時，只要設定在相應的白平衡位置，就可以得到自然色彩的準確還原。單反相機都有自動白平衡設置，可以適應大部分光源色溫。但相對來講，自定義白平衡能得到最理想的白平衡效果。

設置自定義白平衡的方法，在各款相機的說明書中都有詳細的說明。下面以Canon550D相機爲例，說明操作步驟。

步驟一：拍攝自定義白平衡數據。

在實際要使用的光源下，即在書影拍攝架自帶光源下，選擇自動白平衡（AWB），拍攝一個平坦的白色物體（18%灰度卡效果最好，70克打印紙也可以使用）。拍攝時要讓白色物體完全充滿取景框，使用手動對焦，設置標準曝光。

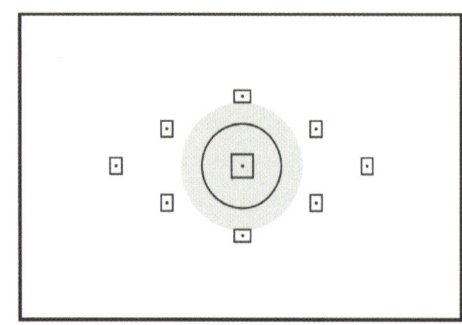 

圖6-8　自定義白平衡步驟一

198

步驟二：導入自定義白平衡數據。

按"菜單"（MENU）鍵，在屏幕上選擇 ◯ 設置頁，選擇自定義白平衡，按下 ⑰ 鍵。

選擇步驟一中拍攝的白色圖像，然後按下 ⑰ 鍵，在出現的對話屏幕上選擇"確定"，該數據即被導入。當菜單重新出現時，按下"MENU"鍵退出菜單。

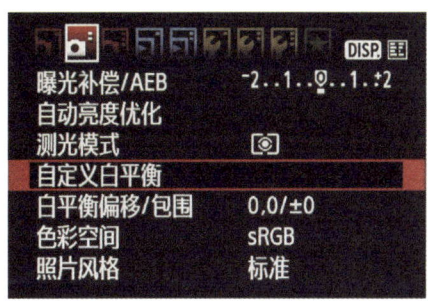

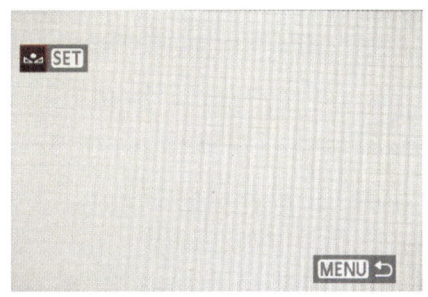

圖6-9　自定義白平衡步驟二

步驟三：選擇自定義白平衡。

按下"WB"鍵，在屏幕上選擇 ⛶ 鍵，按下 ⑰ 鍵，完成自定義白平衡的設置。

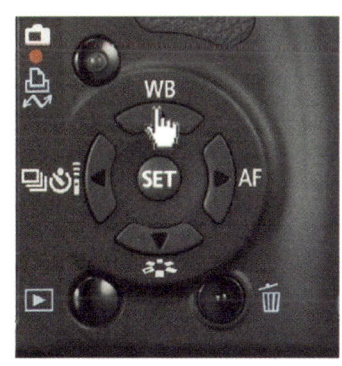

圖6-10　自定義白平衡步驟三

2. 快門

快門是控制曝光時間長短的一種機械，或電子裝置鏡頭前阻擋光線進來的裝置。快門速度是指快門釋放的時間，如果把鏡頭比作水龍頭，那麼把水龍頭開多大就是光圈，開多長時間就是快門速度。在光圈相同的情況下，快門時間越長，曝光越充分，出來的照片就越亮，反之越暗。就像水龍頭開的大小不變的情況下，開的時間越長，放的水越多。

一般而言，快門的時間範圍越大越好。秒數低適合拍運動中的物體，1/16000秒的快門速度，可輕鬆抓住急速移動的目標。而拍夜晚的車水馬龍時，快門時間就要拉長，常見照片中絲絹般的水流效果也要用慢速快門纔能拍出來。

至於單眼相機常見的b快門功能，雖然可由你自由決定曝光時間的長短，拍攝彈性更高，但是目前大多數的消費性數碼相機都還不能支援，最多提供如2秒、8秒、16秒等較慢速度的預設值。

快門設置，轉動主撥盤。往左旋轉，數值越大，快門時間越長，照片越亮；往右旋轉，數值越小，快門時間越短，照片越暗。

 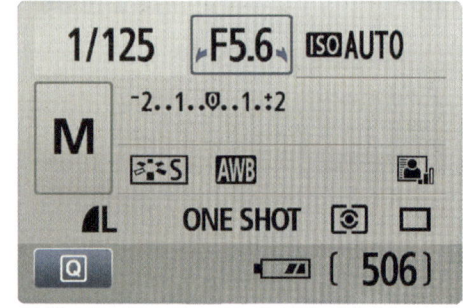

圖6-11　調節快門

3. 光圈

光圈是一個用來控制光線透過鏡頭，進入機身內感光面的光量的裝置，它通常是在鏡頭內。光圈大小用f值表示，光圈f值＝鏡頭的焦距/鏡頭口徑的直徑。

光圈f值越小，表示光圈越大，即在同一單位時間內的進光量便越多，而且上一級的進光量則是下一級的一倍，例如光圈從f6—3調整到f5—6，進光量便多一倍，即光圈開大了一級。每一個數碼相機的鏡頭都會有一兩個成像效果最好的光圈，稱爲最佳光圈。使用最佳光圈時，鏡頭的鑒別率（分辨影像細節的能力）和影像的反差都有所增強，底片邊緣的成像效果也會得到一定的改善。一般來說，把相機鏡頭的最大光圈收縮三級，即是該鏡頭的最佳光圈了。例如，一個光圈最大爲F2—0的鏡頭，其最佳光圈則應該在F3—6到F4—0這兩個階段。

鏡頭光圈設定到合適的值，會改善鏡頭的某些光學缺陷，隨着光圈的收宿，圖像的景深也會隨之增大，這也意味着增加了被攝件的景深清晰範圍。

一般書影拍攝，合適的光圈係數通常爲f 5—6至f 8。

拍攝時，儘量避免使用最大的光圈係數和最小的光圈係數。

光圈的設置，按住Av，再轉動主撥盤。往左旋轉，數值越小，光圈越大，照片越亮；往右旋轉，數值越大，光圈越小，照片越暗。

 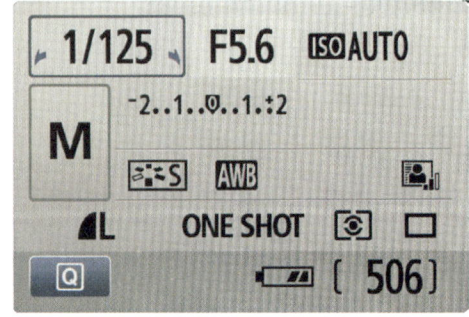

圖6-12　調節光圈

4. 感光度（ISO）

感光度是相機根據光源的不同強度調節相機的感光能力。在攝影中，感光度是一項非常重要的設置，拍攝不同的場景往往要選擇不同的ISO感光度。在光線良好的場合，選擇低感光度，可以得到高畫質影像；而在光線很暗的拍攝現場，如有些光線受限的新聞和體育比賽場所，則需要選擇高感光度。

數碼相機感光度的設置與影像品質有密切關係，它與照片的顆粒、解像力和分辨率成反比。低感光度拍攝的照片影像品質高，畫面細膩，沒有噪點，解像力高。在使用高感光度拍攝時，超過ISO1000時，數碼影像就能夠看到尚可接受的噪點，而超過了ISO1600，噪點就很明顯。某些數碼相機在ISO400的噪點已經很明顯。數碼相機以改變信號的放大倍率的方式改變感光度，Canon550D相機的感光度可以從ISO100、200、400、800、1600、3200、6400中選擇。在書影拍攝架的光源條件下，感光度一般選擇ISO200。

圖6-13　調節感光度（ISO）

5. 焦距

數碼照相機通過鏡頭來攝取世界萬物，而鏡頭最主要的特性便是鏡頭的焦距值。鏡頭的焦距值不同，能拍攝的景物廣闊程度就不同，照片效果也迥然相異。比如35mm左右的鏡頭可以拍攝風景、紀念照，而80mm左右的鏡頭便可以拍證件照所需的"人頭像"。

拍攝書影的相機最佳選擇爲標準鏡頭（固定焦距鏡頭）。標準鏡頭是指焦距長度接近相機畫幅對角線長度的鏡頭。如畫幅爲24mm×36mm的135相機的標準鏡頭的焦距爲50mm。

標準鏡頭用於書影拍攝，最大的優點是影像不易變形。

在沒有固定焦距標準鏡頭的情況下，也可以使用變焦鏡頭，但應儘量注意避免使用廣角端（即35mm端）；同時也避免使用廣角鏡頭或超廣角鏡頭（小於相機畫幅對角線的鏡頭），變焦鏡頭廣角端廣角鏡頭或超廣角鏡頭將會導致圖像產生桶形畸變或枕形畸變，導致翻攝件嚴重變形。

圖6-14　佳能18—55mm變焦鏡頭

6. 文件存儲格式

數碼相機通常有兩種文件存儲格式供選擇。

一種是RAW格式，RAW格式是無失真壓縮的存儲格式，檔大小適中，能保證圖像的全部信息和最高品質，但須使用相機廠家提供的專用軟件轉換爲其他檔案格式後，纔能輸出圖片和在網絡上傳輸。

一種是JPG格式，JPG格式爲失真壓縮格式，壓縮後無法恢復，高品質要求的翻拍件一般不使用JPG格式拍攝，但JPG格式檔小，存儲快，兼容性強，直接可以網絡傳輸，對要求不是很高的翻拍件可以用JPG格式拍攝。

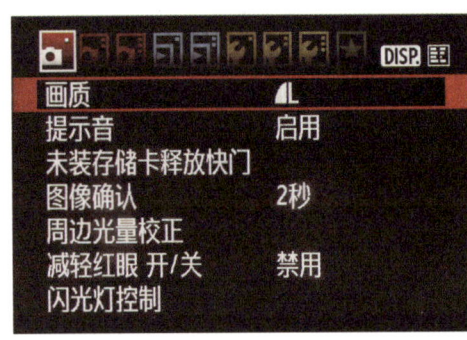 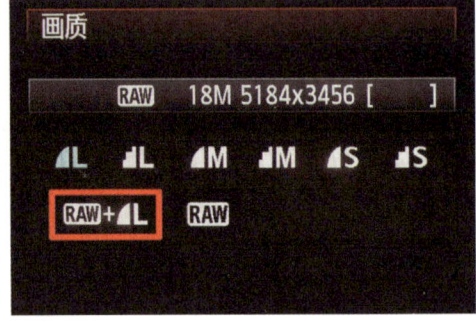

圖6-15　數碼相機文件存儲格式

古籍普查書影要求使用RAW格式拍攝、存儲，平臺上傳則需要使用JPG格式。單反相機一般會提供一種組合方式，即拍攝一次，同時產生兩種格式的文件：RAW和JPG。JPG格式文件進行加工、上傳。RAW格式本單位存檔一份，另寄送給浙江省古籍保護中心一份集中存檔。

第二節　利用軟件和計算機拍攝書影

利用書影拍攝架進行拍攝，相機被固定在拍攝架上，無法直接進行拍攝，需利用單反相機出廠配置軟件連接到計算機上進行拍攝。如拍攝所用計算機配有大尺寸（19英寸及以上）的顯示器，則有利於拍攝書影時細節上的微調。下文還是以Canon 550D爲例說明。

一、安裝軟件

數碼單反相機都有隨機附贈的軟件，Canon 550D隨機附贈有7種軟件（Windows系統下）：Digital Photo Professional 3.8，ZoomBrowserEx 6.5，EOS Utility 2.8，PhotoStitch 3.1，Original Data Security Tools 1.8，Picture Style Editor 1.7和WFT Utility 3.5。

圖6-16　Canon 550D隨機附贈軟件安裝光碟及安裝界面

上述軟件中，拍攝普查書影需要用到的只有兩款：Digital Photo Professional和EOS Utility。前者是佳能相機專用瀏覽、編輯RAW格式檔的軟件，後者是連接相機進行遙控拍攝的軟件。下面以圖例說明所需軟件安裝過程：

步驟一：選擇并確認所需安裝軟件

將軟件安裝光碟放入所用計算機光碟機，安裝界面出現後，點擊"自定義安裝"，安裝程式提示關閉其他應用程式，點擊"確定"。接著，安裝程式跳出所需安裝軟件的選擇界面，預設狀態下，該安裝光碟上所有的軟件前都已勾選，除本次安裝所需的Digital Photo Professional和EOS Utility外，其餘軟件前方框中的勾選都去掉。在軟件清單下"安裝文件夾"可由用戶自定義，一般按照默認位置即可。選好後，點擊"下一步"，安裝程式會顯示選擇結果，使用者確認後，點擊"安裝"即開始安裝所選軟件。

圖6-17　拍攝軟件安裝步驟一

步驟二：安裝軟件

點擊"安裝"後，程式提示是否接受軟件安裝許可證協定，點擊"是"繼續進行安裝。安裝過程由計算機完成，其安裝界面上會顯示安裝進度及所剩時間。

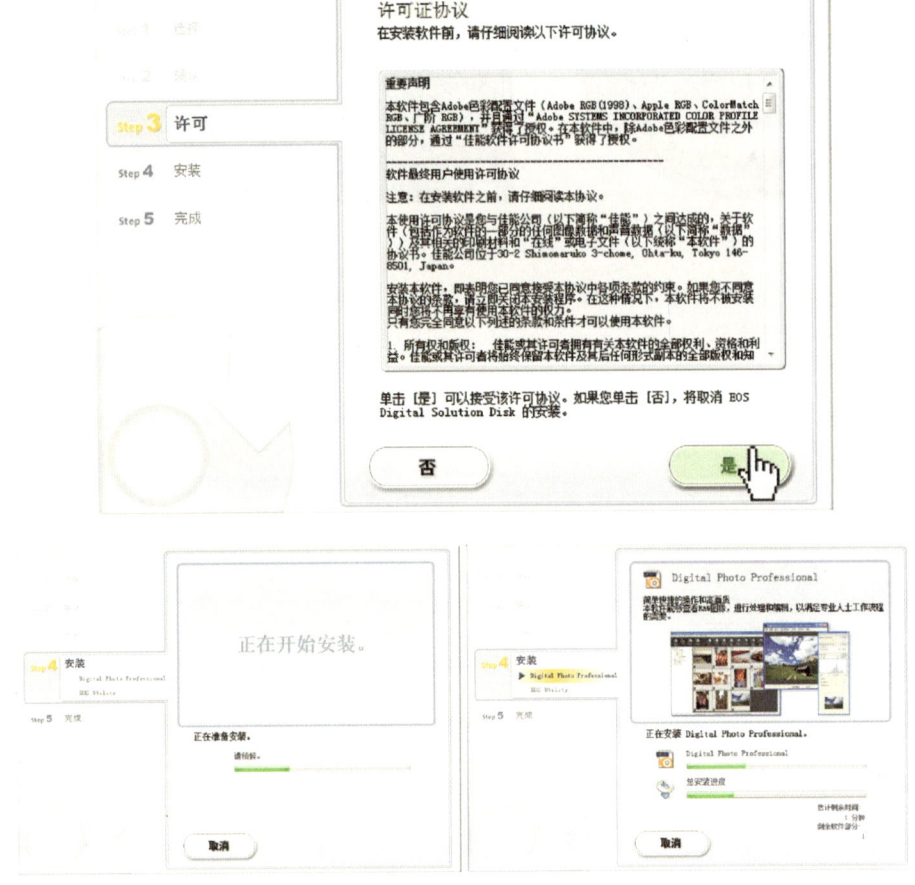

圖6-18　拍攝軟件安裝步驟二

步驟三：完成安裝

當安裝完成時，程式會提示安裝結果，點擊"下一步"，最後確定軟件安裝完成。

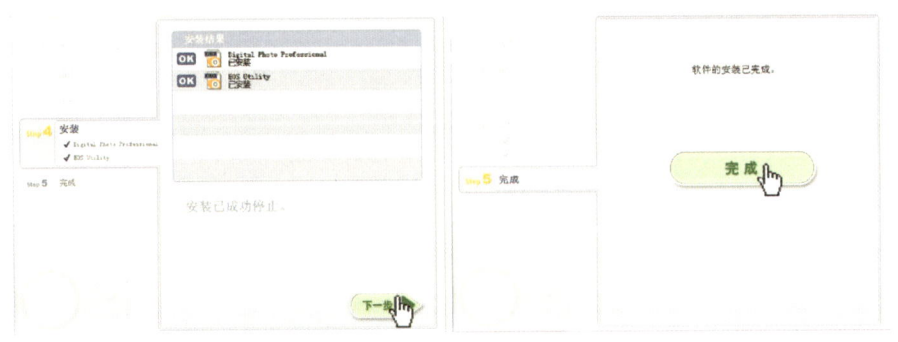

圖6-19　拍攝軟件安裝步驟三

二、連接相機與計算機

軟件安裝完成後,將相機與計算機連接,即可在計算機上進行拍攝操作。

Canon 550D相機機身左側,有一排連接孔,其中有A/V OUT DIGITAL插孔,用USB線可連接到計算機上。

圖6-20　Canon 550D USB界面

使用相機與計算機連接拍攝,可用外接電源適配器代替電池,方便使用。

圖6-21　Canon 550D外接電源適配器

三、拍攝書影

按照上述所示,在計算機上安裝好所需軟件,將相機與計算機連接,即可開始利用計算機進行書影拍攝。

步驟一：打開軟件

將相機與計算機連接好之後，打開相機，EOS Utility即會自動打開；如未自動打開，則從Windows界面左下角"程式"進入，選擇"程式"—"Canon Utilities"—"EOS Utility"，點擊圖示 EOS Utility，打開軟件。

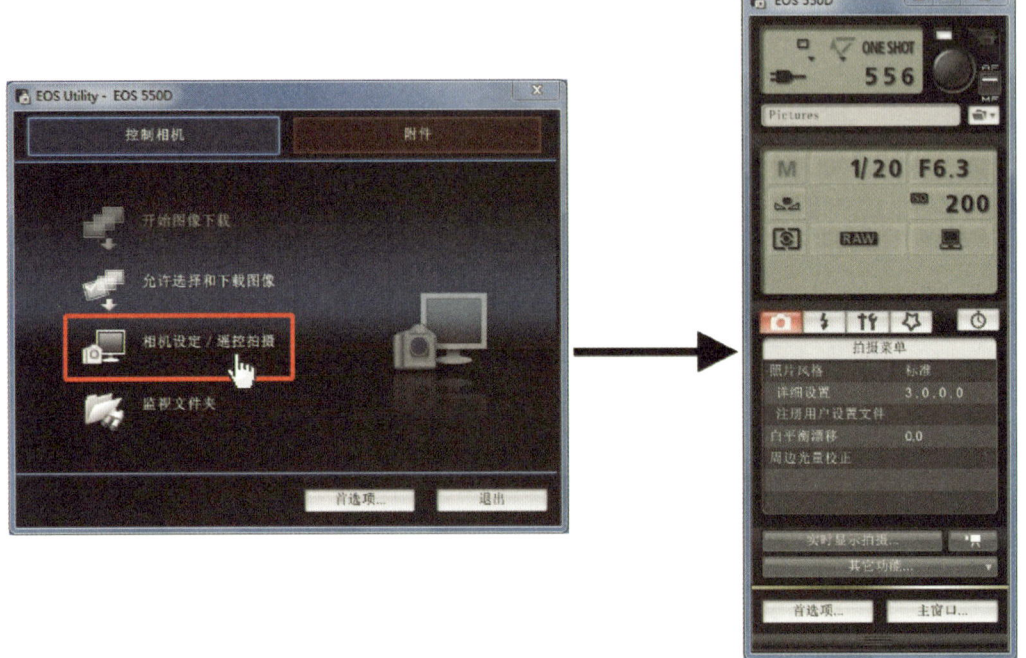

圖6-22　拍攝書影步驟一（1）

在軟件激活界面上，點擊"控制相機"—"相機設定/遙控拍攝"，即跳出遙控拍攝界面，拍攝時即通過此界面進行操作。在遙控拍攝界面下方，點擊"即時顯示拍攝……"，即跳出與相機鏡頭同步的"遙控即時顯示窗口"，使用者通過該窗口進行各項參數的設置。

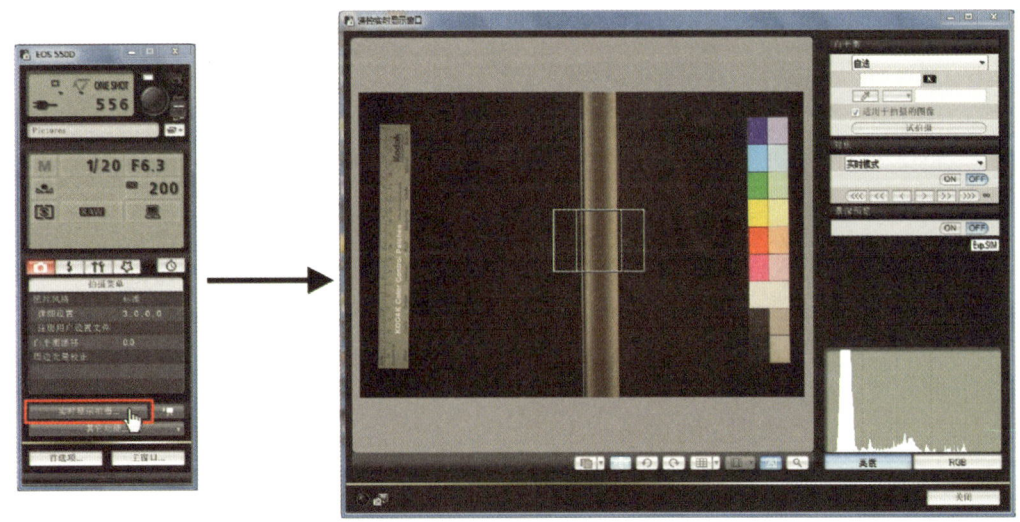

圖6-23　拍攝書影步驟一（2）

步驟二：設置保存路徑和格式

在進行實際拍攝之前，還要做一項準備工作，即書影文件的存放路徑。一般來說，事先都要在硬盤上新建一個專門存放書影文件的文件夾（強烈建議在C盤以外的硬盤分區上操作），以方便管理，尤其是當存放的書影文件數量增加以後，合理的文件夾設置顯得異常重要。總的書影文件存放文件夾下，又可按書影拍攝者、拍攝日期再建子文件夾，具體視情況而定。

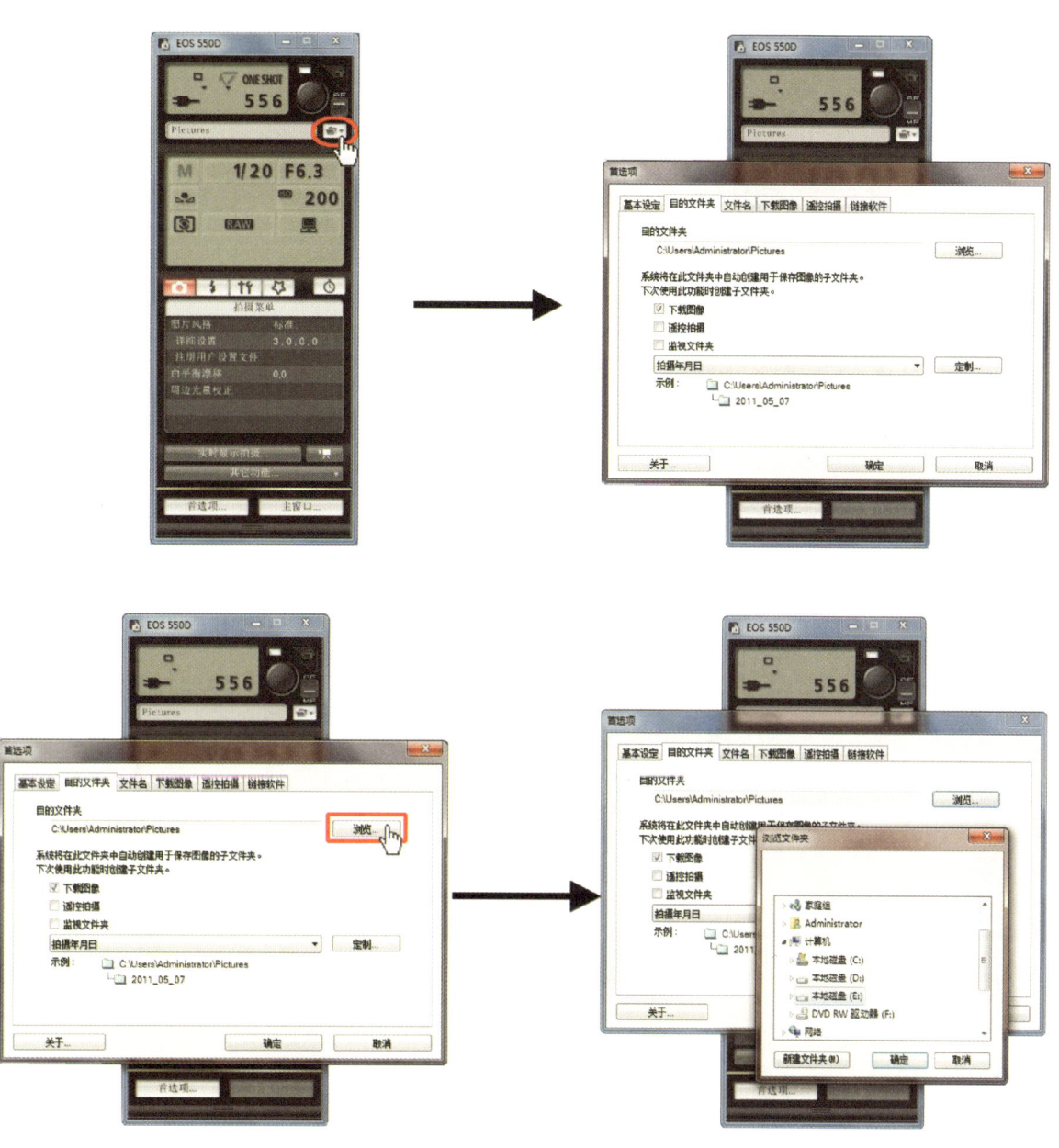

圖6-24　拍攝書影步驟二（1）

軟件也提供了同一時間段拍攝的書影存放文件夾自動命名的功能，如下圖所示：

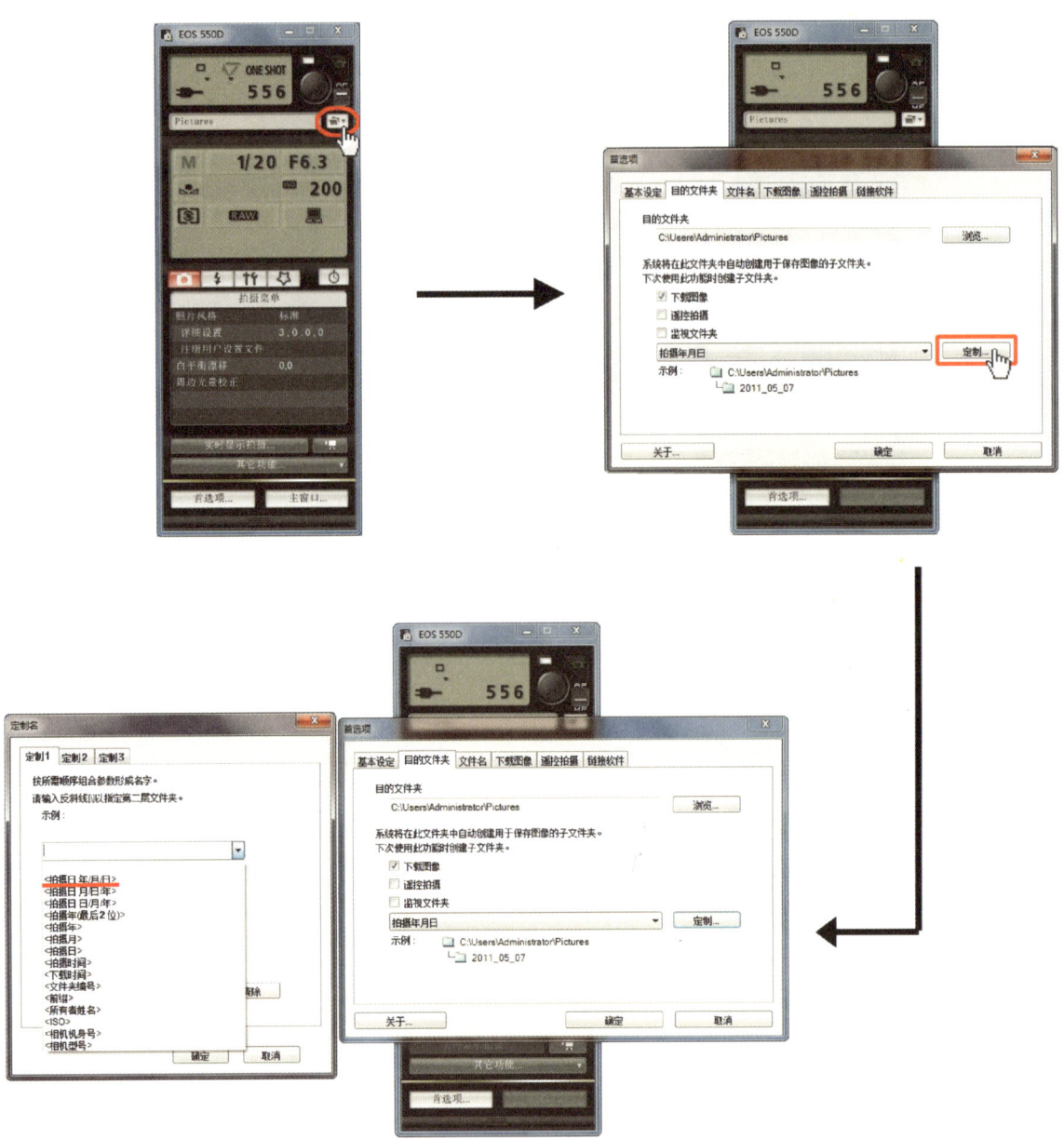

圖6-25　拍攝書影步驟二（2）

步驟三：拍攝書影

遙控拍攝界面各項參數與相機上相互對應，通過該界面即可設置各項參數。

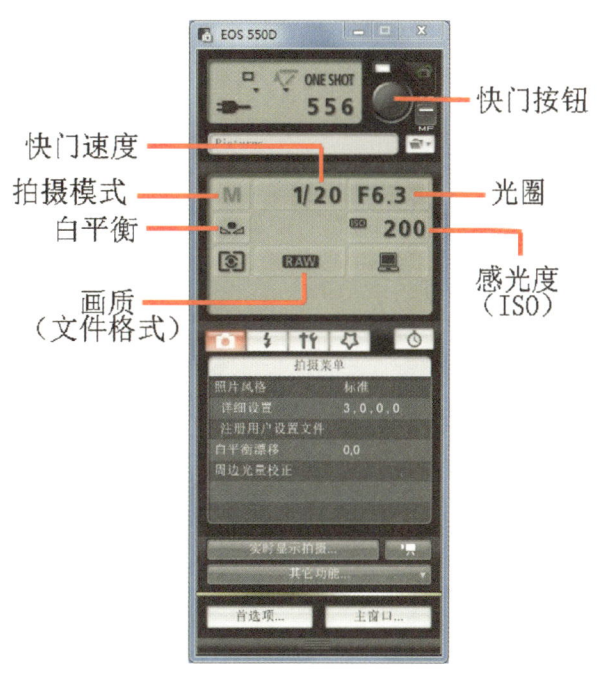

圖6-26 拍攝書影步驟三（1）

在遙控拍攝界面上，各個參數的設置都有兩種方式，一是按兩下該參數，跳出相應的設置界面，點擊左、右箭頭進行調整；二是按一下該參數（該參數所在位置顏色變淺），通過滾動滑鼠滾輪進行調整。

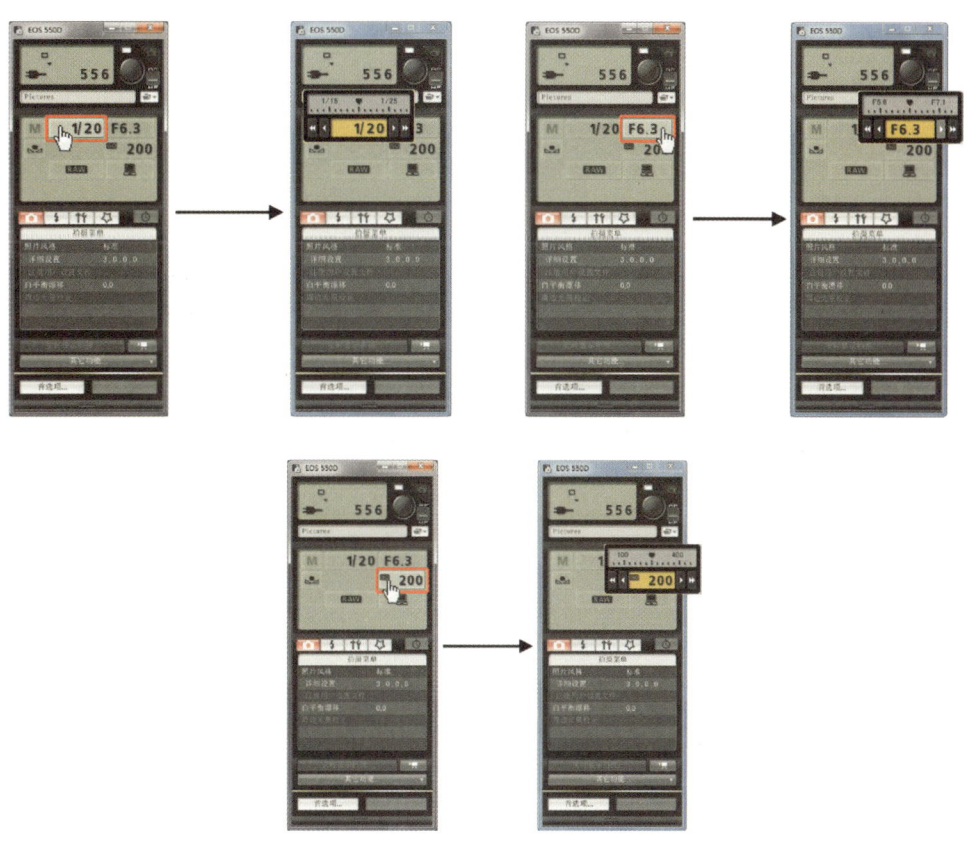

圖6-27 拍攝書影步驟三（2）

白平衡的設置，除了通過遙控拍攝界面，還可以通過遙控即時顯示窗口進行調整。

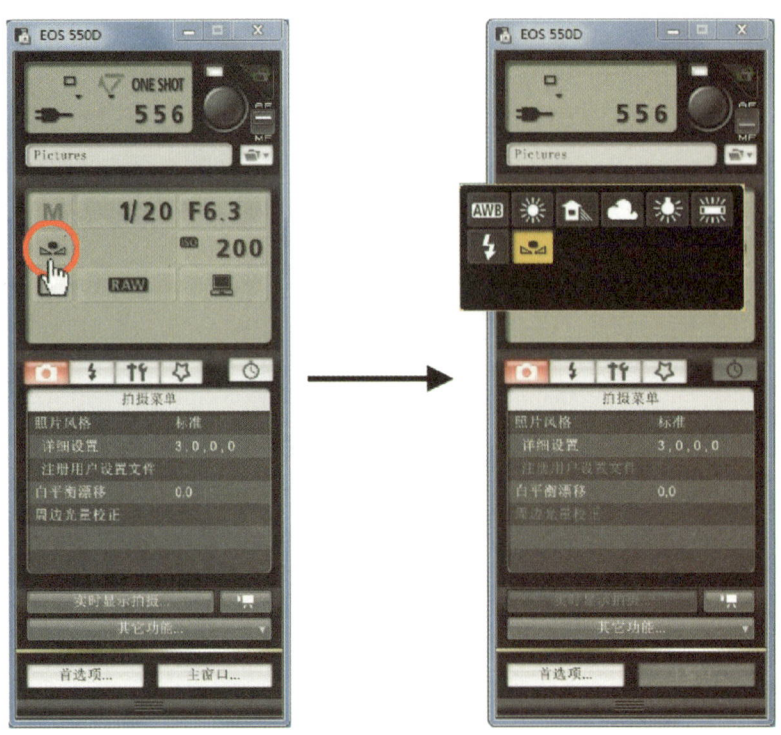

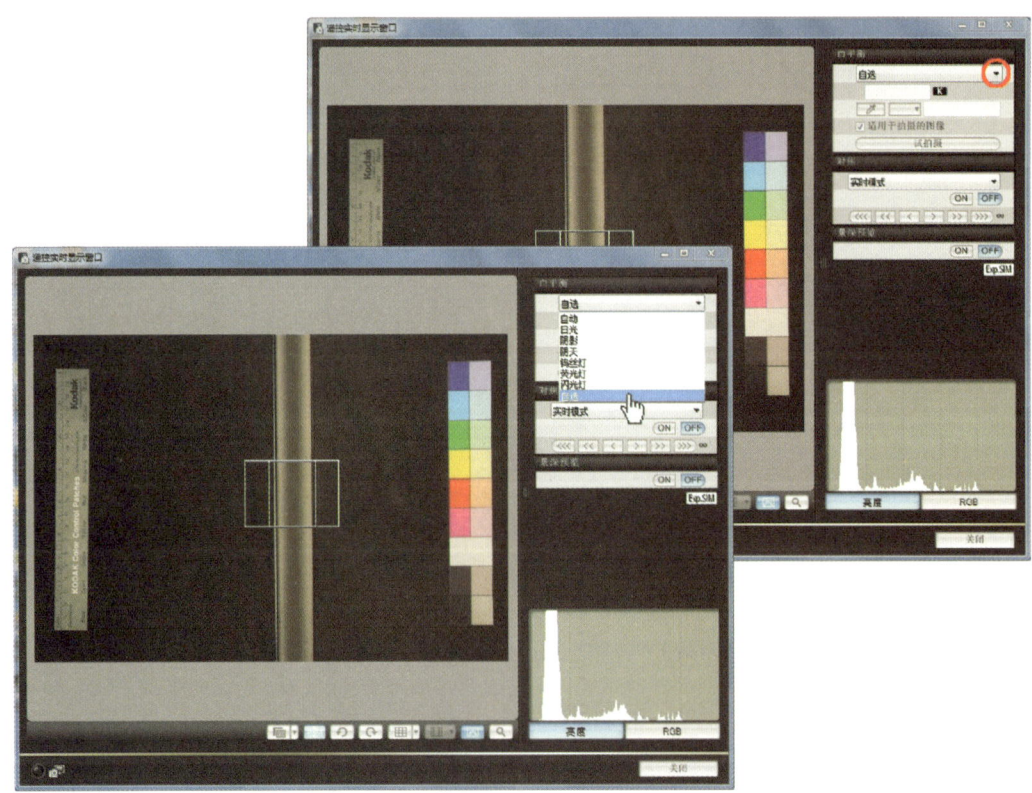

圖6-28　拍攝書影步驟三（3）

各項參數設置完成後，將所需拍攝古籍置於拍攝架稿臺中間，在書有兩邊放上色卡和標尺，調整焦距和書葉位置，使被拍攝書葉完整充滿遙控初時顯示窗口，輕輕放下壓稿玻璃，使書葉平整，點擊遙控拍攝界面"快門"按鈕（如下圖紅圈所示位置），即完成書影的拍攝。

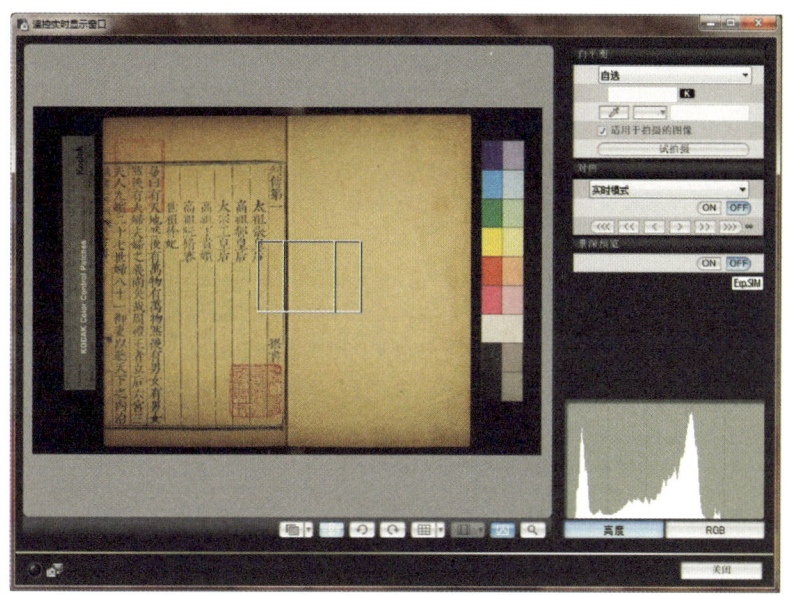
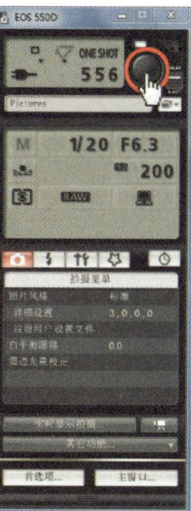

圖6-29　拍攝書影步驟三（4）

第三節　古籍普查書影拍攝要求

拍攝書影與一般的風景、人物攝影有所區別，後者在構圖、曝光、景深等方面有各種不同的要求與指標，而書影拍攝的要求則相對單一，相機和拍攝地點相對固定，被攝件通常是平面的，拍攝終了，被攝件仍可作為翻拍複製照片的對比對象而存在。

具體來講，書影拍攝有以下幾個方面的規範要求：

1. **書葉平整**

拍攝書影時，將需拍攝書葉打開，書脊置於拍攝架稿臺中間的凹槽內，書葉自然攤平在稿臺上，將拍攝架壓稿玻璃輕輕壓下，使書葉平整；相機選擇合適的焦距和光圈，以保證書葉邊緣線條平直，不出現彭形或梯形，也不會因視差的關係導致邊緣虛化。

2. **畫面完整**

拍攝時，須保證拍攝書葉儘量布滿整個畫面，以充分保證影像信息含量最大化；否則，畫面中書葉所占面積比例太小，一經剪裁，則圖像會變小，影響最終顯示效果。同時，書葉的邊緣也不能超出畫面，否則，拍出的書影數據將不完整。

書影拍攝書葉取左右全幅，不取半葉。

3. **光線均勻**

拍攝時調節拍攝架的燈光角度，使光源均勻，拍攝畫面中無明顯亮度差別或反光。

4. **色彩逼真**

按上文所介紹的方法，設置自定義平白衡，使拍攝出來的書影色彩盡可能地接近原書的色彩，以真實地反映出書籍的原貌（如紙張的顏色、是否有老化現象）。

第四節　書影選取

書影拍攝部位選取的總原則是：與各項客觀著錄信息一一對應。

一、定級書影的選取

所謂定級書影，是指能提供古籍版本鑒定、等級確定等所需信息的書葉照片。"平臺"系統需要定級書影的目的是爲了補充書目信息的不足，提供文字無法確切描述的版本信息，更加形象地揭示古籍的真實面貌，以便在沒有原書的情況下可以遠距離比對古籍版本，確定古籍等級。

1. 反映題名的書葉

這裡所說的題名是指在"平臺"中著錄的正題名和其他題名。能反映題名的書葉有：封簽、內封、各卷卷端（卷末）、版心等處。

正題名一般依據首卷卷端所題著錄，因此，首卷卷端所在書葉一般爲必拍部位。

也有一些古籍，如叢書、有子目的古籍等，僅卷端題名無法反映全書內容，則須將有不同題名的書葉全部予以拍攝。

原書無題名而擬題者，正文首葉也需拍攝。

卷首、卷末、附錄等如各自有卷端可反映者，拍攝其卷端書影；如無卷端或缺失者，目錄中如有反映，則拍攝該葉目錄書影。

特別強調：叢書所有子目題名書葉都要拍攝。

2. 反映著者的書葉

一般情況下，著者與題名往往出現在同一個葉面上。因此，如果正題名是依據首卷卷端提取的，那麼反映著者的書葉同時也是反映正題名的書葉。

如有校閱姓氏、校刊姓名等內容，也需拍攝有關書葉（全部）。

3. 反映出版者及版本年代的書葉

能直接反映出版者及出版年代的，當屬"牌記"或有出版年份的內封葉。這些書葉爲必拍部位。

如據避諱字佐證版本時代者，有避諱字的書葉也需拍攝。刻工則需選取最具有代表性的姓名書葉拍攝。

4. 有關版本年代、責任者的序跋所在書葉

平臺著錄的序跋內容有名稱、著者、時間，這些信息都需有相應的書影。

有些序跋寫於書籍刊刻之際，此類序跋的時間即爲版本年代，因此，有這些時間信息的書葉也是必拍部位之一。另外，有些序跋或爲刊刻者撰寫，或爲知情人撰寫，字裡行間都會透露出該書刊刻的經過、情形等，因此，有這類描述刻書詞句的書葉也須拍攝，并與版本附注項中的記載相對應。

5. 有鈐印的書葉

拍攝鈐印書葉的選擇須與"鈐印"字段著錄內容相一致，以保證客觀著錄的信息有相對應的書影銓釋、補充。

一般情況下無須拍攝單個印章的特寫，只需拍攝整幅書葉即可。

6. 有批校題跋的書葉

批校題跋的書葉要求有兩種：（1）批校較多的，選取最具有代表性的文字書葉。（2）批校較少的，則選取含字量最多的文字書葉。（3）題跋、題記、觀款、題詩等則全部拍攝。

7. 反映古籍版本及其他特色的書葉

如拍攝套印本書影，須選擇套色種類最多的書葉；如拍攝有餖版、拱花等印法的古籍書影時，應選取最能集中反映印刷技術上乘特色的書葉。

8. 綜合附注中著錄信息的書葉

以上書影拍攝可按所拍書葉在全書中的次序進行，沒有特別的規定與要求。

二、定損書影的選取

定損著錄是古籍普查中的重要一環，準確地選取破損書葉拍攝書影，是真實反映古籍破損情況的必要手段，更直觀地揭示出古籍的保存、保護現狀，分析破損形成原因，為今後修復計劃的制訂及修復方法的研究提供重要依據。

破損書影拍攝的原則，一般是每種破損類型拍攝一張破損書影，選取最能反映典型破損情況的書葉進行拍攝。如一書有不同破損類型，則儘量選取各種破損類型共存的書葉拍攝。

一部古籍中，如一種破損類型有不同級別的破損程度，則應拍攝不同級別的破損典型書葉拍攝，製作不同破損程度的書影，以全面地反映全書的破損情況。

有些破損類型，如拍攝平面圖片是無法看出破損情況的，如脫落或其他需要反映整體狀況的，則需拍攝立體圖片。

第五節　書影加工與保存

一、書影加工軟件介紹

1. ACDSee

由acd systems公司開發的ACDSee軟件，是目前非常流行的視圖工具之一。它提供了良好的操作界面。簡單人性化的操作方式。優質的快速圖形解碼方式，支援豐富的圖形格式，強大的圖形檔管理功能等等。

ACDSee支援大多數圖像格式，能打開包括ICO、PNG、XBM在內的二十餘種圖像格式，并且能夠高品質地快速顯示它們，能廣泛應用於圖像的獲取、管理、瀏覽、優化等。從 ACDSee 8.0 開始，這款傳統的圖形瀏覽軟件正式更名為"ACDSee 8 Photo Manager"，其功能已經從當初的單一視圖過渡到全面的圖形管理。新版ACDSee已經具有去除紅眼、剪切圖像、銳化、浮雕特效、曝光調整、旋轉、鏡像等等功能，也能進行批量處理，圖像轉換格式增加為三種：PDF、WBMP、JPEG2000。

ACDSee 可快速地開啟，可以將圖片放大縮小，調整窗口大小與圖片大小配合，全屏幕的影像瀏覽，并且支援 GIF 動態影像。不但可以將圖檔轉成BMP、JPG和PCX格式，且只需按一下便可將圖檔設成桌面背景。圖片可以播放幻燈片的方式瀏覽，并且提供了方便的電子相本，有十多種排序方式，可以整批地變更檔案名稱，編輯程式的附帶描述說明等。

2. Photoshop

它是由Adobe公司開發的圖形處理系列軟件之一，主要應用於影像處理、廣告設計，功能非常强大，堪稱目前最好的制圖軟件。

Photoshop的主要功能是處理圖形，尤其是處理位圖圖形。它支持十餘種檔案格式，因此被廣泛用於對圖片、照片進行效果制作及對在其他軟件中制作的圖片做後期效果加工。具體功能有四個方面：

圖像編輯：可以對圖像做各種變換，如放大、縮小、旋轉、傾斜、鏡像、透視等。也可進行複製、去除斑點、修補、修飾圖像的殘損等。

圖像合成：將幾幅圖像通過圖層操作、工具應用，合成完整的、傳達明確意義的圖像，Photoshop提供的繪圖工具讓外來圖像與創意很好地融合成爲可能。

校色調色：可方便快捷地對圖像的顏色進行明暗、色偏的調整和校正，也可在不同顏色之間進行切換，以滿足圖像在不同領域如網頁設計、印刷、多媒體等方面應用。

特效制作：通過濾鏡、通道及工具綜合應用等實現對包括圖像的特效創意和特效字的製作，如油畫、浮雕、石膏畫、素描等常用的傳統美術技巧特效。

第一版Photoshop於1990年推出，該軟件升級迅速，到2002年已發佈Photoshop7.0版，2003年年底發佈Photoshop CS版（即8.0版，後面以此類推），2005年升級爲Photoshop CS2，2007年又升至CS3，目前最新的CS4版已於2008年推出。

二、書影加工（以ACDSee10爲例）

書影選取、拍攝完成以後，存在計算機硬盤或其他存儲介質上，接着還需要按照相關要求對這些圖像進行加工、制作後，方能將書影上傳至"平臺"。

ACDSee主界面包括幾個部分：左邊的上部爲"文件夾"，用户可以在此選擇存放書影原始照片的文件夾，文件夾中的所有影像檔都會在中間的主瀏覽區顯示，而使用者所選擇的文件夾路徑也會在主瀏覽區上方的地址欄中顯示出來。

打開待加工圖像有兩種途徑：一種先打開ACDSee軟件，通過主界面左邊的"文件夾"中到保存需加工書影文件的中徑，或通過"文件"菜單查找存放需加工書影文件的路徑；另一種是先在硬盤上找到需加工書影文件存放位置，直接雙擊書影文件打開（前提是ACDSee已設爲默認的圖像瀏覽器）。

雙擊書影文件，ACDSee一般以快速查看模式打開，書影加工所需的工具沒有顯示出來，还需點擊工具欄右上方的"完整查看器"。

由於定級書影和定損書影在制作的技術要求上基本一致，因此，兩者的操作步驟將統一敘述，如有不同處，再另行說明。

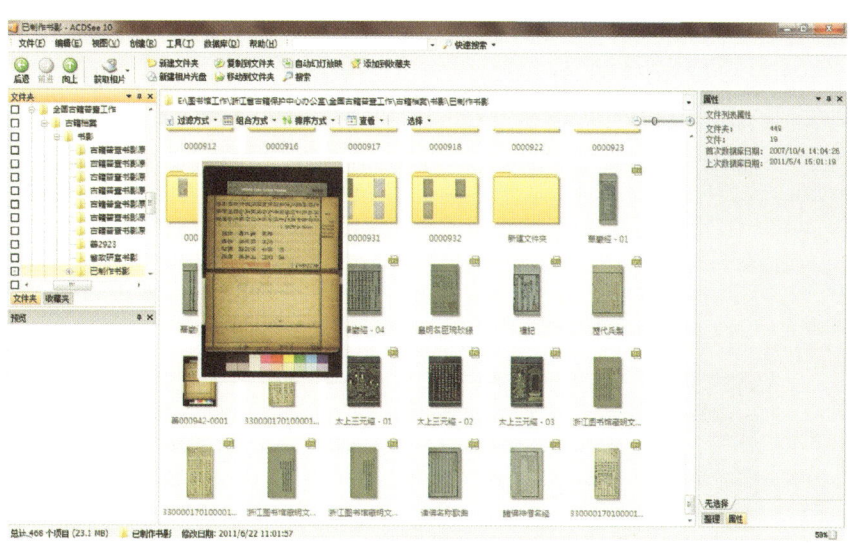

圖6-30　ACDSee10主界面

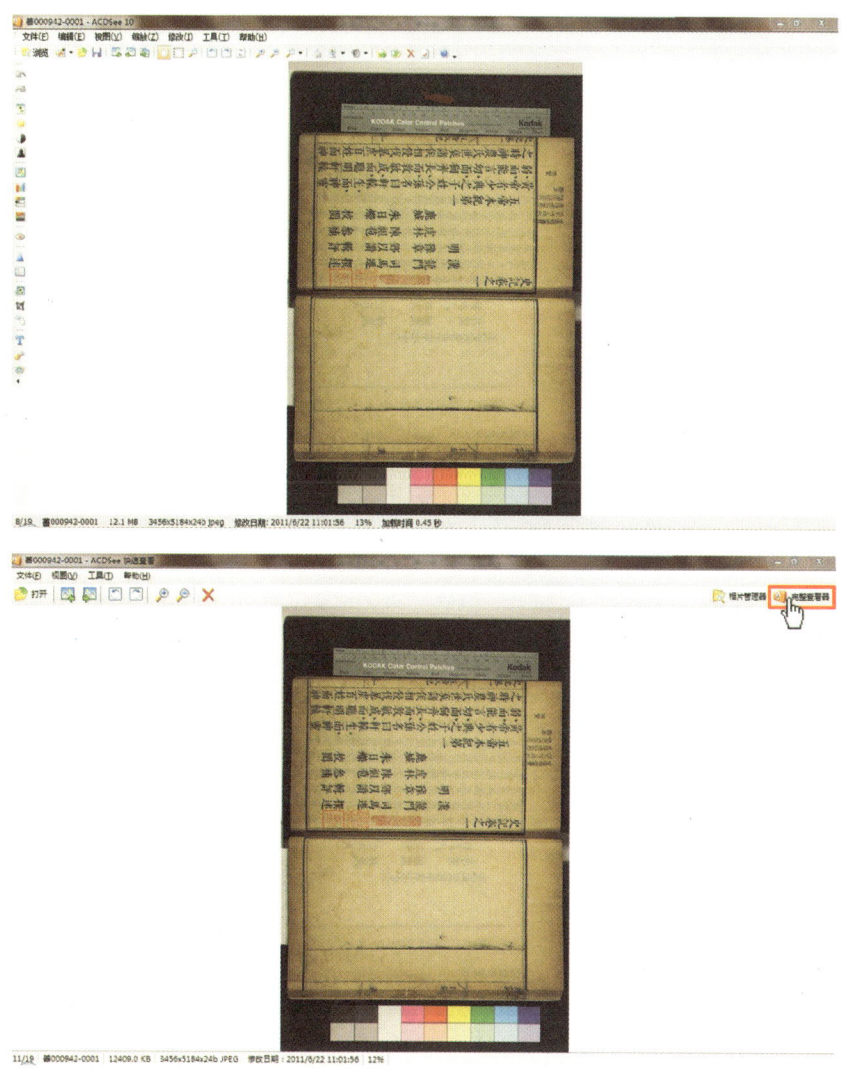

圖6-31　待加工書影文件在ACDSee編輯器中打開

步驟一：旋轉與傾斜校正

在拍攝書影時，一般書葉的方向與相機的正常使用方向是一致的，但也不排除在拍攝時書葉方向不一致的情況，這時就需要旋轉圖像。

在上方的工具欄中間有兩個旋轉按鈕，它們分別有組合快速鍵：向左旋轉是"Ctrl+Alt+向左方向鍵"，向右旋轉是"Ctrl+Alt+向右方向鍵"。

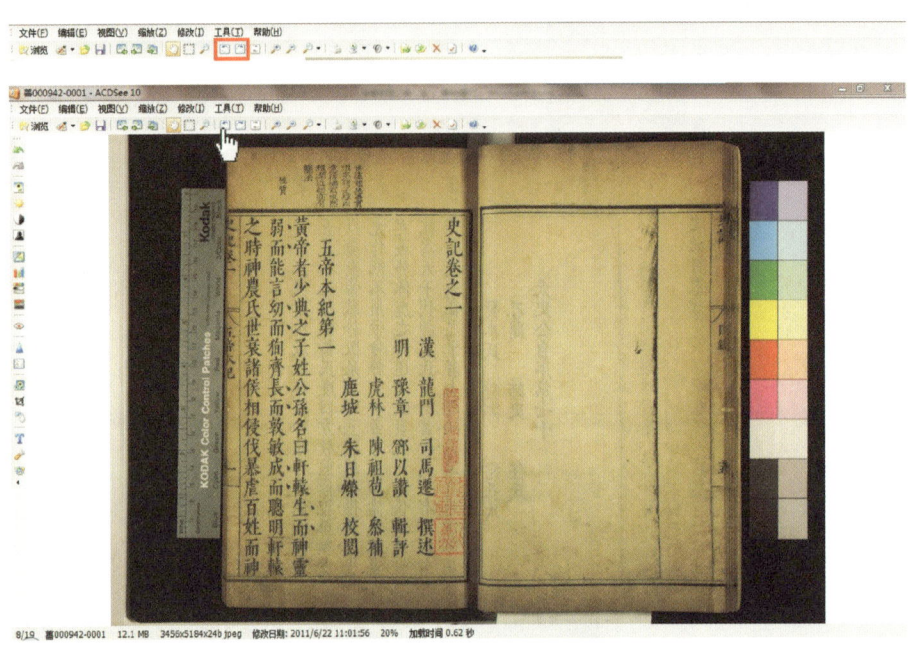

圖6-32　使用ACDSee加工書影步驟一（1）

拍攝時書葉位置如有輕微傾斜，也可通過ACDSee進行校正。在左側工具欄的下方，點擊" "按鈕，即可進行傾斜校正。

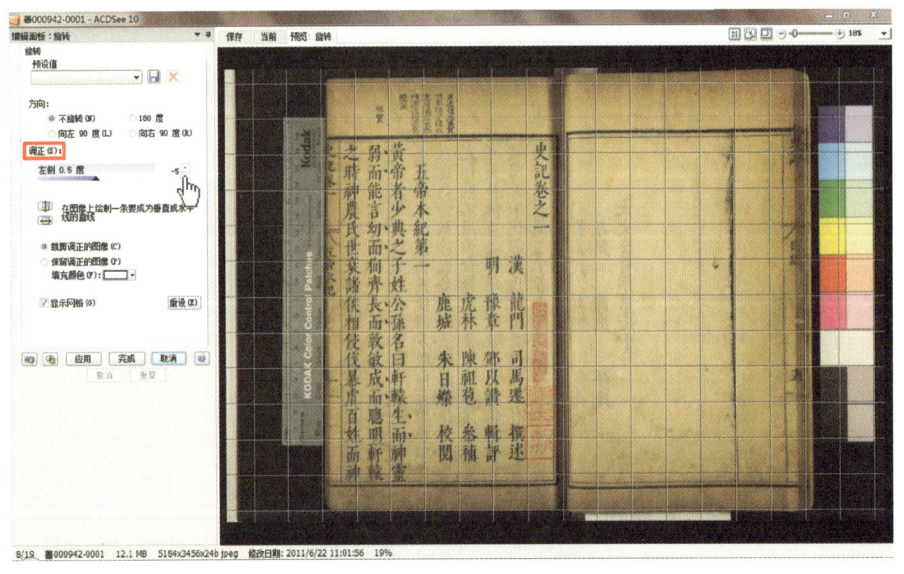

圖6-33　使用ACDSee加工書影步驟一（2）

在左邊的"編輯面板"中，也有"向左90度"和"向右90度"的勾選框，即與上述旋轉工具的向左旋轉和向右旋轉效果一致。下方的"調正"即可進行微調，用户通過點擊上下三角進行操作，每點擊一次，調整0.1度，點上三角，即順時針旋轉，點下三角，即逆時針旋轉；用户也可直接在"調正"下方的框中填寫相關數字，或按鼠標左鍵點住藍色的三角條拖拉。直至調整到最佳效果，點擊"編輯面板"下方的"完成"按鈕，即完成該書影文件的傾斜校正。

　　步驟二：裁剪

　　拍攝好的書影圖像中，書葉周圍一般都會有一些多餘的背景畫面，這些與書葉本身無關的部分需要裁掉，以使書影畫面更加簡潔，同時也可縮小文件尺寸。這時需要用到"裁剪"工具。

　　"裁剪"工具"✄"在"🖌"按鈕的上方。點擊"✄"按鈕，便跳出"裁剪"的編輯面板。

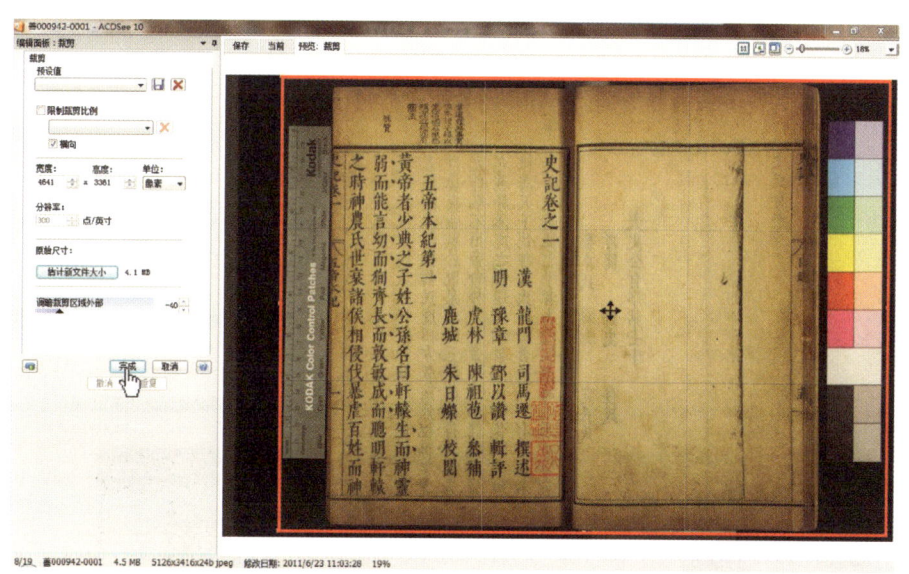

圖6-34　使用ACDSee加工書影步驟二（1）

　　"編輯面板"的右邊有一个線框，線框內部明亮，是剪裁需要部分；線框外部陰暗，是剪裁舍棄部分。操作者通過拖拉線框邊線，控制需要剪裁的區域。剪裁區域設定後，點擊面板左邊下方的"完成"按鈕，或將鼠標移至剪裁線框内雙擊，即可完成該書影文件的剪裁。

圖6-35　使用ACDSee加工書影步驟二（2）

步驟三：保存

保存方法有兩種：一是通過工具欄"文件"菜單，點擊"保存"，ACDSee即會提示選擇保存路徑和文件名，一般不用修改，點擊對話框中"保存"，軟件會提示是否要替換原先的文件，由於RAW格式原始文件已經存檔，所以可以直接將原先的文件替換掉，點擊"是"，即完成保存。

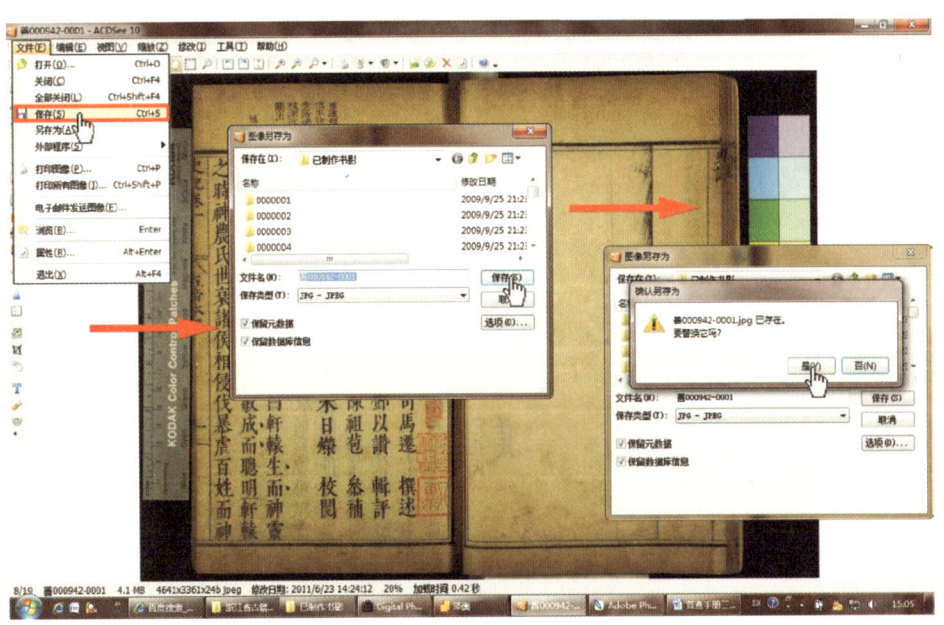

圖6-36　使用ACDSee加工書影步驟三（1）

還有一種辦法是點擊工具欄中前後文件翻閱按鈕，或利用鼠標滾輪前後文件翻動，軟件即會跳出提示是否需要保存的對話框，點擊"保存"即可完成。

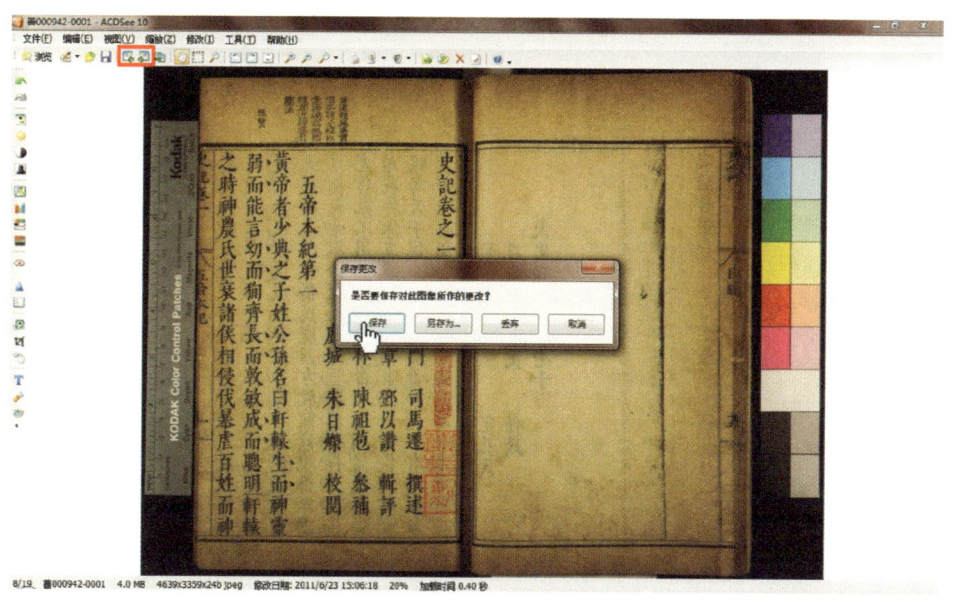

圖6-37　使用ACDSee加工書影步驟三（2）

三、書影上傳

定級書影與定損書影上傳的步驟都是一致的：首先，點擊"書影文件"欄中"瀏覽"按鈕，在計算機硬盤上找到已加工好的需上傳的書影文件；然後在"書影所在部位"欄中，通過下拉菜單選擇或填寫該書影所在位置；接着，在"備註"欄中說明該書影所反映的內容或該書影係某項著錄信息的依據，如破損書影，則在此說明是何種破損類型；最後，點擊"上傳"，即完成一張書影的上傳。

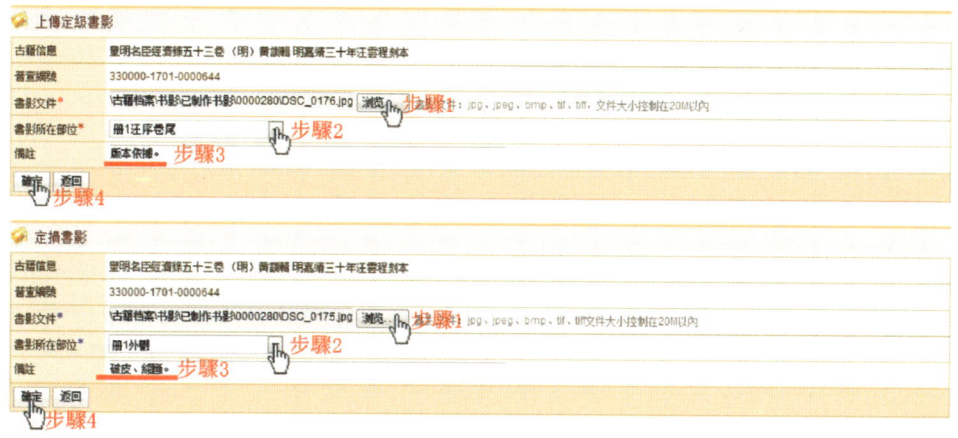

圖6-38　定級、定損書影上傳步驟

如有多個書影文件需要上傳，則點擊定級書列表下方的"添加定級書影"（"添加定損書影"）按鈕。當所有書影文件都上傳完畢，便可在書影列表中查看書影相關信息，點擊"查看遞交書影"或"查看原始書影"，即可查看書影上傳效果。

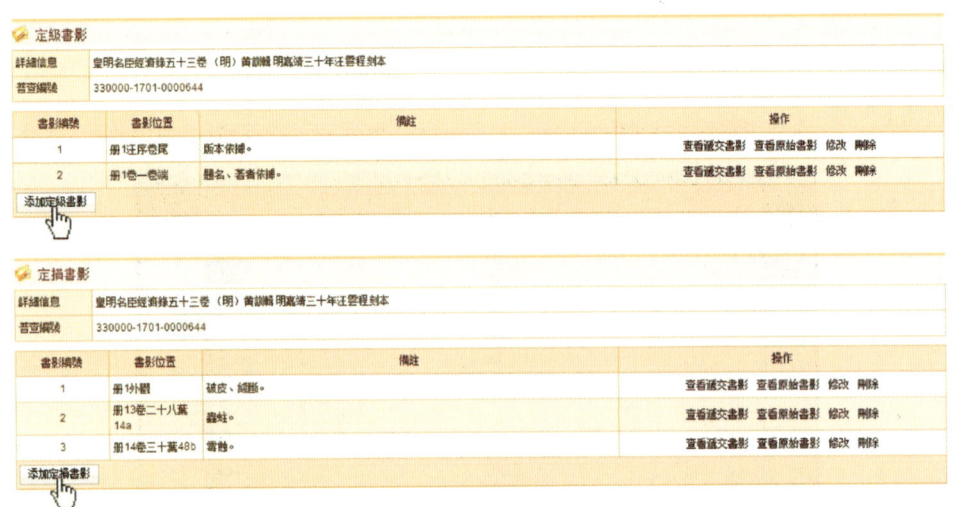

图6-39　定级、定损书影已上传列表

四、完成著录

当所有书影文件都上传完毕后，该普查数据即已著录完成，经检查无误后，可点击平臺页面最下边工具条中的"完成著录"。完成著录后，该数据即无法再进行修改。

图6-40　"完成著录"

点击"完成著录"后，该数据还在普查员帐号下，普查员还要进行"提交"纔算最终完成数据。由普查平臺左边功能块"古籍登记编辑"—"编辑未完成数据"进入，右边页面会显示待处理数据列表，已完成著录的数据最右侧的"操作"一栏会显示"提交"、"导出"两个按钮，点击"提交"，该数据即到本单位管理员帐号下，由管理员分配给本单位审核员，即可对该数据进行审核。至此，普查的著录阶段即可结束。

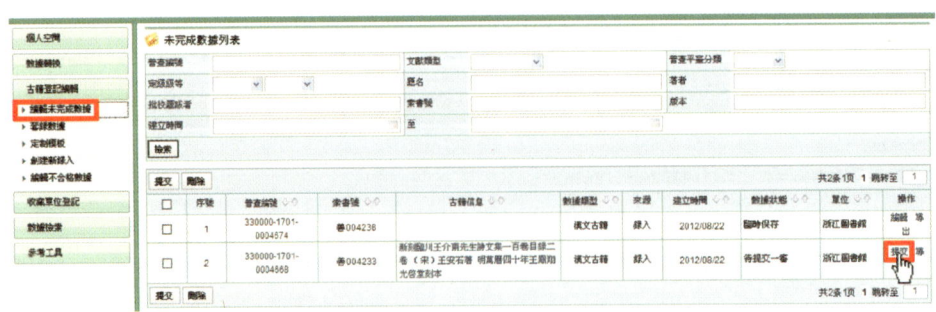

图6-41　提交审核

五、书影原始文件保管与存档

上文要求，书影拍摄时采用无压缩的RAW格式，以保证图像品质的完整保存，以备将来有更高要求的用途（如出版圖錄）時因圖像品質關係而重拍。

RAW格式文件除本單位留存一份以外，還需向省古籍保護中心提交一份存檔。提交給省中心時需給書影文件做簡單明了的編號，以方便省中心管理，尤其是當數據達到一定規模後。

建議文件命名格式爲"單位代碼–普查編號"+"簡易書名卷數"+"（定級或定損順序號）"，如"1701-0000652歷代臣鑒三十七卷（定級07）"、"1702-0000035會稽三賦四卷（定損02）"等。

將所有書影文件，按各單位普查編號順序，刻錄成光盘，定期寄送至省中心，省中心將統一集中保存於服務器上。將刻盤的文件制作一份相應的清單，格式如下：

普查號	書名	順序號
1701-0000652	歷代臣鑒三十七卷	定級07

第七章　古籍普查數據審核
（本單位審核）

　　某單位的普查員在完成普查數據的著錄，經檢查無誤後，便可將數據提交。提交後的數據，首先會存儲在普查員所在單位的服務器或計算機硬盤上，等待本單位審核人員的第一次審查、覆核，本單位審核人員若認爲該普查員所著錄的數據不完整或有錯誤，在相應的字段寫下審核意見，將該數據發還給普查員；若審核通過後，本單位審核人員便將數據上傳至省中心的"平臺"服務器上，等待省中心審核人員的第二次審查、覆核。

　　同樣，省中心的審核人員如審核不通過，則寫下審核意見，將其發還給該單位相應的審核人員；一旦審核通過，便會將數據上傳至國家中心的"平臺"服務器上，等待國家古籍保護中心的第三次審核（終審）。

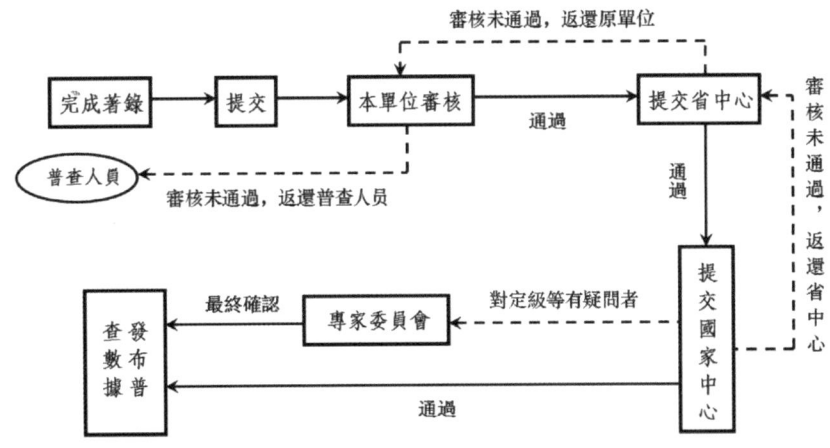

圖7-1　普查數據審核流程圖

一、本單位審核分配

　　當普查員提交其完成的數據時，該數據只是存儲在服務器上，此時任何審核人員都無法看到這些數據，只有當管理員將這些數據分配到具體某一審核人員帳號下，該審核人員纔能看到，并對數據進行審核。

分配本單位審核步驟一：

當本單位的管理員登錄以後，點擊"平臺"左側功能列表中的"工作管理"—"審核分配"—"分配本單位審核"，即會看到"待本單位審核數據"列表。

在需分配的數據列表前的選擇框"□"中勾選；如當前列表中的所有數據都分配給同一位審核人員，則可點擊列表下的"全選"按鈕。

分配本單位審核步驟二：

在"待本單位審核數據"列表下，有一個"選擇審核人員"的下拉菜單選擇框，管理員點擊查看并選擇本單位具有審核資格的用戶，選擇相應的審核人員，點擊"提交"，該數據便會轉到該審核人員的帳號下。數據狀態也會顯示"已分配"。

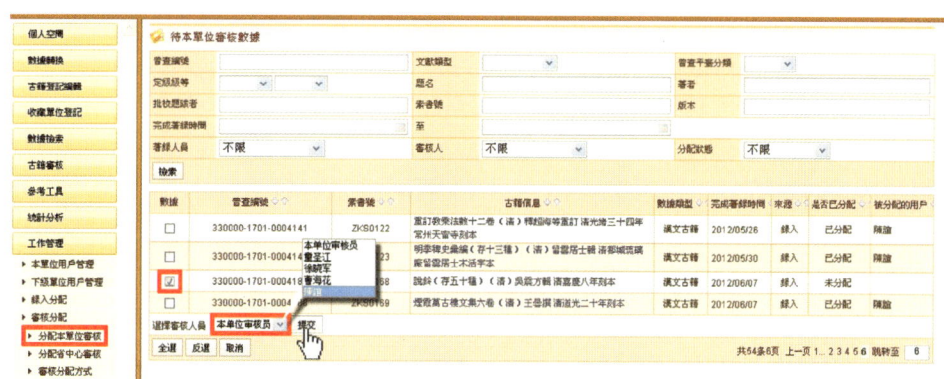

圖7-2　等待分配本單位審核數據

二、本單位審核操作

待審核數據一旦分配成功，相應的審核人員便可對該數據進行審查。審核員登錄平臺後，點擊左側功能列表"古籍審核"—"本單位審核"，便會出現分配到該審核人員帳號下的"待審核數據"列表。

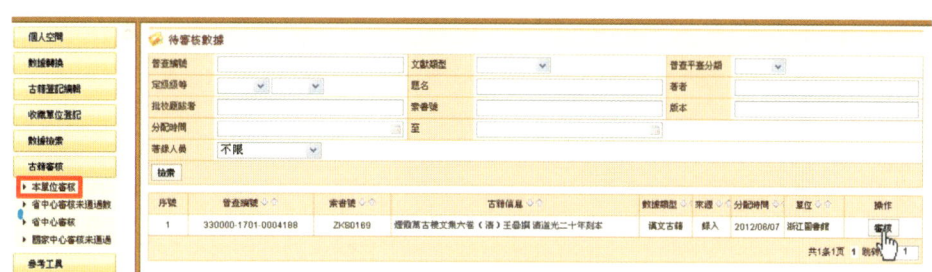

圖7-3　分配至本單位審核人員帳號下的待審核數據

點擊該數據列表右側的"審核"按鈕，審核人員便能看到該數據的所有內容，并且，在每一個信息著錄模塊下都會有一個"審核意見"文本框，如審核人員對某些著錄信息有疑問或需要普查人員進一步核實，便可在此文本框中填寫。

图7-4 本单位审核页面

最终的审核结果无外乎两类：一类是数据完整、准确，合格通过；一类是信息缺漏、有误，不合格。

当审核人员审查、核对后，认为该数据某一部分或几部分信息缺漏、有错误或需要进一步核实时，在相应的信息著录模组的"审核意见"文本框中详细写下需要补充或修改的专案，告诉普查人员不合格的原因。然后点击"不通过"按钮，把这条数据重新发还给该数据的著录人员。

普查员如要查看并修改未通过审核的数据，登录平台后，点击左侧功能列表"古籍登记编辑"—"编辑不合格数据"，便会显示"未通过审核数据列表"。点击列表右侧"操作"列中的"修改"按钮，进入数据修改界面，修改完成后点击页面下方的"完成著录"，未完成本次修改，并回到"未通过审核数据列表"，再点击列表右侧"操作"列中的"提交"按钮，数据将重新回到本单位的审核员帐号下。

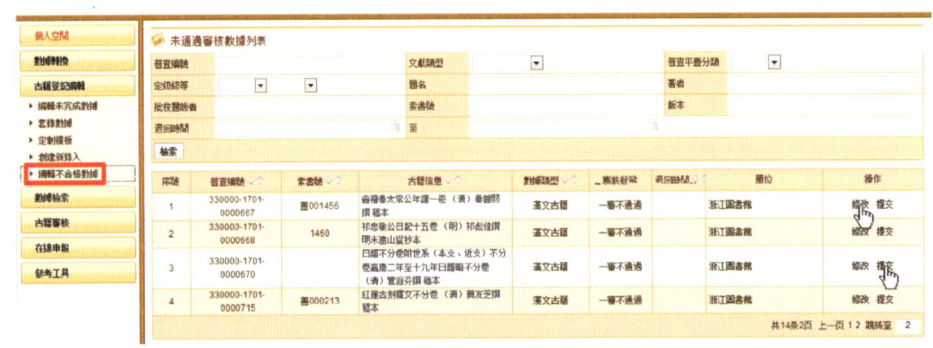

图7-5 修改本单位审核未通过数据

当审核人员经过认真、仔细的审核后，认为该数据完整、准确，便可点击页面的最底端"通过"按钮，数据便保存在服务器上，等待分配给省中心审核人员审核。

三、省中心审核未通过数据修改

省中心审核后，如数据不合格，则会退回至该数据一审人员的帐号下。在一审帐号下，点击左侧功能列表"古籍审核"—"省中心审核未通过数据"，点击数据列表右侧"操作"中

"修改",進行數據修改;如需退還該數據普查人員纔能修改,點擊"打回",該數據即退回至普查員。修改完成後,再點擊"提交",便再次提交省中心審核。

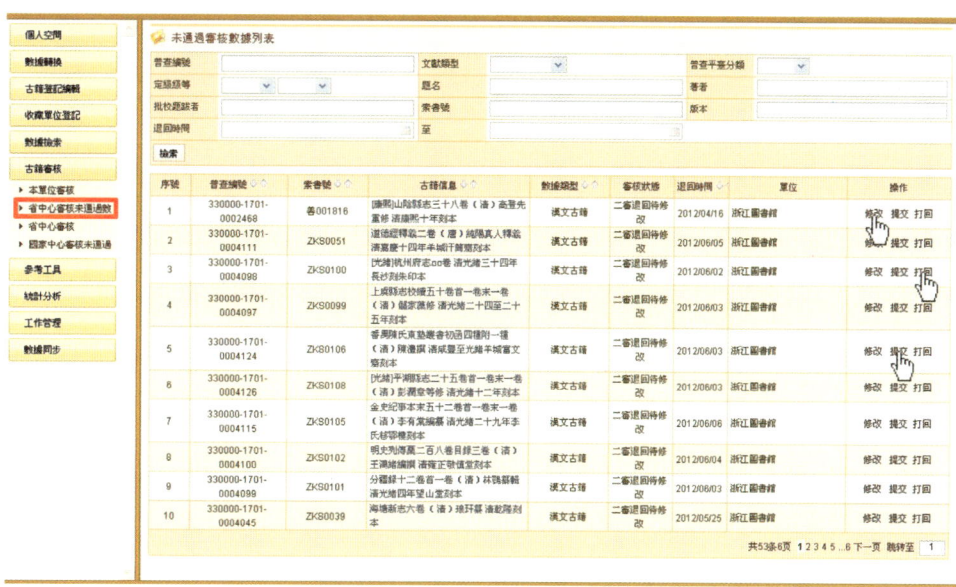

圖7-6 省中心審核未通過數據

附錄1

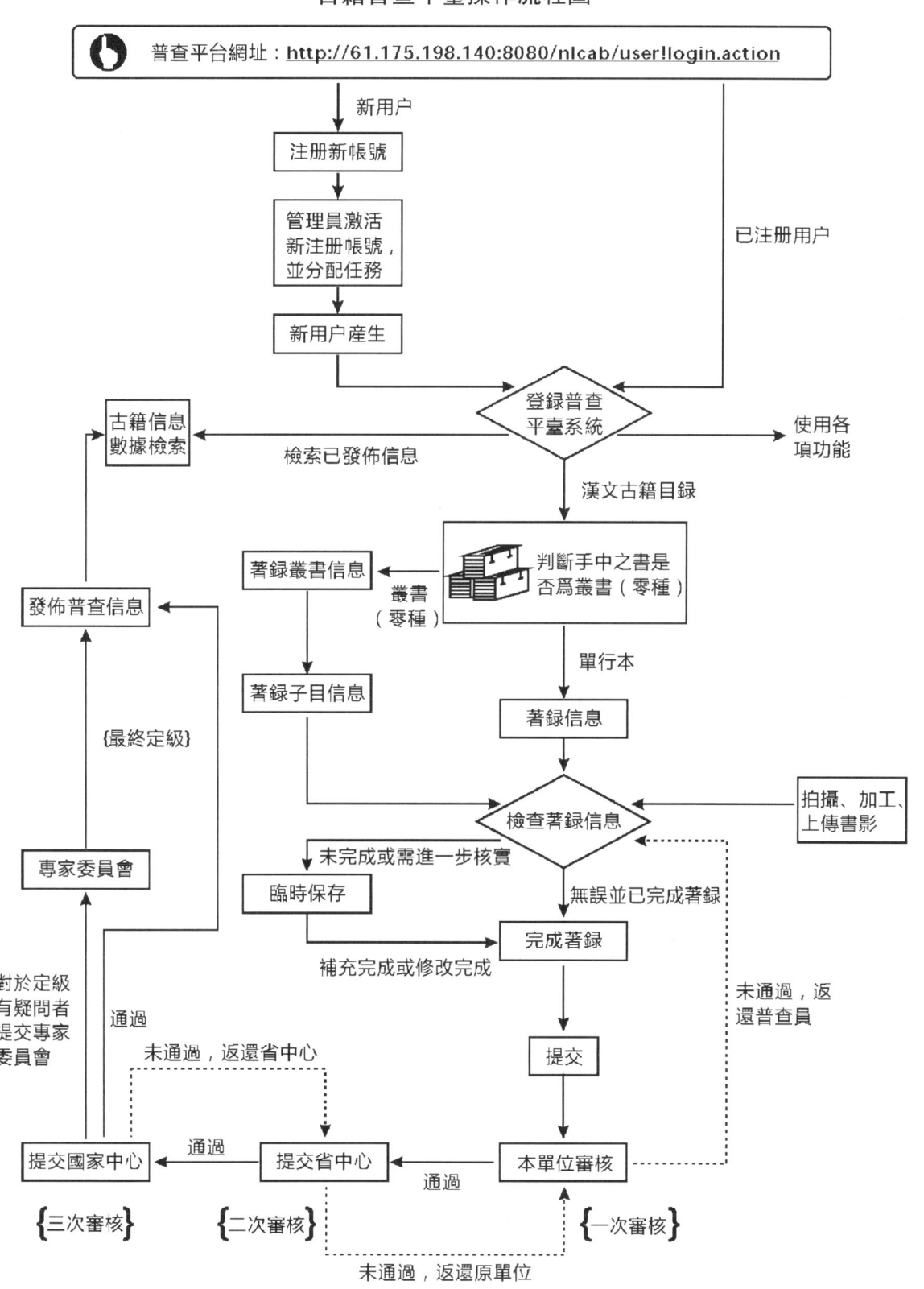

古籍普查平臺操作流程圖

附錄2

ICS 01.140
A 14
备案号:18132

中华人民共和国文化行业标准

WH/T 20—2006

古 籍 定 级 标 准

The standard for distinction of the chinese ancient books

2006-08-05 发布　　　　　　　　　　　　2006-10-01 实施

中华人民共和国文化部　　发布

中华人民共和国文化行业标准
古 籍 定 级 标 准
WH/T 20-2006

*

北京图书馆出版社发行
北京市西城区文津街7号
邮政编码:100034
E-mail cbs@nlc.gov.cn(投稿) btsfxb@nlc.gov.cn(邮购)
网址:www.nlcpress.com
电话:010-66139745,66175620,66126153
66174391(传真),66126156(门市部)
北京四季青印刷厂印刷

*

开本 880×1230 1/16 印张 0.75 字数 16千字
2007年1月第1版 2007年1月第1次印刷

*

统一书号:7201.163 定价:10.00元

目　次

前言 ………………………………………………………………………………………… Ⅱ

引言 ………………………………………………………………………………………… Ⅲ

古籍定级标准 ……………………………………………………………………………… 1

1　范围 …………………………………………………………………………………… 1

2　术语和定义 …………………………………………………………………………… 1

3　定级标准 ……………………………………………………………………………… 4

参考文献 …………………………………………………………………………………… 6

前　言

本标准的编写格式和方法按《标准化工作导则　第一部分：标准的结构和编写规则》(GB/T 1.1-2000)和《标准化工作导则　第二部分：标准中规范性技术要素内容的确定方法》(GB/T 1.2-2002)中的规定编写。

本标准为中华人民共和国文化行业标准。

本标准由中华人民共和国文化部提出、批准并归口管理。

本标准由国家图书馆负责起草。

本标准参加编写单位：上海图书馆、首都图书馆、天津图书馆、南京图书馆、浙江图书馆、辽宁省图书馆、山东省图书馆和陕西省图书馆。

本标准的主要起草人：李国庆、李致忠。

引 言

中国是一个文明古国,有着悠久的历史和灿烂的文化。中国古代的"四大发明",对人类文明进步做出了重大贡献。其中造纸和印刷技术的发明与发展,使承载着中华数千年文明的古籍得以世代相继,绵延不绝。其数量之多,古人每以"浩如烟海"喻之。自古以来,古籍频遭兵燹、水火等人为、自然之灾难,幸免厄运而流传至今者,百不一存,尤显珍贵。综观古籍传本,因产生时代不同,有宋椠元刊之别;因所载内容不同,有价值高下之分;因写印技艺不同,有精美粗劣之异。研究古籍传本的特征与异同,辨别古籍传本的真伪与优劣,进而确定古籍传本的级别等次,最终实现对古籍的科学保护、合理利用。

参照中华人民共和国文化部 2001 年第 19 号令发布的《文物藏品定级标准》和《一级文物定级标准举例》记述善本古籍藏品定级的有关精神,参照编纂《中国古籍善本书目》时提出的鉴别善本古籍的"三性原则",以及该目列举的收录善本古籍的"九项条件"(两者简称"三性九条"),同时考虑全国现存善本和普本古籍的实际情况,制定本标准。

本标准的定级对象:汉文古籍。全国现存其他特种古代文献,如甲骨、简策、帛书、敦煌遗书、金石拓本、舆图、书札、鱼鳞册、契约、文告、少数民族语文图书,以及域外翻刻、抄写的中国古籍,如和刻本、高丽本等,不在本定级范围之内。

WH/T 20-2006

古 籍 定 级 标 准

1 范围

本标准规定了古籍基本术语和定义,以及古籍的级别和等次。

本标准的适用范围:全国各级各类型图书馆、博物馆等单位的古籍保护、整理和利用工作,同时供出版、教学、科研及国内外相关业务单位使用。

2 术语和定义

2.1 古籍

中国古代书籍的简称,主要指书写或印刷于1912年以前具有中国古典装帧形式的书籍。

2.2 版本

一书经过抄写或印刷而形成的传本。指书籍具有的特征,如书写或印刷的各种形式,内容的增删修改,一书在流传过程中卷帙的存佚,以及书中所形成的记录,如印记、批校、题识等。

2.2.1 写本

缮写而成的书本。习惯上对宋及宋以前缮写、宋代以后著名学者及名家缮写、历代缮写的佛道经卷等均称写本;历代中央政府组织编纂缮写的巨帙原本,如明辑《永乐大典》、清修《四库全书》等,亦称写本。

2.2.2 稿本

指作者亲笔书写的自己著作的底本。分手稿本、清稿本和修改稿本。

2.2.3 抄本

以某一传本为底本,抄写而成的书本。习惯上对元及元以后抄写的书本称为抄本。

2.2.4 影抄本

也称影写本。以某一传本为底本,按照底本文字的行款格式、版框大小、文字内容,一一摹抄,其版面形象与底本惟妙惟肖,故名。

2.2.5 彩绘本

用多种颜色绘制而成的书本。

2.2.6 刻本

雕版印本的简称。指雕刻木板,制成阳文反字印版,而后敷墨覆纸刷印而成的书本。

2.2.6.1 初刻本

第一次刻版印制的书本。

2.2.6.2 重刻本

依据某一底本而重新刻版印制的书本。

2.2.6.3 翻刻本

也称覆刻本。按照某一底本翻雕印制的书本。

2.2.6.4 影刻本

按照某一底本原样摹刻印制的书本。

2.2.6.5 重修本

也称修补本或修补版。指用修补过的旧版刷印而成的书本。

2.2.6.6 递修本

用经过两次或两次以上修补过的旧版刷印而成的书本。宋代的雕版,经宋元两代修补后在元代刷印成的书本称宋元递修本,或经元明两代修补在明代刷印成的书本称元明递修本,或经宋元明三代修补在明代刷印成的书本称宋元明递修本,亦称三朝递修本。

2.2.6.7 朱印本
在版面上敷以朱色,覆纸印成的书本。

2.2.6.8 蓝印本
在版面上敷以蓝色,覆纸印成的书本。

2.2.7 活字本
活字印本的简称。选用单体活字,按照书的内容,摆成印版,敷墨覆纸印成的书本。按照活字制作材料的不同,分为泥、木、铜、锡、铅活字等。活字印刷是宋仁宗庆历时(公元1041—1048年)毕昇所发明,用胶泥制字,火烧使坚,摆版印刷。这一发明较德国谷登堡使用金属活字排版早四百年。元代又创制木活字。

2.2.7.1 泥活字印本
制造泥活字摆成印版,敷墨覆纸印成的书本。

2.2.7.2 木活字印本
制造木活字摆成印版,敷墨覆纸印成的书本。

2.2.7.3 聚珍版印本
简称聚珍版。指清武英殿用所制木活字摆版印成的丛书本。清乾隆皇帝采纳金简建议,在武英殿制造大小木活字,用以选印收入《四库全书》而又为世所急需的稀见之书。乾隆皇帝以"活字"名称不雅,诏以"聚珍"名之。用此木活字摆印之丛书称为内聚珍;后各省官书局据以翻刻,其所刻印之书称为外聚珍。

2.2.7.4 铜活字印本
制造铜活字摆成印版,敷墨覆纸印成的书本。

2.2.8 套印本
套色或套版印成的书本,包括套色印本和套版印本两种。早期为一版分色套印,元代以后发展成两版或多版分色套印。

2.2.8.1 套色印本
也称敷彩印本。指在一块雕版上,根据不同需要,敷以不同颜色而印成的书本。

2.2.8.2 套版印本
用两套或多套大小相同的书版,分别敷以不同颜色,依次刷印而成的书本。

2.2.8.3 朱墨套印本
以朱色和墨色两种颜色套版印成的书本。

2.2.8.4 多色套印本
用三种以上颜色套版印成的书本,包括三色、四色、五色套印本等。

2.2.8.5 饾版印本
雕刻多块印版,分别涂以不同颜色,依次刷印而成的书本。为了表现山川云雾、草木虫鱼、花鸟禽兽、建筑陈设等富有立体感,将一叶图文或一个局部,分别刻成多块小木版,而后分层分色套印。因每块雕版小如饾钉,故名。

2.2.8.6 拱花印本
雕刻多块凹凸印版,根据内容需要,依次嵌合挤压而成拱起于纸面的各种图形的书本。用以凸现山川云雾、草木虫鱼、花鸟禽兽及建筑陈设等造型的立体感。

2.2.8.7 饾版拱花印本
同时运用饾版、拱花两种技法印制而成的书本。

2.2.9 钤印本
钤盖图章而成的书本。

2.2.10 磁版印本

选用特制泥土制成泥版,刻成阳文反字,火烧令坚,敷墨覆纸而印成的书本。

2.2.11 活字泥版印本

选用阳文反字的木质雕版作为字源,将特制泥条的一端压于木质雕版的一个文字上,制成一个阴文正字的泥质字模,再按照书的内容,选用对应的泥质字模,压于特制的泥版上,制成阳文反字的泥质印版,在泥版上敷墨覆纸而印成的书本。

2.2.12 铜版印本

以铜为版,施以腐蚀药剂制成印版,而后敷墨覆纸印成的书本。

2.2.13 影印本

以某一版本为底本,用照相的方法制成印版,上机印刷而印成的书本。

2.2.13.1 珂罗版印本

又称玻璃版印本。用照相的方法,把图文晒印在涂有感光胶层的玻璃版上制成印版,上机印刷而印成的书本。

2.2.14 石印本

利用多孔石质平版,经处理后制成印版,上机印刷而印成的书本。

2.2.15 批校题跋本

指书中带有批、校、题、跋的书本。对书的内容进行品评而形诸叶面的批语谓之批;依据不同传本和有关资料,与底本文字进行核勘,记载核勘文字谓之校;批、校均具者谓之批校;学者或藏书家对某一传本的内容、版本源流及其价值等所写的评论、鉴赏、考订、记事等,统称题跋,也称题识。

2.2.16 过录本

将其他传本中所载的他人批校文字照样移录过来的书本。

2.2.17 孤本

指一书世传只有一部的书本,或指一书的某一版本世传只有一部的书本。国内单传者,称为海内孤本;全世界单传者,称为海内外孤本。

2.2.18 善本

具有比较重要历史、学术和艺术价值的书本。大致包括写印年代较早的,传世较少的,以及精校、精抄、精刻、精印的书本等。

2.2.19 普本

普通版本的简称,相对善本而言。指具有一定历史、学术和艺术价值的书本。

2.3 三性原则

指认定古籍所具有历史文物性、学术资料性和艺术代表性价值的准则。制定本标准,遵循三性原则,以古籍所具有的三性价值作为定级依据。历史文物价值侧重以版本产生的时代为衡量尺度,学术价值侧重以古籍反映的内容为衡量尺度,艺术价值侧重以版本具有的特征为衡量尺度。在现存古籍中,凡具备三性价值,或具备其中之一之二者,均可据以定级。

2.4 不唯时限原则

指确定古籍的级别,不把历史文物价值作为唯一依据的准则。凡古籍按历史文物价值(有时限)衡量,应属下一级别;而按学术或艺术价值(不唯时限)衡量可列入上一级别者,即可将其定为上一级别。

2.5 等次上靠原则

指将古籍等次上靠的准则。根据一书所具有的特殊价值,主要指其在流传过程中所形成的记录诸如题跋、校勘及印记等,宜上靠一个或两个等次。

2.6 等次下调原则

指将古籍等次下调的准则。侧重考虑一书的书品好坏和完残程度,凡属下乘者,宜下调一个或两个等次。

3 定级标准

古籍分为善本和普本两部分。将具有珍贵价值的善本划分为一、二、三级；将具有一般价值的普本定为四级。一、二、三级之下，划分等次；四级之下，不分等次。具体条款如下：

3.1 一级古籍定级标准

具有特别重要历史、学术、艺术价值的代表性古籍。
——元代及其以前（包括辽、西夏、金、蒙古时期）刻印、抄写的古籍。
——明清时期各学科名家名著的代表性稿本。
——明清时期著名学者的代表性批校题跋本。
——明清时期朝廷组织编纂的代表性巨帙原本。
——明代及其以前铜活字印本、木活字印本、套版印本、饾版印本、拱花印本、饾版拱花印本及用特殊技法印制的各种有代表性书本。
——明代及其以前用特殊纸张写印，具有特殊装帧形式的代表性书本。
——清代磁版印本、活字泥版印本。

3.1.1 一级古籍甲等

北宋及北宋以前（包括辽、西夏时期）刻印、抄写的古籍。

3.1.2 一级古籍乙等

元代及其以前（包括南宋、金、蒙古时期）刻印、抄写的古籍。

3.1.3 一级古籍丙等

——明清时期各学科名家名著的代表性稿本。
——明清时期著名学者的代表性批校题跋本。
——明清时期朝廷组织编纂的代表性巨帙原本。
——明代及其以前铜活字印本、木活字印本、套版印本、饾版印本、拱花印本、饾版拱花印本及用特殊技法印制的各种有代表性书本。
——明代及其以前用特殊纸张写印，具有特殊装帧形式的代表性书本。
——清代磁版印本、活字泥版印本。

3.2 二级古籍定级标准

具有重要历史、学术、艺术价值的古籍。
——明洪武元年（公元1368年）至隆庆六年（公元1572年）刻印、抄写的书本。
——明清时期各学科名家名著的重要稿本、刻本、抄本。
——明清时期著名藏书家的重要批校题跋本。
——清乾隆及其以前内府刻印、抄写的书本、禁毁书、四库零帙及四库底本。
——明清时期影刻、影写宋元版本，元代及其以前人著作的明清时期初刻本，明清时期写印元代及其以前人著作而成为现存最早的版本。
——历代行用较短的年号，如明代的洪熙、泰昌，南明的弘光、隆武，以及清代的祺祥等，或有特殊历史意义的时期，如大顺、太平天国及其他农民革命政权刻印、抄写的书本。
——明末及清乾隆六十年以前的木活字印本、套印本及铜版印本等。
——明代朱印本、蓝印本、印谱。
——明末清初精刻精印本，或带有精美插图的戏曲、小说等。
——清代泥活字印本、铜活字印本。

3.2.1 二级古籍甲等

明洪武元年（公元1368年）至正德十六年（公元1521年）刻印、抄写的古籍。

3.2.2 二级古籍乙等

明嘉靖元年(公元1522年)至隆庆六年(公元1572年)刻印、抄写的古籍。

3.2.3 二级古籍丙等
——明清时期各学科名家名著的重要稿本、刻本、抄本。
——明清时期著名藏书家的重要批校题跋本。
——清乾隆及其以前内府刻印、抄写的书本,禁毁书、四库零帙及四库底本。
——明清时期影刻、影写宋元版本,元代及其以前人著作的明清时期初刻本,明清时期写印元代及其以前人著作而成为现存最早的版本。
——历代行用较短的年号,如明代的洪熙、泰昌,南明的弘光、隆武,以及清代的祺祥等,或有特殊历史意义的时期,如大顺、太平天国及其他农民革命政权刻印、抄写的书本。
——明末及清乾隆六十年以前的木活字印本、套印本及铜版印本等。
——明代朱印本、蓝印本、印谱。
——明末清初精刻精印本,或带有精美插图的戏曲、小说等。
——清代泥活字印本、铜活字印本。

3.3 三级古籍定级标准
具有比较重要历史、学术、艺术价值的古籍。
——明万历元年(公元1573年)至清乾隆六十年(公元1795年)刻印、抄写的古籍。
——清嘉庆元年以后翻刻、传抄宋元版及稀见明清人著作的书本。
——清嘉庆元年以后过录明清著名学者、藏书家批校题跋的书本。
——清代中晚期精刻精印本、仿刻覆刻宋元版本、朱印本、蓝印本。
——清代中晚期采用西方凸版、平版等印刷技术印制的铅印本、石印本、影印本的最初版本,一般木活字印本及彩绘本。
——清代的集古印谱、名家篆刻印谱的钤印本。

3.3.1 三级古籍甲等
明万历元年(公元1573年)至清顺治十八年(公元1661年)刻印、抄写的古籍。

3.3.2 三级古籍乙等
清康熙元年(公元1662年)至清乾隆六十年(公元1795年)刻印、抄写的古籍。

3.3.3 三级古籍丙等
——清嘉庆元年以后翻刻、传抄宋元版及稀见明清人著作的书本。
——清嘉庆元年以后过录明清著名学者、藏书家批校题跋的书本。
——清代中晚期精刻精印本、仿刻覆刻宋元版本、朱印本、蓝印本。
——清代中晚期采用西方凸版、平版等印刷技术印制的铅印本、石印本、影印本的最初版本,一般木活字印本及彩绘本。
——清代的集古印谱、名家篆刻印谱的钤印本。

3.4 四级古籍定级标准
具有一定历史、学术、艺术价值的古籍。
——清嘉庆元年(公元1796年)至宣统三年(公元1911年)刻印、抄写的书本。
——民国初年著名学者以传统著述方式研究中国传统文化而形成的稿本、初刻本。

参考文献

[1] 潘承弼,顾廷龙.明代版本图录初编.北京:开明书店,1941
[2] 北京图书馆.中国版刻图录.北京:文物出版社,1960
[3] 北京图书馆.北京图书馆古籍善本书目.北京:书目文献出版社,1987
[4] 李致忠."善本"浅论.文物,1980
[5] 中国古籍善本书目编辑委员会.中国古籍善本书目.上海:上海古籍出版社,1989
[6] 李致忠.历代刻书考述.成都:巴蜀书社,1989
[7] 李致忠.古籍版本学概论.北京:北京图书馆出版社,1990
[8] 李致忠.古书版本鉴定.北京:文物出版社,1997

附錄3

ICS 01.140
A 14
备案号:18134

中华人民共和国文化行业标准

WH/T 22—2006

古籍特藏破损定级标准

Standard for distinction of disrepair of ancient
books and special collection

2006-08-05 发布　　　　　　　　　　　　　2006-10-01 实施

中华人民共和国文化部　发 布

中华人民共和国文化行业标准
古籍特藏破损定级标准
WH/T 22-2006

*

北京图书馆出版社发行
北京市西城区文津街7号
邮政编码：100034
E-mail cbs@nlc.gov.cn(投稿) btsfxb@nlc.gov.cn(邮购)
网址：www.nlcpress.com
电话：010-66139745,66175620,66126153
66174391(传真),66126156(门市部)
北京四季青印刷厂印刷

*

开本 880×1230 1/16 印张 0.625 字数 13千字
2007年1月第1版 2007年1月第1次印刷

*

统一书号：7201.166 定价：10.00元

目　次

前言 ·· II

引言 ·· III

古籍特藏破损定级标准 ·· 1

1　范围 ·· 1

2　规范性引用文献 ·· 1

3　术语和定义 ·· 1

4　一级破损 ··· 1

5　二级破损 ··· 2

6　三级破损 ··· 2

7　四级破损 ··· 2

8　五级破损 ··· 2

参考文献 ··· 3

前　言

本标准的编写格式和方法按《标准化工作导则　第一部分：标准的结构和编写规则》(GB/T 1.1-2000)和《标准化工作导则　第二部分：标准中规范性技术要素内容的确定方法》(GB/T 1.2-2002)中的规定编写。

本标准为中华人民共和国文化行业标准。

本标准由中华人民共和国文化部提出、批准并归口管理。

本标准主要起草单位：国家图书馆。

本标准参加起草单位：首都图书馆、上海图书馆、天津图书馆、辽宁省图书馆、山东省图书馆、浙江图书馆、南京图书馆、陕西省图书馆。

本标准主要起草人：张平、杜伟生。

本标准参加起草人：王清原、徐忆农、杨晓黎。

引 言

为实施"中华古籍特藏保护计划",文化部委托国家图书馆主持制订相关标准,包括《古籍定级标准》、《图书馆古籍特藏书库基本要求》、《古籍特藏破损定级标准》、《古籍修复技术规范与质量要求》、《古籍普查规范》等五项标准。各标准相互关联,为有效实施"中华古籍特藏保护计划"提供了基本保证。

古籍中存在大量破损现象。对破损古籍进行分类并合理定级,为制定修复保护计划提供准确数据,对科学保护古籍,集中力量抢救、修复濒危古籍具有重要意义。

本标准规定了划分古籍特藏破损级别的方法。

本标准为推荐性标准。

WH/T 22-2006

古籍特藏破损定级标准

1 范围

本标准规定了古籍特藏各类破损的定级办法。
本标准适用于有古籍特藏收藏的各类型图书馆。

2 规范性引用文献

下列文件中的条款通过本标准的引用而成为本标准的条款。凡是注明日期的引用文件，其随后所有的修改单（不包括勘误的内容）或修订版均不适用于本标准，然而，鼓励根据本标准达成协议的各方研究是否可使用这些文件的最新版本。凡是不注日期的引用文件，其最新版本适用于本标准。
WH/T14-2001 古籍修复技术规范与质量标准

3 术语和定义

3.1 酸化 acidification
纸张酸性增强，pH值降低。

3.2 老化 aging
受各种自然因素的影响导致的纸张劣化，如纸张变色、焦脆、掉渣或呈粉状等。

3.3 霉蚀 mildew
因霉菌分泌物腐蚀作用所导致的纸张纤维素降解，机械强度降低。

3.4 粘连 conglutination
因受潮、霉蚀等原因造成的书叶粘接。

3.5 虫蛀 moth-eaten
昆虫蛀食对书叶造成的损坏。

3.6 鼠啮 marred by mice
鼠类动物啃食对书叶造成的损坏。

3.7 絮化 flocing
书芯四周因过度磨损或其他原因导致呈棉絮状。

3.8 撕裂 tears
书叶撕破呈裂损状。

3.9 缺损 deformities
书叶局部残缺。

3.10 烬毁 ashes
书籍因火烧导致缺损。

3.11 线断 thread break off
线装书的装订线损坏。

4 一级破损

凡有下列情况之一者，定为一级破损。

4.1 书叶纸张酸化特别严重，纸张酸碱值(pH)小于4。

4.2 书叶纸张老化严重,纸张机械强度严重降低,书叶翻动时出现掉渣、裂口、破碎的现象。

4.3 书叶粘连面积达到40%以上,且粘连书叶达到整册书叶的40%以上。

4.4 书叶虫蛀面积50%以上,且虫蛀书叶达到整册书叶的80%以上。

4.5 霉蚀、鼠啮、烬毁达到30%以上,且霉蚀、鼠啮、烬毁书叶达到整册书叶的60%以上。

4.6 严重絮化,絮化书叶达到整册书叶的40%以上。

4.7 叶面、书脊、书口、书脑各部位严重缺损,需整册揭裱修复的。

5 二级破损

凡有下列情况之一者,定为二级破损。

5.1 书叶纸张酸化严重,纸张酸碱值(pH)小于5。

5.2 书叶纸张老化比较严重,纸张机械强度明显降低,书叶变色严重。

5.3 书叶粘连面积达到30%以上,且粘连书叶达到整册书叶的30%以上。

5.4 书叶虫蛀面积30%以上,且虫蛀书叶达到整册书叶的60%以上。

5.5 霉蚀、鼠啮、烬毁达到20%以上,且霉蚀、鼠啮、烬毁书叶达到整册书叶的40%以上。

5.6 书叶絮化比较严重,絮化书叶达到整册书叶的30%以上。

5.7 叶面、书脊、书口、书脑等部位缺损比较严重。

6 三级破损

凡有下列情况之一者,定为三级破损。

6.1 书叶纸张酸化,纸张酸碱值(pH)小于5.5。

6.2 书叶纸张老化,纸张机械强度降低,书叶四周变色。

6.3 书叶粘连面积达到20%以上,且粘连书叶达到整册书叶的20%以上。

6.4 书叶虫蛀面积20%以上,且虫蛀书叶达到整册书叶的30%以上。

6.5 霉蚀、鼠啮、烬毁达到10%以上,且霉蚀、鼠啮、烬毁书叶达到整册书叶的20%以上。

6.6 书叶轻微絮化,絮化书叶达到整册书叶的20%以上。

6.7 叶面、书脊、书口、书脑局部缺损。

7 四级破损

凡有下列情况之一者,定为四级破损。

7.1 书叶纸张轻微老化,有明显黄褐色斑点。

7.2 书叶有轻度霉蚀、虫蛀、鼠啮、烬毁、絮化、口开现象之一者。

7.3 由于浆糊失效导致补纸、托纸、镶裱纸与书叶分离。

8 五级破损

有下列情况之一者,定为五级破损。

8.1 书衣轻微破损。

8.2 装订线、纸捻断损。

参考文献

[1] 肖振棠,丁瑜.中国古籍装订修补技术.北京:书目文献出版社,1980
[2] 古籍修复技术规范与质量标准 WH/T14-2001.北京:文化部

浙江省古籍普查手册

WH/T 22-2006

版权专有　侵权必究
*
统一书号:7201.166
定价:10.00元

附錄4

［嘉慶］《大清一統志》
縣級以上行政地區名稱表

★此表據《四部叢刊續編》本整理。

京師　直隸統部	唐　縣	天津府	任　縣
順天府	博野縣	天津縣	廣平府
大興縣	望都縣	靜海縣	永年縣
宛平縣	容城縣	青　縣	曲周縣
良鄉縣	完　縣	滄　州	肥鄉縣
固安縣	蠡　縣	南皮縣	雞澤縣
永清縣	雄　縣	鹽山縣	廣平縣
東安縣	祁　州	慶雲縣	邯鄲縣
香河縣	束鹿縣	正定府	成安縣
通　州	安　州	正定縣	威　縣
三河縣	高陽縣	井陘縣	清河縣
武清縣	新安縣	獲鹿縣	磁　州
寶坻縣	永平府	元氏縣	大名府
寧河縣	盧龍縣	靈壽縣	大名縣
昌平州	遷安縣	欒城縣	元城縣
順義縣	撫寧縣	平山縣	南樂縣
密雲縣	昌黎縣	阜平縣	清豐縣
懷柔縣	灤　州	行唐縣	東明縣
涿　州	樂亭縣	贊皇縣	開　州
房山縣	臨榆縣	晉　州	長垣縣
霸　州	河間府	無極縣	宣化府
文安縣	河間縣	藁城縣	宣化縣
大城縣	獻　縣	新樂縣	赤城縣
保定縣	阜城縣	順德府	萬全縣
薊　州	肅寧縣	邢臺縣	龍門縣
平谷縣	任邱縣	沙河縣	懷來縣
保定府	交河縣	南和縣	蔚　州
清苑縣	寧津縣	平鄉縣	西寧縣
滿城縣	景　州	鉅鹿縣	懷安縣
安肅縣	吳橋縣	廣宗縣	延慶州
定興縣	東光縣	唐山縣	保安州
新城縣	故城縣	內邱縣	承德府

251

灤平縣	開原縣	川沙廳	鎮洋縣
豐寧縣	鐵嶺縣	常州府	崇明縣
平泉州	復州	武進縣	嘉定縣
赤峰縣	新民廳	陽湖縣	寶山縣
建昌縣	岫巖廳	無錫縣	海州直隸州
朝陽縣	昌圖廳	金匱縣	贛榆縣
遵化直隸州	錦州府	江陰縣	沭陽縣
玉田縣	錦縣	宜興縣	通州直隸州
豐潤縣	寧遠州	荊溪縣	如皋縣
易州直隸州	廣寧縣	靖江縣	泰興縣
淶水縣	義州	鎮江府	海門直隸廳
廣昌縣	吉林	丹徒縣	
冀州直隸州	黑龍江	丹陽縣	**安徽統部**
南宮縣		溧陽縣	安慶府
新河縣	**江蘇統部**	金壇縣	懷寧縣
棗強縣	江寧府	淮安府	桐城縣
武邑縣	上元縣	山陽縣	潛山縣
衡水縣	江寧縣	阜寧縣	太湖縣
趙州直隸州	句容縣	鹽城縣	宿松縣
柏鄉縣	溧水縣	清河縣	望江縣
隆平縣	江浦縣	安東縣	徽州府
高邑縣	六合縣	桃源縣	歙縣
臨城縣	高淳縣	揚州府	休寧縣
寧晉縣	蘇州府	江都縣	婺源縣
深州直隸州	吳縣	甘泉縣	祁門縣
武強縣	長洲縣	儀徵縣	黟縣
饒陽縣	元和縣	高郵州	績溪縣
安平縣	崑山縣	興化縣	寧國府
定州直隸州	新陽縣	寶應縣	宣城縣
深澤縣	常熟縣	泰州	涇縣
曲陽縣	昭文縣	東臺縣	南陵縣
	吳江縣	徐州府	寧國縣
盛京統部	震澤縣	銅山縣	旌德縣
盛京	松江府	蕭縣	太平縣
興京	華亭縣	碭山縣	池州府
奉天府	婁縣	豐縣	貴池縣
承德縣	奉賢縣	沛縣	青陽縣
遼陽州	金山縣	邳州	銅陵縣
海城縣	上海縣	宿遷縣	石埭縣
蓋平縣	南匯縣	睢寧縣	建德縣
寧海縣	青浦縣	太倉直隸州	東流縣

太平府	太原府	孝義縣	代州直隸州
當塗縣	陽曲縣	平遙縣	五臺縣
蕪湖縣	太原縣	介休縣	崞　縣
繁昌縣	榆次縣	石樓縣	繁峙縣
廬州府	太谷縣	臨　縣	保德直隸州
合肥縣	祁　縣	永寧州	河曲縣
廬江縣	徐溝縣	寧鄉縣	霍州直隸州
舒城縣	交城縣	澤州府	趙城縣
無為州	文水縣	鳳臺縣	靈石縣
巢　縣	岢嵐州	高平縣	解州直隸州
鳳陽府	嵐　縣	陽城縣	安邑縣
鳳陽縣	興　縣	陵川縣	夏　縣
懷遠縣	平陽府	沁水縣	平陸縣
定遠縣	臨汾縣	大同府	芮城縣
壽　州	洪洞縣	大同縣	絳州直隸州
鳳臺縣	浮山縣	豐鎮廳	垣曲縣
宿　州	岳陽縣	懷仁縣	聞喜縣
靈璧縣	曲沃縣	渾源州	絳　縣
潁州府	翼城縣	應　州	稷山縣
阜陽縣	太平縣	山陰縣	河津縣
潁上縣	襄陵縣	陽高縣	隰州直隸州
霍邱縣	汾西縣	天鎮縣	大寧縣
亳　州	鄉寧縣	廣靈縣	蒲　縣
太和縣	吉　州	靈邱縣	永和縣
蒙城縣	蒲州府	寧武府	沁州直隸州
滁州直隸州	永濟縣	寧武縣	沁源縣
全椒縣	臨晉縣	偏關縣	武鄉縣
來安縣	虞鄉縣	神池縣	遼州直隸州
和州直隸州	榮河縣	五寨縣	和順縣
含山縣	萬泉縣	朔平府	榆社縣
廣德直隸州	猗氏縣	右玉縣	歸化城六廳
建平縣	潞安府	寧遠廳	歸化城
六安直隸州	長治縣	左雲縣	綏遠城
英山縣	長子縣	平魯縣	托克托城
霍山縣	屯留縣	朔　州	清水河
泗州直隸州	襄垣縣	平定直隸州	薩拉齊
盱眙縣	潞城縣	孟　縣	和林格爾
天長縣	壺關縣	壽陽縣	
五河縣	黎城縣	忻州直隸州	山東統部
	汾州府	定襄縣	濟南府
山西統部	汾陽縣	靜樂縣	歷城縣

章邱縣	博興縣	費　縣	洧川縣
鄒平縣	高苑縣	莒　州	鄢陵縣
淄川縣	樂安縣	蒙陰縣	中牟縣
長山縣	壽光縣	沂水縣	蘭陽縣
新城縣	昌樂縣	日照縣	儀封廳
齊河縣	臨朐縣	泰安府	鄭　州
齊東縣	安邱縣	泰安縣	滎陽縣
濟陽縣	諸城縣	肥城縣	滎澤縣
禹城縣	登州府	新泰縣	汜水縣
臨邑縣	蓬萊縣	萊蕪縣	禹　州
長清縣	黃　縣	東平州	密　縣
陵　縣	福山縣	東阿縣	新鄭縣
德　州	棲霞縣	平陰縣	陳州府
德平縣	招遠縣	曹州府	淮寧縣
平原縣	萊陽縣	菏澤縣	商水縣
兗州府	寧海州	單　縣	西華縣
滋陽縣	文登縣	城武縣	項城縣
曲阜縣	海陽縣	鉅野縣	沈邱縣
寧陽縣	榮成縣	鄆城縣	太康縣
鄒　縣	萊州府	曹　縣	扶溝縣
泗水縣	掖　縣	定陶縣	歸德府
滕　縣	平度州	濮　州	商邱縣
嶧　縣	濰　縣	范　縣	寧陵縣
汶上縣	昌邑縣	觀城縣	鹿邑縣
陽穀縣	膠　州	朝城縣	夏邑縣
壽張縣	高密縣	濟寧直隸州	永城縣
東昌府	即墨縣	金鄉縣	虞城縣
聊城縣	武定府	嘉祥縣	睢　州
堂邑縣	惠民縣	魚臺縣	柘城縣
博平縣	青城縣	臨清直隸州	彰德府
茌平縣	陽信縣	武城縣	安陽縣
清平縣	海豐縣	夏津縣	臨漳縣
莘　縣	樂陵縣	邱　縣	湯陰縣
冠　縣	商河縣		林　縣
館陶縣	濱　州	**河南統部**	武安縣
恩　縣	利津縣	開封府	涉　縣
高唐州	霑化縣	祥符縣	內黃縣
青州府	蒲臺縣	陳留縣	衛輝府
益都縣	沂州府	杞　縣	汲　縣
博山縣	蘭山縣	通許縣	新鄉縣
臨淄縣	郯城縣	尉氏縣	獲嘉縣

淇縣	汝寧府	三原縣	留壩廳
輝縣	汝陽縣	鏊屋縣	榆林府
延津縣	正陽縣	渭南縣	榆林縣
濬縣	上蔡縣	富平縣	懷遠縣
滑縣	新蔡縣	醴泉縣	葭州
封邱縣	西平縣	耀州	神木縣
考城縣	遂平縣	同官縣	府谷縣
懷慶府	確山縣	孝義廳	興安府
河內縣	信陽州	寧陝廳	安康縣
濟源縣	羅山縣	延安府	平利縣
修武縣	許州直隸州	延安府	洵陽縣
武陟縣	臨潁縣	膚施縣	白河縣
孟縣	襄城縣	安塞縣	紫陽縣
溫縣	郾城縣	甘泉縣	石泉縣
原武縣	長葛縣	安定縣	漢陰廳
陽武縣	陝州直隸州	保安縣	同州府
河南府	靈寶縣	宜川縣	大荔縣
洛陽縣	閿鄉縣	延川縣	朝邑縣
偃師縣	盧氏縣	延長縣	郃陽縣
宜陽縣	光州直隸州	定邊縣	澄城縣
新安縣	光山縣	靖邊縣	韓城縣
鞏縣	固始縣	鳳翔府	華州
孟津縣	息縣	鳳翔縣	華陰縣
登封縣	商城縣	岐山縣	蒲城縣
永寧縣	汝州直隸州	寶雞縣	白水縣
澠池縣	魯山縣	扶風縣	潼關廳
嵩縣	郟縣	郿縣	商州直隸州
南陽府	寶豐縣	麟游縣	鎮安縣
南陽縣	伊陽縣	汧陽縣	雒南縣
南召縣		隴州	山陽縣
唐縣	**陝西統部**	漢中府	商南縣
泌陽縣	西安府	南鄭縣	乾州直隸州
桐柏縣	長安縣	襃城縣	武功縣
鎮平縣	咸寧縣	城固縣	永壽縣
鄧州	咸陽縣	洋縣	邠州直隸州
淅川縣	興平縣	西鄉縣	三水縣
新野縣	臨潼縣	鳳縣	淳化縣
內鄉縣	高陵縣	寧羗州	長武縣
裕州	鄠縣	沔縣	鄜州直隸州
舞陽縣	藍田縣	略陽縣	洛川縣
葉縣	涇陽縣	定遠廳	中部縣

宜君縣	靈州	**浙江統部**	嵊縣
綏德直隸州	中衛縣	杭州府	新昌縣
米脂縣	甘州府	錢塘縣	台州府
清澗縣	張掖縣	仁和縣	臨海縣
吳堡縣	山丹縣	海寧州	黃巖縣
	涼州府	富陽縣	天台縣
甘肅統部	武威縣	餘杭縣	仙居縣
蘭州府	鎮番縣	臨安縣	寧海縣
皋蘭縣	永昌縣	於潛縣	太平縣
金縣	古浪縣	新城縣	金華府
狄道州	平番縣	昌化縣	金華縣
渭源縣	西寧府	嘉興府	蘭谿縣
靖遠縣	西寧縣	嘉興縣	東陽縣
河州	碾伯縣	秀水縣	義烏縣
鞏昌府	大通縣	嘉善縣	永康縣
隴西縣	鎮西府	海鹽縣	武義縣
安定縣	宜禾縣	石門縣	浦江縣
會寧縣	奇臺縣	平湖縣	湯溪縣
通渭縣	涇州直隸州	桐鄉縣	衢州府
漳縣	崇信縣	湖州府	西安縣
寧遠縣	靈臺縣	烏程縣	龍游縣
伏羌縣	鎮原縣	歸安縣	江山縣
西和縣	秦州直隸州	長興縣	常山縣
岷州	秦安縣	德清縣	開化縣
洮州廳	清水縣	武康縣	嚴州府
平涼府	禮縣	安吉縣	建德縣
平涼縣	徽縣	孝豐縣	淳安縣
華亭縣	兩當縣	寧波府	桐廬縣
固原州	階州直隸州	鄞縣	遂安縣
靜寧州	文縣	慈谿縣	壽昌縣
隆德縣	成縣	奉化縣	分水縣
慶陽府	肅州直隸州	鎮海縣	溫州府
安化縣	高臺縣	象山縣	永嘉縣
合水縣	安西直隸州	定海縣	瑞安縣
環縣	敦煌縣	紹興府	樂清縣
正寧縣	玉門縣	山陰縣	平陽縣
寧州	迪化直隸州	會稽縣	泰順縣
寧夏府	昌吉縣	蕭山縣	處州府
寧夏縣	阜康縣	諸暨縣	麗水縣
寧朔縣	綏來縣	餘姚縣	青田縣
平羅縣		上虞縣	縉雲縣

松陽縣	德化縣	永寧縣	黃安縣
遂昌縣	德安縣	蓮花廳	蘄水縣
龍泉縣	瑞昌縣	贛州府	羅田縣
慶元縣	湖口縣	贛　縣	麻城縣
雲和縣	彭澤縣	雩都縣	蘄　州
宣平縣	建昌府	信豐縣	廣濟縣
景寧縣	南城縣	興國縣	黃梅縣
玉環廳	新城縣	會昌縣	安陸府
	南豐縣	安遠縣	鍾祥縣
江西統部	廣昌縣	長寧縣	京山縣
南昌府	瀘溪縣	龍南縣	潛江縣
南昌縣	撫州府	定南廳	天門縣
新建縣	臨川縣	南安府	德安府
豐城縣	崇仁縣	大庾縣	安陸縣
進賢縣	金谿縣	南康縣	雲夢縣
奉新縣	宜黃縣	上猶縣	應城縣
靖安縣	樂安縣	崇義縣	隨　州
武寧縣	東鄉縣	寧都直隸州	應山縣
義寧州	臨江府	瑞金縣	荊州府
饒州府	清江縣	石城縣	江陵縣
鄱陽縣	新淦縣		公安縣
餘干縣	新喻縣	**湖北統部**	石首縣
樂平縣	峽江縣	武昌府	監利縣
浮梁縣	瑞州府	江夏縣	松滋縣
德興縣	高安縣	武昌縣	枝江縣
安仁縣	上高縣	嘉魚縣	宜都縣
萬年縣	新昌縣	蒲圻縣	襄陽府
廣信府	袁州府	咸寧縣	襄陽縣
上饒縣	宜春縣	崇陽縣	宜城縣
玉山縣	分宜縣	通城縣	南漳縣
弋陽縣	萍鄉縣	興國州	棗陽縣
貴溪縣	萬載縣	大冶縣	穀城縣
鉛山縣	吉安府	通山縣	光化縣
廣豐縣	廬陵縣	漢陽府	均　州
興安縣	泰和縣	漢陽縣	鄖陽府
南康府	吉水縣	漢川縣	鄖　縣
星子縣	永豐縣	孝感縣	房　縣
都昌縣	安福縣	黃陂縣	竹山縣
建昌縣	龍泉縣	沔陽州	竹溪縣
安義縣	萬安縣	黃州府	保康縣
九江府	永新縣	黃岡縣	鄖西縣

宜昌府	城步縣	安鄉縣	重慶府
東湖縣	武岡州	慈利縣	巴　縣
歸　州	新寧縣	安福縣	江津縣
長陽縣	衡州府	永定縣	長壽縣
興山縣	衡陽縣	桂陽直隸州	永川縣
巴東縣	清泉縣	臨武縣	榮昌縣
長樂縣	衡山縣	藍山縣	綦江縣
鶴峯州	耒陽縣	嘉禾縣	南川縣
施南府	常寧縣	靖州直隸州	合　州
恩施縣	安仁縣	會同縣	涪　州
宣恩縣	酃　縣	通道縣	銅梁縣
來鳳縣	常德府	綏寧縣	大足縣
咸豐縣	武陵縣	郴州直隸州	璧山縣
利川縣	桃源縣	永興縣	定遠縣
建始縣	龍陽縣	宜章縣	江北廳
荊門直隸州	沅江縣	興寧縣	保寧府
當陽縣	辰州府	桂陽縣	閬中縣
遠安縣	沅陵縣	桂東縣	蒼溪縣
	瀘溪縣	乾州直隸廳	南部縣
湖南統部	辰溪縣	鳳凰直隸廳	廣元縣
長沙府	漵浦縣	永綏直隸廳	昭化縣
長沙縣	沅州府	晃州直隸廳	巴　州
善化縣	芷江縣		通江縣
湘潭縣	黔陽縣	**四川統部**	南江縣
湘陰縣	麻陽縣	成都府	劍　州
寧鄉縣	永州府	成都縣	順慶府
瀏陽縣	零陵縣	華陽縣	南充縣
醴陵縣	祁陽縣	雙流縣	西充縣
益陽縣	東安縣	溫江縣	蓬　州
湘鄉縣	道　州	新繁縣	營山縣
攸　縣	寧遠縣	金堂縣	儀隴縣
安化縣	永明縣	新都縣	廣安州
茶陵州	江華縣	郫　縣	鄰水縣
岳州府	新田縣	灌　縣	岳池縣
巴陵縣	永順府	彭　縣	敘州府
臨湘縣	永順縣	崇寧縣	宜賓縣
華容縣	龍山縣	簡　州	慶符縣
平江縣	保靖縣	崇慶州	富順縣
寶慶府	桑植縣	新津縣	南溪縣
邵陽縣	澧州直隸州	漢　州	長寧縣
新化縣	石門縣	什邡縣	高　縣

筠連縣	峨眉縣	德江縣	晉江縣
珙　縣	洪雅縣	安　縣	南安縣
興文縣	夾江縣	綿竹縣	惠安縣
隆昌縣	犍為縣	梓潼縣	同安縣
屏山縣	榮　縣	茂州直隸州	安溪縣
馬邊廳	威遠縣	汶川縣	漳州府
雷波廳	峨邊廳	（另領土司九）	龍溪縣
（另領土司四）	潼川府	忠州直隸州	漳浦縣
夔州府	三臺縣	酆都縣	海澄縣
奉節縣	射洪縣	墊江縣	南靖縣
巫山縣	鹽亭縣	梁山縣	長泰縣
雲陽縣	中江縣	酉陽直隸州	平和縣
萬　縣	遂寧縣	秀山縣	詔安縣
開　縣	蓬溪縣	黔江縣	延平府
大寧縣	安岳縣	彭水縣	南平縣
龍安府	樂至縣	敘永直隸廳	順昌縣
平武縣	綏定府	永寧縣	將樂縣
江油縣	達　縣	松潘直隸廳	沙　縣
石泉縣	東鄉縣	石砫直隸廳	尤溪縣
彰明縣	新寧縣	（另領土司一）	永安縣
（另領土司三）	渠　縣	雜谷直隸廳	建寧府
寧遠府	大竹縣	（另領土司四）	建安縣
西昌縣	眉州直隸州	太平直隸廳	甌寧縣
冕寧縣	丹棱縣	懋功屯務廳	建陽縣
鹽源縣	彭山縣		崇安縣
會理州	青神縣	**福建統部**	浦城縣
越嶲廳	邛州直隸州	福州府	松溪縣
（另領土司十一）	大邑縣	閩　縣	政和縣
	蒲江縣	侯官縣	邵武府
雅州府	瀘州直隸州	長樂縣	邵武縣
雅安縣	納谿縣	福清縣	光澤縣
名山縣	合江縣	連江縣	建寧縣
榮經縣	江安縣	羅源縣	泰寧縣
蘆山縣	（另領土司一）	古田縣	汀州府
天全縣	資州直隸州	屏南縣	長汀縣
清溪縣	資陽縣	閩清縣	寧化縣
打箭鑪廳	內江縣	永福縣	清流縣
（另領土司三十六）	仁壽縣	興化府	歸化縣
	井研縣	莆田縣	連城縣
嘉定府	綿州直隸州	仙游縣	上杭縣
樂山縣	德陽縣	泉州府	武平縣

附錄四

永定縣	英德縣	吳川縣	臨桂縣
福寧府	惠州府	石城縣	興安縣
霞浦縣	歸善縣	廉州府	靈川縣
福鼎縣	博羅縣	合浦縣	陽朔縣
福安縣	長寧縣	欽　州	永寧州
寧德縣	永安縣	靈山縣	永福縣
壽寧縣	海豐縣	雷州府	義寧縣
臺灣府	陸豐縣	海康縣	全　州
臺灣縣	龍川縣	遂溪縣	灌陽縣
鳳山縣	連平州	徐聞縣	龍勝廳
嘉義縣	河源縣	瓊州府	柳州府
彰化縣	和平縣	瓊山縣	馬平縣
永春直隸州	潮州府	澄邁縣	雒容縣
德化縣	海陽縣	定安縣	羅城縣
大田縣	潮陽縣	文昌縣	柳城縣
龍巖直隸州	揭陽縣	會同縣	懷遠縣
漳平縣	饒平縣	樂會縣	融　縣
寧洋縣	惠來縣	臨高縣	象　州
	大埔縣	儋　州	來賓縣
廣東統部	澄海縣	昌化縣	慶遠府
廣州府	普寧縣	萬　州	宜山縣
南海縣	豐順縣	陵水縣	天河縣
番禺縣	肇慶府	崖　州	河池州
順德縣	高要縣	感恩縣	思恩縣
東莞縣	四會縣	南雄直隸州	東蘭州
從化縣	新興縣	始興縣	那地土州
龍門縣	陽春縣	連州直隸州	南丹土州
增城縣	陽江縣	陽山縣	忻城土縣
新會縣	高明縣	嘉應直隸州	（另領土州司
香山縣	恩平縣	興寧縣	一、長官司三）
三水縣	廣寧縣	長樂縣	思恩府
新寧縣	開平縣	平遠縣	武緣縣
清遠縣	鶴山縣	鎮平縣	賓　州
新安縣	德慶州	羅定直隸州	遷江縣
花　縣	封川縣	東安縣	上林縣
韶州府	開建縣	西寧縣	田州土州
曲江縣	高州府	佛岡直隸廳	上林土縣
樂昌縣	茂名縣	連山直隸廳	（另領土州判
仁化縣	電白縣		一、土司九）
乳源縣	信宜縣	**廣西統部**	泗城府
翁源縣	化　州	桂林府	凌雲縣

西隆州	茗盈土州	安寧州	土富州
西林縣	全茗土州	羅次縣	順寧府
平樂府	龍英土州	祿豐縣	順寧縣
平樂縣	佶倫土州	昆陽州	雲　州
恭城縣	結安土州	易門縣	（另領宣撫司
富川縣	鎮遠土州	大理府	一、長官司一）
賀　縣	都結土州	太和縣	曲靖府
荔浦縣	思陵土州	趙　州	南寧縣
修仁縣	江州土州	雲南縣	霑益州
昭平縣	思州土州	鄧川州	陸涼州
永安州	下石西土州	浪穹縣	羅平州
梧州府	上下凍土州	賓川州	馬龍州
蒼梧縣	憑祥土州	雲龍州	尋甸州
藤　縣	羅白土縣	（另領長官司	平彝縣
容　縣	羅陽土縣	一）	宣威州
岑溪縣	明江廳	臨安府	麗江府
懷集縣	龍州廳	建水縣	麗江縣
潯州府	（另領土司一）	石屏州	鶴慶州
桂平縣	鎮安府	阿迷州	劍川州
平南縣	天保縣	寧　州	普洱府
貴　縣	奉議州	通海縣	寧洱縣
武宣縣	歸順州	河西縣	永昌府
南寧府	向武土州	嶍峨縣	保山縣
宣化縣	都康土州	蒙自縣	永平縣
新寧州	上映土州	（另領長官司	孟定土府
隆安縣	下雷土州	五）	灣甸土州
橫　州	小鎮安	楚雄府	鎮康土府
永淳縣	鬱林直隸州	楚雄縣	（另領安撫司
上思州	博白縣	鎮南州	一）
歸德土州	北流縣	南安州	開化府
果化土州	陸川縣	定遠縣	文山縣
忠州土州	興業縣	廣通縣	東川府
太平府		姚　州	會澤縣
崇善縣	**雲南統部**	大姚縣	昭通府
左　州	雲南府	澂江府	恩安縣
養利州	昆明縣	河陽縣	鎮雄州
永康州	富民縣	江川縣	永善縣
寧明州	宜良縣	新興州	廣西直隸州
太平土州	嵩明州	路南州	師宗縣
安平土州	晉寧州	廣南府	彌勒縣
萬承土州	呈貢縣	寶寧縣	武定直隸州

元謀縣
祿勸縣
元江直隸州
新平縣
鎮沅直隸州
恩樂縣
景東直隸廳
蒙化直隸廳
永北直隸廳
永寧土府
騰越直隸廳
（另領宣撫司五、安撫司二、長官司二）
附徼外：舊鈕兀長官司、舊猛密宣撫使司、舊木邦軍民宣撫使司、舊孟養軍民宣慰使司、舊孟艮土府

貴州統部

貴陽府
　貴筑縣
　貴定縣
　龍里縣
　修文縣
　開州
　定番州
　廣順州
　（另領土司十九）
安順府
　普定縣
　永寧州
　清鎮縣
　安平縣
　鎮寧州
　（另領土司三）
都勻府
　都勻縣
　麻哈州

獨山州
清平縣
荔波縣
（另領土司七）
鎮遠府
　鎮遠縣
　施秉縣
　天柱縣
　黃平州
　（另領土司三）
思南府
　安化縣
　婺川縣
　印江縣
　（另領土司二）
石阡府
　龍泉縣
思州府
　玉屏縣
　青谿縣
　（另領土司三）
銅仁府
　銅仁縣
　（另領土司二）
黎平府
　開泰縣
　錦屏縣
　永從縣
　（另領土司十）
大定府
　平遠州
　黔西州
　威寧州
　畢節縣
興義府
　貞豐州
　普安縣
　安南縣
　興義縣
遵義府
　遵義縣

桐梓縣
綏陽縣
正安州
仁懷縣
平越直隸州
　甕安縣
　湄潭縣
　餘慶縣
　（另領土司一）
松桃直隸廳
　（領土司二）
普安直隸廳
仁懷直隸廳

新疆統部

伊犂
庫爾喀喇烏蘇
塔爾巴哈台
烏嚕木齊
古城
巴里坤
哈密
吐魯番
　布拉里克
　闢展
　哈喇和卓
　森尼木
　蘇巴什
　汗和羅
　連木齊木
　雅圖庫
　魯克察克
喀喇沙爾
　裕勒都斯
　察罕通格
　哈喇噶阿璊
　策特爾
　塔里木河北岸
　玉古爾
庫車
沙雅爾

阿克蘇
賽喇木
拜雅哈阿克里
烏什
喀什噶爾
英吉沙爾
阿喇楚勒
葉什勒庫勒
葉爾羌
裕勒阿里克
庫克雅爾
皮什南
塞爾勒克
喀爾楚
和闐
額里齊
皮什雅
克勒底雅以東
蘇格特
巴爾呼都克
左哈薩克部
右哈薩克部
東布魯特部
西布魯特部
霍罕部
安集延部
瑪爾噶朗部
那木干部
塔什罕部
拔達克山部
博洛爾部
布哈爾部
愛烏罕部
痕都斯坦部
巴勒提部

烏里雅蘇台統部

烏里雅蘇台
庫倫
科布多

外藩蒙古統部

科爾沁旗
（分右翼旗、右翼前旗、右翼後旗、左翼旗、左翼前旗、左翼後旗）

扎賚特旗

杜爾伯特旗

郭爾羅斯旗
（分前旗、後旗）

喀喇沁旗
（分右翼旗、左翼旗、添設一旗）

土默特旗
（分右翼旗、左翼旗）

敖漢旗

奈曼旗

巴林旗
（分右翼旗、左翼旗）

扎嚕特旗
（分右翼旗、左翼旗）

阿嚕科爾沁旗

翁牛特旗
（分右翼旗、左翼旗）

克什克騰旗

喀爾喀左翼旗

烏朱穆沁旗
（分右翼旗、左翼旗）

浩齊特旗
（分右翼旗、左翼旗）

蘇尼特旗

（分右翼旗、左翼旗）

阿巴噶旗
（分右翼旗、左翼旗）

阿巴哈納爾旗
（分右翼旗、左翼旗）

四子部落旗

茂明安旗

烏喇特旗
（分中旗、前旗、後旗）

喀爾喀右翼旗

鄂爾多斯旗
（分右翼中旗、右翼前旗、右翼後旗、左翼中旗、左翼前旗、左翼後旗、添設一旗）

喀爾喀旗

土謝圖汗部

車臣汗部

扎薩克圖汗部

賽因諾顏部

阿拉善厄魯特旗

青海厄魯特

西藏

歸化城土默特旗
（分右翼旗、左翼旗）

牧廠

察哈爾

朝貢各國

（略）